ÖSTERREICH
UNGARN
SLOWENIEN
Triest
KROATIEN
BOSNIEN-HERZEGOWINA
SERBIEN
Ancona
Pescara
Adria
MONTE-NEGRO
Foggia
Bari
Neapel
ALBANIEN
Brindisi
Tarent
Cosenza
Ionisches Meer
GRIECHEN-LAND
Messina
Reggio
Sizilien
Syrakus
0 50 100 150 200 250 km

DIE DEUTSCHEN UND IHRE NACHBARN

FRIEDERIKE HAUSMANN

ITALIEN

C.H.BECK

HERAUSGEGEBEN VON
Helmut Schmidt und
Richard von Weizsäcker

HELMUT SCHMIDT
RICHARD VON WEIZSÄCKER

GELEITWORT

Zum ersten Mal seit vielen Jahrhunderten herrscht heute Frieden in Europa. Aus freiem Willen und ohne Zwang von außen haben wir uns als Nationen auf einen unumkehrbaren Weg gemacht, der weltweit ohne Beispiel ist. Im Jahre 1950 begann die europäische Integration zwischen sechs Ländern. Inzwischen hat sie sich zu einer Union von 27 Ländern entwickelt. Die Hälfte der Mitgliedsstaaten hat heute eine gemeinsame Währung.

Für Europa gab es auf diesem Weg große Erfolge und in Verbindung mit ihnen neue Schwierigkeiten. Immer mehr Länder suchten die Mitgliedschaft und wurden aufgenommen. Umso deutlicher wurde der dringende Bedarf nach gemeinsamer europäischer Handlungsfähigkeit, bis hin zum Fernziel einer gemeinsamen Außenpolitik. Zuletzt haben dies die Auseinandersetzungen um eine europäische Verfassung deutlich genug gezeigt.

Für eine weitsichtige politische Führung spielt das Bewusstsein der Bürger in unseren Ländern eine prägende Rolle. In Europa leben zahlreiche Völker mit ihrer zum Teil über tausendjährigen Geschichte. Sie haben vielfältige gemeinsame kulturelle und religiöse Wurzeln und sind zugleich durch eigenständige Sprachen und Heimatgefühle gekennzeichnet. Die Bildung eigener Nationen ist dabei zu einem Charakteristikum des europäischen Kontinents geworden.

Unsere Reihe «Die Deutschen und ihre Nachbarn» soll einen Beitrag dazu leisten, das Verständnis für die jeweiligen Nachbarländer in Europa zu vertiefen. Dies gilt vor allem für uns Deutsche, die wir neun unmittelbare Nachbarnationen haben, mit denen wir heute zum ersten Mal in unserer Geschichte zusammenleben, ohne uns gegenseitig zu bedrohen. Ein besseres Verständnis unserer Nachbarn hilft uns auch, uns selbst besser einzuschätzen, indem wir uns durch die Augen unserer Nachbarn betrachten und uns vergegenwärtigen, welche historischen Erfahrungen sie mit uns gemacht haben.

Es geht uns in unserer Reihe darum, der Leserschaft auf knappe und anschauliche Weise Einblick in Politik, Gesellschaft und Kultur der jeweiligen Nachbarländer zu geben. In ihren nationalen Besonderheiten wird dadurch auch ihr Verhältnis zu Deutschland besser verständlich. Es gilt, zu erkennen, was das nachbarliche Gemeinwesen ausmacht und in seinem Inneren zusammenhält, aber auch, welchen besonderen Herausforderungen es ausgesetzt ist. Dabei spielt die Geschichte eine besonders wichtige Rolle. Sie bedarf dort, wo sie Land und Leute bis heute nachhaltig prägt, der Erinnerung auch über die Landesgrenzen hinweg.

Es ist nicht das Ziel unserer Reihe, lexikalisches Grundwissen zur politischen Bildung zu vermitteln. Uns geht es vielmehr um lebendige Anschauung der Lebensverhältnisse bei den Nachbarn, auch um unsere Kenntnisse über das hinaus zu vertiefen, was wir auf vielerlei Reisen in uns aufnehmen. Es gilt, uns auch von mancherlei Vorurteilen untereinander zu befreien.

Wir freuen uns, dass hervorragend ausgewiesene Kenner für «Die Deutschen und ihre Nachbarn» zur Feder greifen und ihr in Jahrzehnten erworbenes Wissen weitergeben. Wir sind dankbar dafür, dass hier Publizisten und Wissenschaftler zusammenwirken und uns ihre unterschiedlichen Einsichten nahebringen. Gerade ihr persönlicher Blickwinkel erscheint uns besonders reizvoll.

Die Bände dieser Reihe zeigen uns, dass Europa weit davon entfernt ist, sich in eine Monokultur zu verwandeln. Es gilt, seine reichen historisch-kulturellen Ressourcen in unserem Jahrhundert für ein geeintes Europa politisch fruchtbar zu machen. Herausgeber und

Autoren verbindet die Überzeugung, dass der Weg zu einem wirklich handlungsfähigen und starken Europa nur durch vertiefte Kenntnisse über unsere europäischen Nachbarn und über uns selbst erfolgreich zurückgelegt werden kann.

EINLEITUNG

Für den Reisenden aus dem Norden, der über den Brenner kommt, ist Verona die «Pforte Italiens». An den letzten Alpenausläufern ändert sich hinter der Veroneser Klause plötzlich das Licht, und die Stadt an der Etsch bietet sich als erster Einstieg in Geschichte und Gegenwart Italiens an. Um einen Eindruck zu gewinnen, steigt man am besten auf das Castel S. Pietro. Am Scheitelpunkt der Etschschleife führt vom linken Ufer eine Treppe zu der Terrasse vor dem ehemaligen österreichischen Fort hinauf, von der man den besten Überblick hat. Unter den Sonnenschirmen und Rosenranken eines eleganten Restaurants am Ende der Treppe lässt sich der Blick auf die Stadt noch genüsslicher bestaunen, und man tafelt in etwa dort, wo sich die ersten Siedler niedergelassen haben. Am Fuße des Hügels befand sich eine Engstelle als natürlicher Kreuzungspunkt für Austausch und Kommunikation in alle vier Himmelsrichtungen. Die reißende Etsch legt sich, außer im Südwesten, wie ein natürlicher Schutz um die Altstadt, die mit ihren eng stehenden Häusern und unzähligen Türmen von oben zunächst genauso wirkt wie viele mittelalterliche Städte auch nördlich der Alpen. Bei genauerem Hinsehen erkennt man jedoch, dass die engen Straßen relativ gerade und in einem übersichtlichen Schachbrettmuster angeordnet sind. Sie folgen damit bis heute genau der Anlage aus der Römerzeit. Unterhalb des Castel S. Pietro führte die Via Postumia (148 v. Chr.) von Genua nach Aquileia. In der Etschschleife lag die Kreuzung mit der später angelegten Via Claudia Augusta über den Brenner. Nachdem sich die Veneter zusammen mit den anderen Völkern Italiens das volle römische Bürgerrecht erstritten hatten, wurde das ganze Land vermessen und Verona nach dem strengen Schema angelegt, das noch heute sein Stadtbild prägt. Spätere Zeiten haben diese Struktur anders genutzt, ergänzt und erweitert. Jede Epoche hat neue Akzente gesetzt, ohne die bereits vorhandenen zu ignorieren oder gänzlich zu zerstören. Auch wenn sie sich dessen vielleicht wenig bewusst sind, bewegen sich die Veroneser entlang der alten Römerstraßen, sie kaufen ein und treffen sich zu einem Plausch auf dem alten Forum, im Sommer strömen Tausende in die Arena, nicht nur um sie als antikes Bauwerk zu bewundern, sondern vielmehr um die Stimmen großer Opernstars in ihrer unglaublichen Akustik zu genießen. Rom ist über fünfhundert Kilometer entfernt, der Untergang des römischen Weltreichs im Westen liegt mehr als eineinhalb Jahrtausende zurück, und doch ist es hier – auf keltischem Boden – auf Schritt und Tritt präsent.

Für diese ständige, für jedermann sichtbare Präsenz von Kunst und Kultur der Vergangenheit in Italien ist Verona nur ein erstes, ja ein fast beliebiges Beispiel, und es ist diese Tatsache, die seit Jahrhunderten Reisende aus dem Norden nach Italien zieht. Auch der wohl berühmteste Deutsche auf der «Grand Tour» des Elitetourismus, der inkognito reisende Minister aus Weimar, war in erster Linie auf der Suche nach Kunst- und Kulturdenkmälern der Vergangenheit. Die Gegenwart nahm er gerne wahr, sofern sie in sein Bild eines sinnenfrohen «freieren Lebens» passte. Als er in Torbole am Gardasee den Hausknecht «nach einer gewissen Gelegenheit» fragte und dieser in den Hof deutete und erklärte: «Qui abasso può servirsi! Da per tutto, dove vuol!» (Hier unten können Sie sich erleichtern! Überall, wo Sie wollen!) nahm der erstaunte Reisende dies nur als Zeichen von «Sorglosigkeit». In Rom musste er gestehen, dass es manchmal «ein saures und trauriges Geschäft» sei, das alte aus dem neuen Rom «herauszuklauben», aber die Papstherrschaft beispielsweise war ihm keine Überlegung wert, während er den Karneval dieser «Naturmenschen» ausführlichst beschrieb.

Heute stehen Touristen vielleicht mehr denn je dem Italien der Gegenwart verständnislos oder sogar ablehnend gegenüber, sofern es nicht ins Bild mediterranen Flairs und Lebensgefühls passt. Sie würden die endlosen, völlig ungeordneten Industrieansiedlungen um eine historisch gewachsene Stadt wie Verona am liebsten ausblenden, wollen die Plakate der Lega Nord mit ihren fremdenfeindlichen Parolen nicht wahrnehmen oder empfinden die häufigen Streiks nur als störend. Diese Haltung gilt ganz besonders für die Politik. Hier überwiegen Verständnislosigkeit bis hin zu Missachtung und Häme. Wenn sich problematische Aspekte der Gegenwart ganz unübersehbar ins Bild drängen, wie dies seit den 90er-Jahren des letzten Jahrhunderts mit den politischen Unwälzungen und dem Regierungsantritt des Medienzaren Silvio Berlusconi häufig der Fall war, dann schlägt die Italiensehnsucht nur allzu schnell in ihr Gegenteil um, da ist dann von «Entliebung» die Rede, und Italien wird öffentlich zum «Stinkstiefel» erklärt, so Gustav Seibt und Alexander Stille in der «Süddeutschen Zeitung». Eine nur scheinbar ganz andere Haltung formuliert der berühmte Satz, den der sizilianische Schriftsteller Giuseppe Tomasi di Lampedusa in seinem Roman «Der Leopard» dem Fürsten Salina in den Mund legt: «Alles muss sich ändern, damit alles so bleibt, wie es ist.» Auch darin drückt sich jedoch Unverständnis und Ablehnung der Gegenwart aus, weil zwar die historischen Wurzeln, nicht aber die neue Erscheinungsform gesehen werden.

Einer der wesentlichen Gründe dafür, dass so oft ein anderes Italien gesucht oder gesehen wird als das jeweils gegenwärtige, liegt darin, dass es zwar *kulturell* ein geschichtsträchtiges Land ist, *politisch* aber relativ jung. Italien ist als Nationalstaat ebenso wie Deutschland ein «Nachzügler». Der deutsche Botschafter Robert von Keudell formulierte diesen Zusammenhang 1884 so: Italien sei – im Gegensatz zu allen anderen Nationen – in drei Jahrtausenden viermal neu geboren worden. Der Name «Italien» verbinde sich mit der Erinnerung an Großgriechenland und Etrurien, an das Römische Reich und an die mittelalterlichen Stadtstaaten, und erst die vierte Wiedergeburt sei dann das 1861 gegründete Königreich Italien. Mit diplomatischer Höflichkeit verschwieg Keudell, dass es sich bei den ersten drei Geburten nie um ganz Italien in seiner scheinbar so eindeutigen Form als «Stiefel» gehandelt hatte, sondern nur um – bei den Stadtstaaten sehr kleine – Teile, während im Römischen Reich der Antike Italien umgekehrt nur ein kleiner, wenn auch zentraler Teil dieses Universalreichs war. Einer der bedeutendsten und bis heute einflussreichsten Historiker des jungen Nationalstaats, Benedetto Croce, ging sogar so weit, kategorisch festzustellen, eine italienische Geschichte im streng wissenschaftlichen Sinn existiere vor 1860 überhaupt nicht und alle Darstellungen, die diese chronologische Grenze überschritten, seien höchstens «mehr oder weniger poetische Epen, vielleicht sogar literarische Meisterwerke, politische Rhetorik oder ähnliches». Und ein anderer Historiker fragte schließlich verzweifelt: «Wo ist nun dieses Italien eigentlich? Worin besteht es? Was vereint die Republiken, die Signori, die Päpste, die Kaiser und die Invasionen?»

Erst in der zweiten Hälfte des 20. Jahrhunderts wagte sich eine Reihe von Historikern, gestützt auf die anderen Sozialwissenschaften, an die Aufgabe, die Gemeinsamkeiten in der Vielfalt der italienischen Geschichten zu erkunden. Ihre Ergebnisse fassten sie in die Formel der «Gleichzeitigkeit des Ungleichzeitigen», und das heißt, wer das heutige Italien wirklich kennen lernen will, muss die chronologische Grenze des Nationalstaats immer wieder überschreiten, um die Wurzeln des heutigen in den vielen Italien seiner langen Geschichte aufzusuchen. Etwas vereinfacht, wie es im Rahmen dieses Buches nicht anders möglich ist, lassen sich dabei drei große Entwicklungslinien herausarbeiten, die aus der Vielfalt der italienischen Geschichten bis ins heutige Italien nachwirken: Das Auseinanderbrechen des römischen Weltreichs und die fortdauernde Faszination des Imperium Romanum in seiner christlichen Form, die Vielgestaltigkeit der italienischen Stadtstaaten und schließlich die Andersartigkeit des Südens. Diesen drei Entwicklungslinien soll im Folgenden nachgegangen werden. In allen diesen italienischen Geschichten hat die Beziehung zum Nachbarn Deutschland eine maßgebliche, selten unproblematische Rolle gespielt. Alle sind durchdrungen von dem Widerspruch zwischen politischer Zersplitterung und kultureller Zusammengehörigkeit, von der Suche nach einer tragfähigen Ordnung im Inneren und im Rahmen Europas. Auch wenn der Blickwinkel der Gegenwart im Vordergrund steht, habe ich mich für eine chronologische Darstellung – mit zahlreichen Überschneidungen – entschieden, um den jeweiligen historischen Kontext wenigstens einigermaßen aufscheinen zu lassen. Vor allem wollte ich dabei der Gefahr entgehen, in allem Neuen nur immer das Altbekannte zu sehen, wie es das allzu oft bemühte Zitat aus Lampedusas «Leopard» nahelegt. Auswahl und Schwerpunktsetzung müssen dabei im beschränkten Rahmen dieses Buches notwendig subjektiv sein, aber sie sollen in erster Linie Anregung zum Weiterlesen, Weiterdenken und selbst Erfahren sein.

I

DIE VIELEN ERBEN DES IMPERIUM ROMANUM

Wir haben Rom verloren, das Reich verloren, die Herrschaft verloren, wenn auch nicht durch unsere Schuld, sondern die der Zeiten; indes dank dieser glänzenderen Herrschaft herrschen wir noch immer in einem großen Teil der Welt. ... Denn dort ist das römische Reich, wo immer die römische Sprache regiert.

Lorenzo Valla, *Elegantiae linguae Latinae*, 1449

DAS IMPERIUM WIRD GEPLÜNDERT

Vom Colosseum in Rom führt heute die Via dei fori imperiali vorbei an den Ruinen des Forum Romanum, dem Herzstück des antiken Rom, bis zur Piazza Venezia. Auf diesem Platz pflegte Mussolini vom Balkon des Palazzo Venezia aus seine großen Volksansprachen zu halten. Der Pracht- und Paradestraße, die als Via dell' Impero zwischen 1924 und 1932 errichtet wurde, fielen die antiken Kaiserforen zum Opfer. Mussolini ahmte damit nur die antiken Caesaren nach, die für ihre Foren weite Teile des volkreichen Viertels der Subura, ja sogar Teile des Kapitols abreißen ließen. Am Rande der Straße ist an der Außenmauer der Konstantinsbasilika auf vier Marmorplatten die Entwicklung des römischen Reiches vom Stadtstaat bis zu seiner größten Ausdehnung unter Kaiser Traian, der von 98 bis 117 n. Chr. herrschte, zu sehen. Daneben hing bis zum Kriegsende eine weitere Tafel, die die Ausdehnung des faschistischen Impero darstellte. Sie wurde nach dem Sturz des Duce von der Bevölkerung abgeschlagen zum Zeichen, dass der Größenwahn der Weltherrschaft nach den Katastrophen des 20. Jahrhunderts in Europa keinen Platz mehr hat.

Doch in vielfacher Hinsicht bleibt auch heute das antike Rom in Italien stets präsent und war in seiner Geschichte immer wieder Bezugspunkt für kulturelle und politische Entwicklungen. Italien ist aber auch bis heute geprägt vom Kampf um das Erbe des Imperium Romanum seit der Spätantike. Dadurch wurde die jahrhundertelange politische Zersplitterung Italiens begründet und die Basis dafür geschaffen, dass in Italien das letzte Universalreich der Erde mit mehr als einer Milliarde «Untertanen» existiert, das vom kleinsten staatlichen Territorium der Welt, von nur 0,44 Quadratkilometern aus regiert wird: der Vatikan.

Nach wie vor gilt die Absetzung des letzten weströmischen Kaisers Romulus Augustulus im Jahre 476 gewöhnlich als der «Untergang des weströmischen Reiches». Die Zeitgenossen betrachteten das Ereignis dagegen lediglich als die Beendigung der seit dem Jahre 395 andauernden Teilung des Imperiums, durch die die grundsätzliche Einheit des Römischen Reiches nie in Frage gestellt worden war. Die Krisen- und Verfallserscheinungen des Römischen Reiches hatten wesentlich früher eingesetzt, und ebenso vielfältig und letztlich vergeblich waren die Versuche, ihnen zu begegnen. Kein einzelnes Datum markiert diesen Prozess, den der britische Historiker Peter Heather einen «Kriminalroman» nennt. Es ist vielmehr eine lange Reihe komplexer, einander bedingender Konflikte, die das ganze römische Reich betrafen, die aber hauptsächlich und mit den nachhaltigsten und vielleicht verheerendsten Wirkungen auf italienischem Boden ausgetragen wurden. Dennoch überdauerte der Glaube an die Macht, die Dauerhaftigkeit und den universalen Anspruch des Imperium Romanum nicht nur das fünfte, sondern viele weitere Jahrhunderte, ja er reichte bis ins 20. Jahrhundert hinein.

Der universale Anspruch des *Imperium Romanum* verband sich mit dem universalen Anspruch des Christentums, seit Kaiser Konstantin der Große (306–337) im Toleranzedikt von Mailand 313 völlige Religionsfreiheit und die Gleichberechtigung des Christentums dekretiert hatte. Die fromme Legende erzählt, dass Konstantin in der Nacht vor der Schlacht an der Milvischen Brücke gegen seinen Mitkaiser und Konkurrenten Maxentius ein Kreuz erblickt habe mit der Schrift «In hoc signo vinces» (In diesem Zeichen wirst du siegen). Tatsächlich errang er, nachdem er alle Schilde seiner Soldaten mit dem Kreuzeszeichen hatte versehen lassen, den Sieg. Der Kaiser änderte daraufhin seine Einstellung gegenüber dem Christentum, obwohl er selbst sich erst am Ende seines Lebens taufen ließ. Doch Konstantins Kehrtwende hatte auch damit zu tun, dass er die Religion für seine Reform der Reichsverwaltung nutzen wollte. Die christlichen Bischöfe erlangten ungehinderten Zugang zum Kaiser und genossen so hohes Ansehen, dass die staatlichen und religiösen Angelegenheiten des Reiches von nun an aufs engste miteinander verwoben waren, obwohl das Christentum erst im Jahr 391 zur alleinigen Staatsreligion erhoben wurde. Die christlichen Bischöfe, die bis vor kurzem selbst unter Verfolgungen gelitten hatten, unterdrückten nun mit unnachsichtiger Härte alle Abweichungen von den auf den Konzilien festgelegten Lehrmeinungen als Ketzereien. Die Anerkennung der christlichen Kirche war Teil umfassender Reformmaßnahmen, mit denen Konstantin die Anstrengungen seines Vorgängers Diocletian (284–305) fortführte, um die Verwaltung des Riesenreiches zu vereinheitlichen und zu straffen. Er schuf darüber hinaus eine neue Hauptstadt durch den gigantischen Ausbau des am Bosporus gelegenen kleinen Städtchens Byzantion. Diese Gründung war der erste einer langen Reihe von Versuchen, ein zweites, ein drittes, ja ein viertes Rom erstehen zu lassen, und es war der einzige, dem es gelang, dem Mythos der *Roma aeterna* wenigstens eine Zeit lang Konkurrenz zu machen.

Je weniger politisches Gewicht die Stadt Rom besaß – 293 wurde Mailand, 402 Ravenna zur Hauptstadt des weströmischen Reiches –, umso wichtiger wurde sie jedoch als spiritueller Mittelpunkt der Christenheit und zunehmend auch als politischer Bezugspunkt der Bewohner Italiens. Mit dem Hinweis auf das Leiden und Sterben nicht nur eines, sondern gleich zwei der wichtigsten Urapostel, der Apostel»fürsten» Petrus und Paulus, auf dem Mons Vaticanus erstrebte der Metropolit von Rom eine führende Stellung innerhalb der Christenheit und trat damit in zunehmende Konkurrenz zum Metropoliten von Konstantinopel, was zu einer unendlichen Reihe von Glaubensstreitigkeiten, zu kleinen und größeren, mühselig beigelegten Schismen (Kirchenspaltungen) führte und 1054 mit dem endgültigen Bruch zwischen Ost- und Westkirche endete. Während dabei die Metropoliten von Konstantinopel in immer direktere Abhängigkeit von den Kaisern gerieten, die sich spätestens seit dem 6. Jahrhundert auch als Herren der Kirche verstanden (Caesaropapismus), bewahrten die Metropoliten von Rom nicht nur ihre Unabhängigkeit, sondern gewannen auf der italienischen Halbinsel auch zunehmend weltlichen politischen Einfluss und reale Macht. Angesichts der Schwäche der kaiserlichen Verwaltung im Westen übernahmen die römischen Metropoliten, die man nach dem Vorbild ihrer Konkurrenten in Konstantinopel bald *papa* (nach dem griechischen *pappas* für Vater) nannte, immer mehr Aufgaben der zivilen Verwaltung. Grundlage dafür waren die *patrimonia*, der reiche Grundbesitz, den die Kirche durch kaiserliche und fromme Schenkungen ansammelte. Die politische Unabhängigkeit der Päpste und ihre Rolle als Beschützer der Menschen verstärkten ihr Ansehen und das Ansehen Roms im gesamten Reich.

Deshalb erschütterte die Nachricht von der Einnahme und der vollständigen Plünderung der Stadt durch die Westgoten unter Alarich im August des Jahres 410 die gesamte Christenheit des Reiches. Es war die erste Einnahme Roms seit dem Überfall der Gallier im Jahre 390 v. Chr., also seit 800 Jahren. Paradoxerweise war die Invasion der Goten «eine der manierlichsten Plünderungen, die eine Stadt je erlebte», wie der Historiker Peter Heather pointiert formuliert. Denn die Plünderer waren Christen, und sie schonten zwar nicht die Häuser und den Reichtum der Römer, wohl aber die besonders heiligen Stätten und auch die Menschen, vor allem die Frauen, die dort

Zuflucht gesucht hatten. Die Goten waren nämlich Christen, aber «andere» Christen, sie waren Arianer und damit Häretiker, die nicht an die gottgleiche Natur Christi glaubten, was seit dem von Konstantin im kleinasiatischen Nikäa einberufenen Konzil (325) für die Christen des Reiches als verbindliche Glaubenslehre festgelegt worden war. Gerade deshalb löste die Einnahme und Plünderung Roms, so «manierlich» sie auch sein mochte, in der ganzen christlichen Welt Entsetzen aus. Außer auf Gold, Silber und sonstige bewegliche Reichtümer hatten es die Westgoten jedoch im Grunde weder auf Rom, noch auf Italien abgesehen. Sie wollten vielmehr die Kornkammer des Reiches, den Norden Afrikas, erreichen und zogen weiter, zuerst nach Süditalien und dann nach Spanien, wo sie sich niederließen.

Obwohl die Gefahr für Italien damit vorläufig gebannt schien, setzte mit dem Westgoteneinfall ein tiefgreifender Wandel der Sozialstruktur Italiens und des Westens ein, der sich in den folgenden Jahrhunderten dramatisch verstärken sollte. Je unsicherer die Zeiten wurden, je weniger der Kaiser seinen Untertanen Schutz gewähren konnte, desto mehr wurde mit dem Klientelwesen eine grundlegende gesellschaftliche Organisationsform der Antike wiederbelebt, die in der Kaiserzeit fast verschwunden war. Mächtige Familien scharten *clientes* um sich, die zwar frei blieben, aber zur Unterstützung ihrer hochgestellten Herren in allen gesellschaftlichen und politischen Belangen verpflichtet waren. Außerdem siedelten sich immer mehr Germanen friedlich in Italien an und erhielten dafür ein «Gastrecht», das den Angesiedelten ein Drittel des Bodens in der jeweiligen Provinz zur Verfügung stellte, wenn sie sich dafür zur Verteidigung des Landes bereit erklärten. Daher war es für niemanden verwunderlich, wenn der germanische *dux* (ursprünglich nur Heerführer, daraus wurde später das Herrschaftsgebiet Dukat bzw. Herzogtum; abgeleitet davon Doge und Duce) Odoaker in die Thronwirren am Hofe Ravennas eingriff und den Prätendenten Romulus Augustulus 476 einfach absetzte. Nachdem er den nun einzig verbliebenen Kaiser in Konstantinopel seiner Ergebenheit versichert hatte, wurde er von diesem mit dem Titel eines *patricius Romanus* geehrt und als Stellvertreter des Kaisers bestätigt. Sein Nachfolger Theoderich, der später den Beinamen der Große erhielt, legte die zivile Verwaltung in die Hände des römischen Senators syrischer Abstammung Cassiodor (ca. 490–580), der sie, wie der Mediävist Werner Goez betont, «umsichtig im Geiste des römischen Wohlfahrtsstaates» führte und von einer Versöhnung und einem friedlichen Zusammenleben zwischen Goten und Römern träumte.

Doch nicht einmal ein Jahrhundert später rollte 568 eine neue Welle germanischer Wandervölker unter Führung der Langobarden von der ungarischen Tiefebene auf die Poebene zu. Über ihre Wildheit und Grausamkeit erzählte man sich Schreckliches. In Panik flüchteten die Bewohner in das unzugängliche Mündungsgebiet und auf die vorgelagerten Inseln Venetiens, wo sie sich dauerhaft niederließen. Die Langobarden kamen als Eroberer, nicht als Gäste oder angebliche Beauftragte des fernen Kaisers. Sie wollten Italien aus dem Imperium herausbrechen und sich ein eigenes Reich schaffen, wie es den Franken in Gallien und Germanien, den Westgoten in Spanien und den Vandalen in Afrika und auf den Inseln des westlichen Mittelmeers gelungen war. Die nach wie vor bestehende, aus den Zeiten der *res publica* überkommene Zivilverwaltung, die, wenn auch immer schlechter, ohne Unterbrechung funktioniert hatte, wurde weitgehend beseitigt. Während die Romanen so viele ihrer seit der Antike bestehenden zivilisatorischen Errungenschaften verloren und einen Rückfall in die «Barbarei» erlebten, begannen sich die Langobarden jedoch allmählich zu «romanisieren». Ein wichtiger Schritt auf dem Weg dieser allmählichen Zähmung der Barbaren hin zu einer langsamen Verschmelzung von Eroberern und Eroberten war die Übernahme des katholischen Glaubens. Daher beschleunigte sich die Romanisierung der Langobarden, als seit dem 7./8. Jahrhundert die zunächst strenge Trennung zwischen den beiden Volksgruppen aufgehoben wurde. Otto von Freising schrieb dazu im 12. Jahrhundert: «Indes die Langobarden legten ihre rohe barbarische Wildheit ab, und vielleicht deshalb, weil sie sich mit Eingeborenen verheirateten und Söhne zeugten, die vom mütterlichen Blut und der Eigenart des Landes und des Klimas etwas von römischer Gesittung und Gedankenschärfe annahmen, bewahrten sie die Eleganz der lateinischen Sprache und die verfeinerte Lebensart.» Die langobardische Herrschaft schien sich zu konsolidieren. Im Jahre 680 verzichtete der byzantinische Kaiser sogar auf die Rückforderung der verlorenen Gebiete. Doch die Langobarden gaben sich nicht mit dem Erreichten zufrieden, sondern strebten danach, die ganze Halbinsel unter ihre Kontrolle zu bringen. Wie ein moderner Historiker formuliert hat, fehlte ihnen einfach die «Geduld», denn sie versuchten in neuerlichen jahrzehntelangen Kämpfen auch die süditalienischen Restgebiete byzantinischer Herrschaft zu erobern. Ihr erstes Ziel musste die Eroberung des Dukats von Rom sein.

Der *dux* von Rom, Papst Zacharias (741–752), suchte Hilfe bei seinem Herrn, dem Kaiser in Konstantinopel. Der aber war selbst in einen verzweifelten Existenzkampf gegen die Araber verwickelt und konnte sich die Führung eines Zweifrontenkrieges unter keinen Umständen leisten. Da suchte der Papst dort Beistand, wo für das *Imperium Romanum* seit den Westgoten nur tödliche Gefahr gedroht hatte: im Norden. Dort war unter den fränkischen Merowingern ein selbständiges Königreich entstanden, das längst weit über die ehemaligen Grenzen des Römischen Reiches bis nach Osten reichte. Die faktische Macht aber hatten um die Mitte des 8. Jahrhunderts nicht mehr die Könige inne, sondern die Hausmeier aus dem Geschlecht der Karolinger. Dem ehrgeizigen Pippin erwies der Papst nun einen unschätzbaren Dienst, als dieser auf die Anfrage «über die Rechtmäßigkeit des fränkischen Königtums» die Antwort erteilte, dass es besser sei, «der heiße König, welcher die Macht habe, als der, welcher ohne königliche Macht sei». Damit war eine Legitimation geschaffen für die Akklamation durch die fränkischen Adeligen 751 in Soissons und die anschließende Salbung durch den Bischof, wodurch eine neue, auf das alte Testament, das heißt auf altorientalische Tradition, gestützte Sakralwürde das fehlende königliche Geblüt ersetzte. Auf dieser Grundlage konnte Papst Stephan II. (752–757) mit Fug und Recht eine entsprechende Gegenleistung fordern. Eidlich verpflichtete sich Pippin zur Übergabe von Ravenna und des Dukats von Rom an den Papst und wurde dafür in Saint-Denis von ihm persönlich ein zweites Mal gesalbt, wobei die Königswürde nicht nur auf die Person, sondern auf das gesamte Geschlecht ausgedehnt wurde. Pippin und sein Sohn erhielten den Ehrentitel *patricius Romanorum* und wurden zum *protector et defensor ecclesiae* (Beschützer und Verteidiger der Kirche) erklärt. Mit der Salbung schuf der Papst nicht nur eine neue Form der Legitimation für den «Barbarenkönig», sondern sicherte sich selbst die Legitimation zur Lösung aus der Kontrolle des Kaisers in Konstantinopel. Nachdem Pippin in zwei Italienfeldzügen die Langobarden geschlagen hatte, verwirklichte der Frankenkönig die versprochene «Pippinische Schenkung». Aus der so genannten Pentapolis (entspricht in etwa der heutigen italienischen Region der Marken) und dem Dukat von Rom wurde damit der Kirchenstaat geboren, ein politisches Gebilde, das sich von nun an wie ein Sperrgürtel zwischen den Norden und den Süden der Apenninenhalbinsel legte.

Unter diesen Umständen war es nur konsequent, dass Pippins Sohn Karl auf einen weiteren Hilferuf von Papst Hadrian I. (772–795) nach Italien aufbrach und 774 das verbliebene Reich des Langobardenkönigs Desiderius endgültig zerstörte. Im Winter des Jahres 800 traf Karl in Rom ein.

EIN NEUER KAISER IN ROM: KARL DER GROSSE

Für die meisten Deutschen ist Karl der Große der Inbegriff des «Heiligen Römischen Reiches». Wir haben das Bild Dürers vor Augen, das einen bärtigen Mann im langen Mantel zeigt, in den Händen Reichsapfel und Schwert, geschmückt mit der achteckigen, edelsteinbesetzten Reichskrone mit dem Bügelkreuz. In Wirklichkeit war alles ganz anders.

Karl der Große, Stich nach einem Gemälde von Albrecht Dürer, 1511/1513

Am 25. Dezember 800 zelebrierte Leo III., der Bischof von Rom, die Weihnachtsmesse nicht in der für dieses Fest vorgesehenen Stationskirche seines Bistums, in Santa Maria Maggiore, in der die Krippe aus Bethlehem als Reliquie verehrt wurde, sondern in der Basilika des heiligen Petrus. Damit erwies der Papst Karl, der mit großem Gefolge an der Messe teilnahm, eine besondere Ehre. Die Wahl der Peterskirche zu diesem Anlass hatte für die Römer jedoch eine über bloße Ehrerbietung hinausreichende tiefere symbolische Bedeutung. Neben Rom existierten vier gleichberechtigte Patriarchate der Christenheit (Alessandria, Antiochia, Konstantinopel, Jerusalem), unter denen Rom seine Vorrangstellung dadurch betonte, dass die fünf großen Kirchen Roms mit diesen Metropolitansitzen verbunden waren und damit in Rom die gesamte christliche Welt symbolisch vereint war. Die Peterskirche repräsentierte Konstantinopel, die Hauptstadt des Römischen Reiches. Auf ausdrücklichen Wunsch des Papstes hatte der Karolinger, wie sein Biograph Einhard bezeugt, deshalb gegen seine sonstige Gewohnheit römische Tracht angelegt, er musste glatt rasiert sein, wie es für vornehme Römer üblich war, und er trug über einer lockeren Tunika einen knielangen, an der Schulter zusammengehaltenen Mantel, die Chlamys, und die für einen *patricius* obligatorischen leichten Lederschuhe. Letzteres mag ihn wohl am meisten geschmerzt haben, denn er musste auf die wärmenden fränkischen Beinbinden verzichten, die er, wie Einhard berichtet, am liebsten trug. Man kann sich Karl wohl in etwa so vorstellen, wie ihn eine Reiterstatuette im Pariser Louvre um die Mitte des 9. Jahrhunderts darstellt.

Mochte all dies für die Zeitgenossen nichts Ungewöhnliches gewesen sein, das nun folgende Geschehen war auch für sie einmalig und unerhört. In den fränkischen Reichsannalen wird darüber so berichtet: «Als der König gerade am hl. Weihnachtstag sich vom Gebet vor dem Grab des sel. Apostels Petrus zur Messe erhob, setzte ihm Papst Leo eine Krone aufs Haupt, und das ganze Römervolk rief dazu: dem erhabenen Karl, dem von Gott gekrönten großen und friedenbringenden Kaiser der Römer Leben und Sieg! und nach den lobenden Zurufen wurde er vom Papst nach der Sitte der alten Kaiser durch Kniefall geehrt und fortan, unter Weglassung des Titels Patricius, Kaiser und Augustus genannt.» Dieser Vorgang hat wie wohl kein zweites Ereignis der mittelalterlichen Geschichte eine Fülle von Interpretationen der verschiedensten Art hervorgerufen. Einhard verwirrt zusätzlich mit dem merkwürdigen Kommentar, Karl sei völlig überrascht gewesen und der nunmehrige neue Kaiser wäre lieber nicht zur Weihnachtsmesse gegangen, wenn er diese Geste des Papstes vorausgesehen hätte. Diese Aussage ist sicher nicht ganz glaubwürdig, denn die Krönung war sorgfältig inszeniert: Sie enthielt alle notwendigen Elemente des byzantinischen Rituals: Krönung, Akklamation und Adoration – allerdings mit einem grundlegenden Unterschied: Der Kaiser in Konstantinopel krönte sich selbst in einem weltlichen Zeremoniell und erhielt erst danach die Huldigung durch den Patriarchen. Auch darüber hinaus hatte diese «meuchlings» ausgeführte Kaiserkrönung etwas Irreales. Kein Papst hatte bisher einen Kaiser gekrönt, er hatte weder geschriebenes noch gewohnheitsmäßiges Recht auf seiner Seite. Im Gegenteil: Der Papst brauchte früher die Bestätigung durch den Kaiser, während nunmehr der Kaiser bei seiner Wahl der des Papstes bedurfte. Außerdem gab es – in Konstantinopel – bereits ein Kaisertum, das die Herrschaft über das ganze Römische Reich beanspruchte.

Karl der Große, Bronzestatuette, 870

Karls Kaisertum war deshalb zunächst nichts als ein «leerer Titel». Die Stadt seiner Kaiserkrönung und nunmehrige Hauptstadt des Kirchenstaates war eine Ruinenlandschaft, in der machtgierige Adelsfamilien um den Einfluss auf den Papst stritten und vor keiner Gewalttat zurückschreckten. Doch der «leere Titel» war nicht mehr aus der Welt zu schaffen, im Gegenteil: Er schuf neue langfristige und kaum zu bewältigende Probleme. Die Einheit des *Imperium Romanum* war zerbrochen, und es setzte sich die Einsicht durch, dass es nicht nur um die vorübergehende Teilung eines nach wie vor bestehenden Ganzen ging, sondern dass nun ein vollkommen neues «weströmisches» mit dem alten oströmischen Kaisertum um den universalen Herrschaftsanspruch konkurrierte.

Das erste und eigentliche Opfer dieser komplexen Situation war Italien. Die Aufteilung der Apenninenhalbinsel in unterschiedliche, zum Teil aus weiter Ferne regierte Herrschaftsbereiche wurde bis zu einem Punkt getrieben, von dem es kein Zurück mehr gab. Da Italien nun nicht mehr Kernland, sondern Randgebiet der beiden Kaiserreiche geworden war, blieb es teilweise sich selbst überlassen oder neuen Eroberern ausgeliefert, die Teile des Landes an sich rissen. Doch weil Italien nach wie vor die Schnittstelle zwischen Ostrom und dem neuen Kaisertum blieb, das noch lange nach seiner endgültigen Form und auch nach einem angemessenen Namen suchte, wollte und konnte keine Seite ganz darauf verzichten. Mehrmals und auf unterschiedliche Weise wurde eine Erneuerung, eine *renovatio imperii* versucht, doch dieser Traum war nicht mehr zu verwirklichen und ging in blutigen Kriegen und immer unübersichtlicheren Herrschaftsstrukturen unter. Ab dem Jahr 1000 ist es kaum mehr möglich, von einer Geschichte Italiens zu sprechen, vielmehr schälten sich mehrere, sehr unterschiedliche «Italien» heraus.

Der Hilferuf des Papstes und die Eroberung des Langobardenreiches durch Karl den Großen ist eine Art Sündenfall der italienischen Geschichte. Als ideologisches Motiv zieht er sich durch die Jahrhunderte, vom Kampf zwischen den Kaisern über die Auseinandersetzungen zwischen Guelfen und Ghibellinen bis ins Risorgimento und schließlich bis zu den Separationsbestrebungen der Lega Nord um die Wende des 20. zum 21. Jahrhundert. Aus dem bisher Gesagten sollte hervorgegangen sein, wie vielschichtig die Entwicklung war. Als ideologisches Motiv wurde der Hergang auf eine Alternative reduziert: Waren Langobarden und Romanen oder Lateiner zu einem Volk zusammengewachsen, deren Freiheit der Papst aus Eigeninteresse aufs Spiel setzte, oder waren die Langobarden selbst Invasoren, vor denen sich der Papst mit seinem Hilferuf zu Recht schützen wollte? Die unterschiedlichen Antworten, die auf diese Fragen gegeben wurden, erklären sich natürlich nur vordergründig aus den Ereignissen selbst, sondern aus dem jeweiligen historischen Kontext, und werden uns auf Schritt und Tritt begegnen.

DER KAMPF UM DIE UNIVERSALGEWALT: KAISER UND PAPST

Nach einer langen Phase wirrer Konflikte in Italien und im Frankenreich wurde das Kaisertum von Otto I. (936–973) wiederbelebt und erhielt durch die Ereignisse seiner Zeit abermals einen vollkommen neuen Charakter. Ober- und Mittelitalien standen seit dem Sachsenkaiser bis zum Ende der Stauferzeit Mitte des 13. Jahrhunderts unter direkter deutscher Herrschaft. Wie wenig Stabilität diese Epoche allerdings für Italien selbst brachte, wird daran deutlich, dass sie zwar aus deutscher Sicht nach wie vor gelegentlich als «Partnerschaft» gesehen wird, aus italienischer dagegen als Zeit der «politischen Anarchie», in der das Kaisertum zur «Kulisse» geworden war. Gerade deshalb aber sind diese drei Jahrhunderte als Zeit des Übergangs und als Voraussetzung für Humanismus und Renaissance von besonderer Bedeutung.

Ähnlich wie einst Karl der Große folgte auch Otto I. einem «Hilferuf». Wie Leo III. von Karl dem Großen, so erbat auch Johannes XII. von König Otto militärischen Beistand gegen die eigenmächtigen Herren Oberitaliens, die sich «Nationalkönige» nannten, und krönte

Otto als Gegenleistung am 2. Februar 962 zum Kaiser. Dieses Datum wird gewöhnlich als der eigentliche Beginn des «Heiligen Römischen Reiches» angesehen, das später den Zusatz «deutscher Nation» erhielt. Seither wurde es Tradition, dass die deutschen Könige schon bei ihrer Wahl durch die deutschen Herzöge den Titel «König der Römer» annahmen. Wie wenig sich jedoch schon Otto als «Römer» fühlte, zeigt am besten der Bericht des sächsischen Gesandten, Bischof Liudprand von Cremona, von seinen – erfolglosen – Heiratsverhandlungen im Jahr 968 am Hofe von Konstantinopel. Liudprand war bestens vertraut mit den Verhältnissen im oströmischen Reich, denn schon sein Vater und Stiefvater waren als Diplomaten dort tätig gewesen, und auch er selbst hatte sich bereits als Diakon am Bosporus aufgehalten. Mit umso größerer Empörung schildert er die protokollarischen Nadelstiche, mit denen die kaiserliche Gesandtschaft herabgewürdigt wurde. Gerade weil er sicher übertreibt, wird seine Schilderung besonders plastisch. Man ließ die Unterhändler im strömenden Regen stundenlang warten, überwachte sie auf Schritt und Tritt und setzte sie an der Tafel nur auf den fünfzehnten Platz vom Kaiser aus, wo es nicht einmal mehr ein Tischtuch gab, und: «Zu unserem Ungemach kam noch hinzu, dass der griechische Wein für uns ungenießbar war, weil man ihm Pech, Harz und Gips beimischt.» Wie Liudprand damit seinen Abscheu vor allem Griechischen ausmalte, so begründete Kaiser Nikephoras Phokas die Behandlung der Diplomaten schließlich damit, dass sie «gar keine Römer, sondern Langobarden» seien. Dem schleuderte Liudprand seinerseits entgegen: «Die Geschichte sagt uns, dass Romulus, von dem die Römer ihren Namen ableiten, aus einer ehebrecherischen Verbindung geboren und ein Brudermörder war. Er schuf einen Zufluchtsort für sich selbst und sammelte um sich zahlungsunfähige Schuldner, entlaufene Sklaven, Mörder und Männer, die todeswürdige Verbrechen auf sich geladen hatten. Derartige Männer nahm er als Bürger auf und gab ihnen den Namen Römer. Von dieser Art Adel stammen diejenigen ab, die ihr als ‹Herrscher der Welt›, das heißt

Kaiser, bezeichnet. Wir aber, wir Lombarden, Sachsen, Franken, Lothringer, Bayern, Schwaben und Burgunder verachten diese Menschen so sehr, dass wir für unsere Feinde kein schlimmeres Schimpfwort kennen als ‹Römer›, und mit diesem Namen verbinden wir jede Form von Niedertracht, Feigheit, Habgier, Wollust, Falschheit und alle nur denkbaren Laster.»

Otto I., Kaiser und König der Römer, der diesen Namen als «Schimpfwort» betrachtete, verstand auch sein Verhältnis zu dem Papst, dem er die Kaiserwürde verdankte, ganz neu. Entsprechend germanischen Rechtsvorstellungen leitete er aus dem geleisteten Schutz einen Anspruch auf Herrschaft ab. In einer der berühmtesten Urkunden des Mittelalters, dem «Pactum Ottonianum», bestätigte er die Schenkungen seiner Vorgänger, verlangte aber zugleich die Herrschaft über die Stadt und die Überwachung künftiger Papstwahlen: «So hatte es Johannes XII. nicht gemeint!», bemerkt der Mediävist Werner Goez spitz und erklärt, wie sich aus diesen gegensätzlichen Vorstellungen der Investiturstreit entwickelte. Auch künftige Kaiser waren nämlich davon überzeugt, nicht dulden zu dürfen, dass «die Römer sich einen Papst» wählten, «ohne ihn, dem als *König und Patricius* bei der Wahl des Bischofs *seiner* Stadt die erste Stimme gebühre, zu befragen ...» Dagegen berief sich der Papst darauf, dass er allein die zwei in der Bibel erwähnten «Schwerter» (Luk. 22, 38) zu führen berechtigt sei. Etwa seit dem 11. Jahrhundert wurde von den Päpsten außerdem die – erst im 15. Jahrhundert als Fälschung entlarvte – sogenannte «Konstantinische Schenkung» ins Feld geführt, mit der Konstantin der Große angeblich die spirituelle und irdische Herrschaft über Rom und einen großen Teil Westeuropas an Papst Sylvester und seine Nachfolger überantwortet hatte. Von den dadurch ausgelösten Auseinandersetzungen über das Verhältnis von weltlicher und geistlicher Macht, die sich auf den Wahlmodus der Bischöfe konzentrierten, ist der Nachwelt vor allem das eindrucksvolle Bild des Bittgangs von Canossa im Januar 1077 im Gedächtnis geblieben, als Heinrich IV. im Schlosshof der Gräfin Mathilde von Tuszien in der Kälte ausharren musste, bis Papst Gregor VII. seine Buße annahm. Für die Zeitgenossen war diese Buße jedoch nur Konsequenz aus dem eigentlich erschütternden Ereignis: der erstmaligen Absetzung eines gesalbten und gekrönten christlichen Königs während der Lateransynode ein Jahr zuvor. Selbst ein Anhänger des Papstes wie der Bischof von Sutri erklärte entsetzt: «Als die Kunde vom Bann des Königs dem Volk in die Ohren drang, erzitterte unser ganzer römischer Erdkreis.» Die Exkommunikation wurde seither zu einer der wirksamsten Waffen der Päpste gegen ihre Feinde, erlaubte sie doch den Gegnern des Betroffenen, ihre eigenen Interessen rücksichtslos durchzusetzen. Als der Investiturstreit im Wormser Konkordat 1122 mit einem Kompromiss beigelegt wurde, waren dennoch die beiden Universalgewalten in ihrem Ansehen und ihrer Legitimation gleichermaßen entkräftet. Hinsichtlich ihrer konkreten politischen Stellung gingen die Päpste dagegen gestärkt, die Kaiser vor allem in Italien sehr geschwächt aus den Auseinandersetzungen hervor.

Trotz dieser inneren Schwächung schien das Erbe des Imperiums am Ende des 11. Jahrhunderts noch einmal eine neue Form annehmen zu können. Die Wende ging nicht wie bisher vom Norden, sondern diesmal vom Süden aus. In einer spektakulären Bündniskonstellation heiratete Konstanze, die Tante des in Süditalien herrschenden Normannenkönigs Roger II., Heinrich VI., den Sohn von Kaiser Friedrich Barbarossa. Als ihr Neffe nur sechsunddreißigjährig plötzlich kinderlos starb, wurde Konstanze durch diese unvorhersehbare Wendung nach geltendem Erbrecht zur Nachfolgerin. Für Konstanzes Gemahl bot sich eine bis dahin unermessliche Machtfülle und die Aussicht auf den Besitz wirklich *ganz* Italiens. Nicht zum ersten und nicht zum letzten Mal machten die tückischen Fieberkrankheiten des Südens die Hoffnungen der Eroberer aus dem Norden jedoch zunichte. Ein Jahr später starb auch Konstanze, die auf alle Ansprüche aus dem staufischen Erbe in Deutschland verzichtet hatte. Ihr dreijähriger Sohn, Friedrich II., war der Vormundschaft von Papst Innozenz III., dem Lehnsherrn Siziliens, anvertraut.

Der Papst hatte freilich nicht die Machtmittel, um die nun ausbrechenden Kämpfe zu verhindern. Der Staufer Friedrich II., der *puer Apuliae* (Apulien nannte man ganz Süditalien), war zwar schon mit zwei Jahren als künftiger deutscher König anerkannt und mit vier zum König von Sizilien gekrönt worden, aber vorläufig kümmerte sich darum niemand. Er wuchs inmitten von unablässigen Feindseligkeiten und doch in einer Umgebung auf, die ihn für außerordentliche Aufgaben prädestinierte, denn er lebte in der vielsprachigen, multikulturellen Welt des Südens, von der noch die Rede sein wird. Neben seiner Muttersprache, dem Französischen und Provenzalischen konnte er Deutsch, Griechisch, Arabisch und natürlich Latein. An Weihnachten 1208 endete die Vormundschaft des Papstes, und der Vierzehnjährige konnte die Herrschaft in seinem verwüsteten, wirtschaftlich geschwächten Königreich antreten.

Währenddessen tobte nördlich der Alpen zwischen Welfen und Staufern der Kampf um den deutschen Königsthron. Als der staufische Thronanwärter Philipp in Bamberg ermordet wurde und die staufische Partei Friedrich 1211 aufforderte, die Alpen zu überqueren, um als Gegenkönig anzutreten, unterstützte der Papst ihn erst, nachdem Friedrich ihm versprochen hatte, das Königreich Sizilien seinem gerade ein Jahr alten Sohn Heinrich zu überlassen und dieses Reich nicht mit dem deutschen Königstitel zu verbinden. Der siebzehnjährige Friedrich brach praktisch allein nach Norden auf und wurde dennoch schon ein Jahr später zum deutschen und römischen König gewählt und gekrönt, sieben Jahre später bei seiner Rückkehr nach Italien (1220) von Innozenz' Nachfolger Honorius III. auch zum Kaiser. Doch er hatte das dem Papst gegebene Versprechen gebrochen, seinen Sohn Heinrich nach Deutschland geholt, um ihn zum König krönen und damit zu seinem Nachfolger als Kaiser bestimmen zu lassen. Die folgenden Jahrzehnte der Herrschaft Friedrichs II. waren deshalb überschattet von Auseinandersetzungen mit den Päpsten, die militärisch, aber auch symbolisch und geistlich mit Bann, Kreuzzugsversprechen, abgebrochenem Kreuzzug, abermaliger Bannung und Absetzung ausgetragen wurden und immer mehr eskalierten, so dass der Kaiser in den Augen seiner Gegner zur Verkörperung des Antichrist wurde.

Während Friedrich sein Reich nördlich der Alpen weitgehend in die Hand der aufstrebenden Landesfürsten gab, gelang es ihm, sein süditalienisches Königreich zu einem blühenden, fast modern anmutenden Staat auszubauen. Er vollendete und festigte seine Herrschaft insbesondere durch die Zurückdrängung feudaler Eigenmächtigkeiten und durch die Verschriftlichung des Rechts in den – lateinisch und griechisch verfassten – Konstitutionen von Melfi (auch Liber Augustalis, 1231). In der Vorrede heißt es: «So sind aus zwingender Notwendigkeit der Dinge … den Völkern Fürsten entstanden, durch welche die Willkür der Verbrecher gezügelt werden sollte. Sie sollten als Richter über Leben und Tod, gleichsam als Vollstrecker des göttlichen Gerichts, für die Völker festsetzen, welches Schicksal, welchen Rang und Stand jeder einzelne haben sollte.» Weiter formte Friedrich seinen Staat durch die Gründung einer ersten staatlichen Universität in Neapel (1224) und durch den Aufbau einer Beamtenschaft und eines Hofes, der zum glanz- und prunkvollen Zentrum einer raffinierten mediterranen Kultur wurde.

Doch auch diesem Reich war keine Dauer beschieden, weil der Papst alles tat, um die Gefahr einer neuerlichen «Umklammerung» seines Patrimoniums zu vermeiden. Als Friedrich 1250 in Castel Fiorentino (nordwestlich von Foggia), einem seiner geliebten Jagdschlösser, überraschend starb, konnten die Nachkommen das Erbe nicht verteidigen. Gegen die Staufererben holte der Papst bei einem neuen Verbündeten Hilfe, nämlich beim französischen König. Wie sich einst seine Vorgänger an Pippin und Karl den Großen gewandt hatten, um von den Langobarden befreit zu werden, so forderte der französische Papst Clemens IV. Karl von Anjou auf, nach Italien zu kommen. Auch der letzte Staufer, der erst sechzehnjährige Konradin, wurde geschlagen und auf der heutigen Piazza Mercato in Neapel hingerichtet. Damit bemächtigten sich die Anjou des Südens.

Für die Päpste erwies sich der Sieg über die Staufer als Pyrrhussieg. Sie bezahlten ihr Bündnis mit der neuen starken Macht in Westeuropa durch die sogenannte «Babylonische Gefangenschaft» (1309–1376), während der die Päpste in Avignon residierten. Wie einst die Ottonen verstanden auch die französischen Kapetinger ihre Hilfe nicht als einen Dienst für das Oberhaupt der Kirche, sondern als Berechtigung zur Herrschaft in einem unterlegenen Reich. Und wie gegenüber den deutschen Königen antwortete der Papst vergebens mit der Betonung seines universalen Herrschaftsanspruches. In seiner Bulle «Unam sanctam» (1302), der berühmtesten päpstlichen Urkunde des Mittelalters, stellte Bonifaz VIII. noch einmal und wiederum vergeblich das Amt des Nachfolgers Petri über alle weltliche Macht und behauptete, die beiden biblischen Schwerter seien dem Nachfolger Petri anvertraut. Die kirchliche Autorität sank auf einen Tiefpunkt, und zu allem Überfluss wurde sogar das Dokument, mit dem die Kirche ihre Supre-matie immer wieder untermauert hatte, die Konstantinische Schenkung, durch den Humanisten Lorenzo Valla (1440) mit rein innerweltlichen, nämlich philologischen Mitteln als dreiste Fälschung entlarvt.

DIE GEBURT ITALIENS AUS SPRACHE UND DICHTUNG: DANTE ALIGHIERI

Niemand hat für den Schmerz über die politische Zerrissenheit Italiens bewegendere Worte gefunden als sein größter Dichter Dante Alighieri (1265–1321). Die Klage darüber, die Auseinandersetzung mit den Ursachen und die Suche nach Abhilfe bildet eines der zentralen Themen seines gesamten Werkes. In der «Göttlichen Komödie», dem großen Epos, das die europäische Literaturgeschichte zutiefst geprägt hat, heißt es: «Weh dir, Italien! Sklavin! Schmerzensbeute! / Du Schiff, vom Sturm umbrandet, ohne Steuer, / Nicht Länderfürstin, Dirnenkammer heute!» (Purg. VI, 76 ff.). Voll bitterer Ironie hält der Dichter seiner Heimatstadt, aus der er 1301 vertrieben worden war, so dass er bis zu seinem Tod ein ruheloses Wanderleben führen

Dante umgeben von den toskanischen Dichtern Francesco Petrarca, Giovanni Boccaccio, Guido Cavalcanti, Marsilio Ficino und Cristoforo Landino, Gemälde von Giorgio Vasari, 1543/44

musste, den Spiegel vor: «Freu dich, Florenz, weil du so groß geworden, / dass du die Flügel schlägst ob Land und Meere / und fremd dein Name nicht den Höllenhorden!» (Inf., XXVI, 1ff.)

Eine Rettung war für Dante jedoch nur innerhalb der unzerstörbaren Substanz des Imperium in seiner christlichen Form denkbar. Ungebrochen war für ihn die Gültigkeit der von den Kirchenvätern des 4. und 5. Jahrhunderts, vor allem von Hieronymus, entwickelten Geschichtsdeutung der vier Weltreiche. Demnach war das Römische Reich nach der Auslegung einer Bibelstelle aus dem Buch Daniel (Kap. 2, 7 und 8) das letzte nach dem Babylonischen, dem Medisch-Persischen und dem Griechischen. Danach kam das Weltende. Nur als Fortführung, als *translatio* des Römischen Reiches war ein Fortgang der Geschichte denkbar. Und diese *translatio* vom römischen zum christlichen Imperium sah Dante im *Sacrum Romanum Imperium* der deutschen Kaiser verwirklicht.

Der zeitlichen «Monarchie» des Kaisers innerhalb der überzeitlichen Ordnung des Imperiums widmete Dante eine eigene Schrift, denn seiner Meinung nach war deren «Kenntnis am nützlichsten und am meisten verborgen». Ihre höchste und vorbildhafte Form hatte diese «unter dem göttlichen Monarchen» Augustus gefunden, denn «dass die Welt überall still war und dass damals das Menschengeschlecht in der Ruhe des Allfriedens glücklich war, davon geben alle Geschichtsschreiber, davon geben die erlauchten Dichter, und davon hat auch der Darsteller der Sanftmut Christi Zeugnis zu geben geruht, und schließlich hat Paulus als ‹Fülle der Zeit› jenen glücklichsten Zustand bezeichnet.» Derjenige, der dieses spirituelle, vom faktischen Rom losgelöste Erbe Roms wiederherstellen sollte, war für Dante Kaiser Heinrich VII., der jedoch nur ein Jahr Kaiser war. Dante hatte ihm schon vor seinem Ableben einen Platz im höchsten Himmel, dem Empyreum, gesichert. Den Anspruch des Papstes auf eine weltliche Vorrangstellung wies Dante dagegen mit äußerster Schärfe zurück. Papst Bonifaz VIII., der mit seiner Bulle «Unam sanctam» 1302 noch einmal das Amt des Nachfolgers Petri über alle weltliche Gewalt gestellt hatte, verfolgte Dante mit glühendem Hass und versetzte ihn – ebenfalls schon vor seinem Tode – in den achten Kreis der Hölle.

Italien war lediglich ein Teil der überstaatlichen Einheit christlicher Völker im Imperium, wenngleich ein privilegierter. Es war für Dante der «Garten des Reiches» (Purg. VI, 105), fruchtbar nicht nur im physischen, sondern vor allem im geistigen Sinn. Es war das «bel paese là dove il sì suona» (das schöne Land, wo das «Si» erklingt. Inf. XXXIII, 79 f.). Diesem «si» widmete Dante seine ganze Kraft, nicht nur als Dichter, sondern auch als Sprachtheoretiker, ja «Sprachpolitiker», dessen Ziel es war, eine italienische Hochsprache, ein *volgare illustre* überhaupt erst zu schaffen. In seiner Schrift «Über das Dichten in der Muttersprache» stellte er fest, dass Italien noch nicht einmal geographisch eine Einheit bildet, denn das Land zerfällt «in zwei Teile, einen rechten und einen linken. Und wenn jemand nach der Trennungslinie fragt, so antworten wir kurz: es ist das Joch des Apennins, das wie ein Ziegeldach von hier und da in verschiedene Traufen trieft und von dem das Wasser nach beiden Küsten durch lange Hohlziegel rieselt.» Eine sprachliche Einheit war zunächst nur dadurch vorhanden, dass es mit dem Latein eine «sekundäre» Sprache gab, die sich durch Unveränderlichkeit, Ausdrucksfähigkeit für Abstraktes und kunstvolle Harmonie der Teile auszeichnete, während die Volkssprache «weder dauerhaft noch beständig» sein könne. In seinem «Convivio» (Gastmahl) bezeichnete Dante deshalb das Latein als «Weizenbrot», die Volkssprache dagegen nur als «Haferbrot». Dieses Urteil galt allerdings lediglich für die Prosa, für die Dichtung dagegen war die Volkssprache seit Friedrich II. eingeführt. Wahrscheinlich war es der Stauferkaiser persönlich gewesen, der angeregt hatte, die Sprache des «si» anstelle der bis dahin vorherrschenden Sprache des «oc» (des Provenzalischen) oder des «oil» (des Französischen) für die Dichtung zu verwenden. Die Volkssprache, so erklärte Dante, sei die Sprache des Herzens und der Liebe zur Heimat, die jeder mit der Muttermilch einsauge. Ihm sei zwar die Welt Heimat «wie den Fischen das Meer», aber er habe doch «vor dem Zahnen» aus dem Arno getrunken und liebe Florenz so sehr, «dass wir, weil wir es liebten, ungerechte Verbannung erdulden». Für den «dolce stil nuovo» (Purg. XXIV, 57), den süßen neuen Stil, den Dante und sein Kreis vertraten, das heißt das Dichten über die Liebe als innigen Ausdruck der Seele, konnte nur dieses Medium in Frage kommen.

Dante wollte die Sprache des Herzens weiterentwickeln, sie auch für die Prosa zu so «natürlicher Schönheit» führen, dass sie als *volgare illustre*, als erhabene Volkssprache, allen Feinheiten wissenschaftlicher Literatur gerecht werden könne. Um sich dabei überhaupt Gehör zu verschaffen, musste Dante seine sprachpolitischen

Überlegungen lateinisch ausdrücken. Das *volgare illustre*, das er vor Augen hatte, musste zugleich maßgebend (*cardinale*), bei Hofe gesprochen (*aulicum*) und höfisch (*curiale*) sein und sollte so zu dem einigenden Band für Italien werden, obwohl es eben nicht wie andere Länder über einen einzigen Hof (*curia*) und einen einzigen Fürsten verfügte. Die Entstehung dieser italienischen Sprache erhoffte sich Dante als eine Koiné, als Verbindung aller Volkssprachen der Apenninenhalbinsel. Sie sollte nicht in Konkurrenz zu anderen Sprachen treten und konnte keinerlei Überlegenheit beanspruchen, ja es schien Dante durchaus denkbar, dass «viele Nationen und Völker eine erfreulichere und tauglichere Sprache verwenden als die Italiener». Seine eigentliche sprachliche und politische Wirkung entfaltete Dante jedoch nicht durch seine theoretischen Überlegungen, sondern dadurch, dass er dann alle seine Kräfte auf die Dichtung konzentrierte: So entstand die Komödie, die man schon bald als die «göttliche» bezeichnete. Mit diesem Werk konnte Dante zwar weder das christliche Imperium noch die politische Einheit Italiens retten, aber er ermöglichte seinem Land die kulturelle Einheit durch die unvergleichliche Schönheit seiner Hochsprache.

ITALIEN ALS BEUTE

1494 marschierte der französische König Karl VIII. in Italien ein, um als Verwandter der Anjou seinen angeblichen Anspruch auf das Königreich Neapel mit Waffengewalt durchzusetzen. Obwohl er nach einem Jahr und schweren Verlusten seine anfänglichen Erwerbungen wieder aufgeben musste, begann damit eine sechs Jahrzehnte währende Zeit verheerender Kriege, die als die «Italienischen Kriege» in die Geschichte eingegangen sind. «Italienisch» war daran, dass sie sich auf italienischem Boden abspielten und die Bewohner der Apenninenhalbinsel die Opfer der Verwüstungen waren. Als Akteure spielten die italienischen Staaten nur eine Statistenrolle, denn es waren die neuen europäischen Großmächte von jenseits der Alpen, Frankreich, das Kaiserreich, Spanien und im Hintergrund sogar England, die – nicht mehr «um Hilfe gerufen», sondern ganz offen im eigenen Interesse – ihre Rivalitäten auch und vor allem in Italien austrugen, um die nach wie vor großen Reichtümer der italienischen Staaten in die Hand zu bekommen. Aus dem dynastischen Konflikt um das Königreich Neapel eskalierten die Kriege bis in die Mitte des 15. Jahrhunderts zu einem europäischen Machtkampf zwischen dem Haus Valois und dem Haus Habsburg.

Einen grausigen Höhepunkt erreichte das Gemetzel bei der Eroberung und Plünderung Roms am 6. Mai 1527 durch das Heer Karls V., ein Ereignis, das auch in der deutschen Geschichtsschreibung mit dem italienischen Begriff «Sacco di Roma» bezeichnet wird. Umgekehrt sind die Landsknechte, die *lanzichenecchi*, als Schreckensbild wilder Horden aus dem Norden in die italienische Sprache eingegangen. Ungefähr 24 000 Söldner, darunter freilich auch Spanier und Italiener, die – nicht zuletzt, weil sie seit zwei Jahren praktisch keinen Sold mehr erhalten hatten – keinem Befehl mehr gehorchten und vor den Mauern Roms auch noch ihren Kommandanten, den Connetable von Bourbon, verloren, ergingen sich eine Woche lang in einer Mord- und Verwüstungsorgie, der, so nimmt man heute an, bis zu 30 000 Menschen zum Opfer fielen, das heißt mehr als die Hälfte der römischen Bevölkerung. Der Sacco di Roma rief die Erinnerung an die Eroberung der Stadt durch die Westgoten im Jahre 410 ins Gedächtnis, die den Untergang des weströmischen Reiches angekündigt hatte. Wie damals waren die Angreifer zwar Christen, aber «andere» Christen, Häretiker. Die mehrheitlich protestantischen kaiserlichen Landsknechte zeigten ganz im Gegensatz zu ihren Vorfahren keinerlei Ehrfurcht vor den heiligen Stätten Roms, sie waren alles andere als «manierlich». Ihre Verachtung und ihr ungezügelter Hass richteten sich vielmehr ganz besonders gegen die römischen Papisten. Mit selbstkritischem Unterton berichtete Luigi Guicciardini, Spross einer der wohlhabendsten Familien aus Florenz, die der Kurie sehr nahe stand, über den Sacco di Roma: «Der ungeheure Reichtum des römischen Adels, der in Jahrhunderten in ihren Familien aufgehäuft worden war, wurde in einer Stunde zerstört. Die maßlosen Gewinne, die von Höflingen und Kaufleuten durch Unrecht und Betrug über Jahre angesammelt und durch Wucher, Diebstahl, Ämterkauf und andere unmoralische Mittel vervielfacht worden waren, fielen in einem Augenblick in die Hände dieser Barbaren. ... Jedermann weiß, dass Geld, Waren und Kostbarkeiten aus ganz Europa und weiten Teilen der übrigen Welt Stunde für Stunde in diese Stadt strömten, um den unersättlichen Appetit und die unehrenhaften Begierden ihrer vielen zügellosen Geistlichen und Höflinge zu befriedigen. Denn da sie nie gefürchtet hatten, dass sie ihren Besitz verlieren könnten, wurden die Römer unglaublich leicht und mit riesigem Gewinn überrascht, ausgeraubt und hingemetzelt.»

Karl V., in dessen Reich «die Sonne nicht unterging», hatte, so beteuerte er, die Gewalttaten und die Gefangennahme des Papstes nicht gewollt. Als Ausdruck der Versöhnung mit dem inzwischen freigelassenen Clemens VII. ließ er sich drei Jahre später zum Kaiser krönen. Die Umstände dieser Krönung verdeutlichten in exemplarischer Weise, wie weit sich die «Weltmonarchie», die Karl im Auge hatte, vom *Imperium Romanum* entfernt und wie weit sich das *sacerdotium* verweltlicht hatte. Trotz der Mitwirkung des Papstes war die Krönung nichts anderes als ein Spektakel weltlicher Macht- und Prachtentfaltung und spielte sich im wahrsten Sinne des Wortes vor einer Theaterkulisse ab. Da es offensichtlich unmöglich war, die Feierlichkeiten in der gebrandschatzten einstigen Hauptstadt der Welt stattfinden zu lassen, fiel die Wahl auf Bologna. Weil in der 1516 veröffentlichten Papstliturgie die Kaiserkrönung jedoch ausdrücklich Rom vorbehalten war, fürchtete man eine Anfechtung durch die Lutheraner. Deshalb wurde die Stadt durch Triumphbögen, Scheinarchitektur und Allegorien auf die antiken Kaiser in ein fiktives Rom verwandelt. In der Kirche San Petronio, die man ebenfalls durch Einbauten in ein Abbild der Peterskirche verwandelt hatte, verlieh der Papst nicht am Altar, sondern von einem Thron aus dem Kaiser die Insignien seiner Herrschaft: Schwert, Zepter und Krone. Nicht das

Volk von Rom, sondern eine illustre Schar internationaler Gäste akklamierte den Kaiser.

Dieser gespenstische Vorgang war die letzte Kaiserkrönung durch einen Papst. Nach dem Rücktritt Karls V. und der Teilung des habsburgischen Erbes erhielten die spanischen Habsburger im Frieden von Cateau-Cambrésis 1559 die Herrschaft über Mailand, Neapel und Palermo, der Kaisertitel fiel an Wien und war bis zum Ende des «Heiligen Römischen Reiches Deutscher Nation» am 6. August 1806 ein Erbstück der österreichischen Habsburger. Das Kaisertum war von seinem Ursprungs- und Kernland endgültig getrennt, der «Garten des Reiches» verdorrt. Doch die Faszination des *Imperium Romanum* wirkt bis tief in unsere Gegenwart fort.

2

DIE «HUNDERT STÄDTE»

O Blut du der Lateiner,
wirf ab die schweren unheilvollen Netze!
kein Name sei dein Götze,
so inhaltleer erfunden!
Dass uns die Wut nun dieser wilden Horden
an Einsicht überwunden,
ist lediglich durch eigne Schuld uns worden!

Francesco Petrarca, *O mein Italien*, ca. 1366

Die Piazza del Campo in Siena ist sicherlich eines der schönsten urbanistischen Ensembles überhaupt. Mit der an ein antikes halbkreisförmiges Theater erinnernden Form des Platzes, der hoch aufragenden strengen Fassade des Palazzo Pubblico und der geschlossenen Häuserfront über dem Halbkreis atmet das Ganze Größe und Offenheit und bildet zugleich einen geschlossenen Raum. Wenn in den *contrade*, den einzelnen Stadtvierteln, während der letzten Junitage und Mitte August die Vorbereitungen für den Palio, das berühmte Pferderennen auf dem Platz, getroffen werden, scheint Siena wie mit einer Zeitmaschine ins Mittelalter zurückversetzt. Aber auch außerhalb dieser Tage ist der Geist und der Stolz der alten Stadtrepublik lebendig. Man kann ihn an dem großartigen Freskenzyklus von Ambrogio Lorenzetti aus der ersten Hälfte des 14. Jahrhunderts in der Sala dei Nove des Palazzo Pubblico über die «gute» und die «schlechte Regierung» ablesen.

Dante nannte das Ideal der bildenden Kunst in der «Göttlichen Komödie» ein «sichtbares Sprechen» (Purg. X, 95), und in diesem

Sinne entfaltete Lorenzetti im Sitzungssaal des Sienesischen Rates der «Neun» sein Bildprogramm und versah es für die Lesekundigen noch zusätzlich mit Spruchbändern. Die im vollen Licht des einzigen Fensters im Raum erstrahlende Allegorie der «guten Regierung» zeigt eine Fülle von Personen, die durch Größe, Anordnung und Attribute in vielfältige Beziehung zueinander gesetzt sind. Zwei Figuren ragen besonders heraus, stehen aber nicht im Mittelpunkt, sondern rahmen das Geschehen ein und halten es gleichsam zusammen. Zur Linken thront die «Gerechtigkeit». Sie ist alles andere als blind, sondern blickt streng und stolz geradeaus. Ihre Waage trägt sie nicht selbst, sondern die über ihr schwebende Verkörperung der «Weisheit». Die von ihr im Gleichgewicht gehaltenen Schalen der verteilenden und ausgleichenden Gerechtigkeit (*iustitia distributiva et commutativa*) sind der Ausgangspunkt von zwei langen Kordeln, die von der direkt unter der Gerechtigkeit sitzenden, fast ebenso großen Darstellung der «Eintracht» zusammengehalten und an eine lange Prozession von Bürgern weitergeleitet werden, die sie ihrerseits zum Thron der Verkörperung der *Comune Senarum Civitatis Virginis*

Allegorie der guten Regierung in der Sala dei Nove im Palazzo Pubblico von Siena, Ambrogio Lorenzetti, 1337–1340

(Kommune von Siena, der Stadt der Heiligen Jungfrau) weiterführt, wie ein Schriftzug erklärt. Diese größte Figur hat das Aussehen eines Herrschers oder Richters und ist vornehm in Schwarz und Weiß, die Farben von Siena, gekleidet. Seine edle Abkunft wird dadurch betont, dass seine Füße auf einer Wölfin ruhen, die sich über zwei an ihren Zitzen saugende Zwillinge beugt. Die Zwillinge sind Senius und Aschius, die Söhne des Remus, die gemäß der Sieneser Gründungslegende die Stadt auf ihrer Flucht vor ihrem Onkel Romulus gegründet haben sollen.

Diese Gründungslegende und ihre Darstellung durch Lorenzetti kann auf verschiedene Weise gedeutet werden. Auf der einen Seite verstehen sich die Sienesen als Nachfahren der Römer, auf der anderen weisen sie eine römische, sprich kaiserliche Oberhoheit ab. Die Unabhängigkeit der Kommune symbolisieren die Personifizierungen des Friedens und der Großherzigkeit (*pax* und *magnanimitas*) zu ihren Seiten. Die weibliche Gestalt des Friedens bildet den Mittelpunkt des Bildes und fällt auch deshalb ins Auge, weil sie halb liegend auf der Bank ruht, auf der die anderen Tugenden streng und aufrecht sitzen. Sie stützt sich auf einen abgelegten Harnisch, und zu ihren Füßen liegen weitere Waffen. Dass die Verbindung von Gerechtigkeit, Eintracht und Frieden im Dienste des Gemeinwohls auch den Einsatz von Gewalt erfordern und rechtfertigen kann, wird in vielen anderen Details des Gemäldes deutlich. Zu Füßen der Kommune sammeln sich waffenstarrende Soldaten, die Gefangene in Schach halten, und auf dem zweiten Fresko, das die «Wirkungen der guten Regierung» zeigt, schwebt über der Stadt und dem Umland, in dem Wirtschaft und Gesellschaft gedeihen, die Verkörperung der «Sicherheit» mit einem Galgen in der Hand.

Das Bildprogramm Lorenzettis speist sich aus vielen Quellen und wurde zum Gegenstand unterschiedlichster Interpretationen. Ohne jeden Zweifel drückt der Gesamtzusammenhang jedoch das Selbstbewusstsein der Kommune aus. Vor allem aber ist es ein Wunschbild, eine Vision oder vielleicht auch, wie von verschiedener Seite vermutet, einfach politische Propaganda. Das hervorstechende Charakteristikum des gesamten Bildwerks ist das, was fehlt: Die Allegorie gibt keinen Hinweis auf eine hierarchische gottgewollte Ordnung. Nicht Gottvater, Christus oder der heilige Geist ist Ausgangspunkt und Quelle des Gemeinwohls, sondern die Verkörperung der Weisheit. Sie wird im biblischen «Buch der Weisheit» als das «Hauchen der göttlichen Kraft» (Weish. 7, 25 f.) bezeichnet und spielte im mittelalterlichen Denken bis hin zu Thomas von Aquin eine große Rolle als Inbegriff der Tugend schlechthin. Weisheit ist allen Menschen grundsätzlich zugänglich und legitimiert die bindende Kraft des Rechts, nicht aber eine gottgewollte Hierarchie. Auch auf dem Fresko, das die «Wirkungen der guten Regierung» in der Stadt zeigt, ist viel Handel und Wandel zu sehen, aber weit und breit kein Bischof oder Priester, und nur ganz im Hintergrund spitzt ein Kirchturm über die Dächer. In einem historischen Überblick für die Europäische Kommission bezeichnete der Politologe Wim Blockmans den Freskenzyklus Lorenzettis deshalb als eine «klare, erschöpfende und kohärente Vision der Struktur einer republikanischen Regierung, die im Wesentlichen auf profanen Prinzipien basiert».

In Lorenzettis Allegorien spiegelt sich die Einzigartigkeit der italienischen Stadtstaaten an der Schwelle zur frühen Neuzeit und deren langfristige Wirkung für die italienische und europäische Geschichte: In einer Zeit, in der sich in ganz Europa für viele Jahrhunderte die Monarchie als gottgewollte Staatsform konstituiert hat und die Menschen zu Untertanen macht, etabliert sich in Italien ein Staatsverständnis, das sich auf antike Traditionen stützt und die Menschen als *cives*, als politische Bürger, nicht als Untertanen betrachtet. Auch dort, wo die Kommunen später von monarchischen Regierungsformen abgelöst wurden, haben diese und die Staatsgewalt schlechthin nie so unbezweifelbare Legitimität für sich gewinnen können wie in den meisten Ländern nördlich der Alpen. Dieses stolze Selbstbewusstsein ist bis ins 20. Jahrhundert nicht nur als die Grundlage für das Aufblühen der Kultur der Renaissance in Italien, sondern sogar als «Rohstoff der europäischen Demokratie» gepriesen worden.

Ein solcher Überschwang vergisst jedoch, dass die Vision der «guten Regierung» mit der Wirklichkeit selten in Einklang stand. Nicht Eintracht und Frieden herrschten in und zwischen den Stadtstaaten, sondern Zwietracht und Unfrieden. Gerade die Blütezeit der italienischen Stadtstaaten, das 13. Jahrhundert, war zugleich die Zeit blutigster, fast ununterbrochener Konflikte. Zwietracht im Inneren und Äußeren war geradezu der Entstehungsgrund und zugleich das bleibende Kennzeichen der politischen Entwicklung des «Italiens der hundert Städte». Und anders, als es die Vision Lorenzettis nahelegte, war nicht Eintracht, sondern Zwietracht fast vier Jahrhunderte lang wenn nicht Ursache, so doch immerhin kein Widerspruch zu wirtschaftlichem Wohlstand und kultureller Blüte. Die italienischen Stadtstaaten sind geradezu aus der Zwietracht entstanden, denn sie gewannen ihren Spielraum erst aus und im Konflikt zwischen geistlicher und weltlicher Macht, der im Investiturstreit gipfelte. Als sich die beiden Universalgewalten damit letztlich gegenseitig geschwächt hatten, erlebten die Stadtstaaten zwar noch einmal eine Blütezeit, fanden aber doch keine dauerhafte Existenzform gegenüber den aufstrebenden Territorialstaaten jenseits der Alpen.

Dies hängt auch und vor allem mit der zweiten Besonderheit der italienischen Stadtstaaten zusammen: Anders als die etwa gleichzeitig entstehenden freien Städte in Deutschland und Flandern sind diejenigen Italiens nicht gleichzusetzen mit dem aufstrebenden Bürgertum. In den italienischen Städten fand ein einzigartiger zirkulärer Prozess der Verbürgerlichung des Adels und der Aristokratisierung des Bürgertums statt, der zugleich ein Prozess der Einbürgerung der Feudalherren in der Stadt und der Feudalisierung des Bürgertums, das heißt ihrer Verwandlung in Grundeigentümer, war. Aus diesem langdauernden, vielschichtigen Prozess erwuchs eine einmalige Kultur «bürgerlichen» Lebens mit aristokratischem Anstrich und eines höfischen Lebens mit bürgerlichen Zügen. Das Bindeglied zwischen beiden Welten wurde das Bewusstsein über und der neue Umgang mit der gemeinsamen kulturellen Grundlage in der Antike.

FREIHEIT OHNE EINHEIT

Trotz ihrer späteren «Laizität» standen am Anfang der Städtefreiheit die Bischöfe als Förderer und Beschützer der Kommunen. Nach dem Zusammenbruch der Karolingischen Herrschaft waren unter den «Nationalkönigen» (888–962) die meisten Grafschaften zu Markgrafschaften erhöht worden und dann erblich geworden. Diese versuchten nun zuungunsten der Städte und des niederen Feudaladels ihren Besitz abzurunden und zu vergrößern. Als unter Otto I. die kaiserliche Verwaltung auch in Italien wiederhergestellt wurde, wollte er diese Großen dadurch zurückdrängen, dass er sich wie im ganzen Reich im Wesentlichen auf die Bischöfe stützte.

Der von den Historikern dafür lange benutzte Begriff «Reichskirchensystem» ist jedoch vor allem für Italien insofern völlig irreführend, als durch die gestärkte Rolle der Bischöfe keineswegs ein einheitliches System entstand, sondern die ohnehin vorhandene Vielgestaltigkeit nur weiter vorangetrieben wurde. Einerseits gewannen die Bischöfe nun dezidiert weltliche Aufgaben. Sie hatten die Pflicht, zum Beispiel für die Befestigung der Stadt, die Aufstellung einer Miliz oder die Aufsicht über Abgaben, Straßen und Märkte zu sorgen. Dadurch erhielten sie große politische Macht, liefen jedoch Gefahr, in einen dreifachen Loyalitätskonflikt zu geraten: gegenüber dem Kaiser als ihrem weltlichen, gegenüber dem Papst als ihrem geistlichen Herrn und gegenüber den Einwohnern ihres Bischofssitzes als ihren Schutzbefohlenen. Diese vielfältigen Konflikte zwischen Städten und Kaisern, Päpsten und Feudalherren reichten bis tief in die soziale Schichtung der Städte selbst hinein: Als Gegengewicht zu den mächtigen, stets zum Aufruhr bereiten Markgrafen wählten die deutschen Könige ihre Bischöfe nämlich möglichst aus den ihnen besonders ergebenen Geschlechtern und dabei vor allem aus der Schicht der kleineren Kronvasallen, der sogenannten *capitani* aus. Weitere *capitani* und deren Gefolgschaft, die so genannten Aftervasallen oder Valvassoren, wurden in den Städten ansässig und beanspruchten eine führende Rolle. Daneben und dagegen traten immer häufiger zu Wohlstand gelangte Kaufleute und Gewerbetreibende mit ihren Interessen hervor. Die Auswahl der Bischöfe durch die deutschen Könige musste notwendig in manchen Fällen zu Konflikten mit dem Papst führen. Papst Gregor VII. (1073–1085) erließ in einem solchen Streitfall im Bistum Mailand ein allgemeines Investiturverbot und eröffnete damit die entscheidende Phase in dem seit den Ottonen schwelenden Investiturstreit.

Im Windschatten dieser großen, die gesamte katholische Kirche und die politische Ordnung Europas erfassenden Auseinandersetzung gewannen die Stadtstaaten als «lachende Dritte» an Spielraum. Wie der Prozess der Herausbildung von Stadtregierungen im einzelnen ablief und wie sich ihr Verhältnis zu dem bischöflichen Regiment entwickelte, hing ganz von den örtlichen Machtverhältnissen, von den Beziehungen zu den umgebenden Städten und ihrer Stellung im großen Konflikt zwischen Kaiser- und Papsttum ab. Aber schon in der Mitte des 12. Jahrhunderts schrieb Otto von Freising, der Onkel Friedrich Barbarossas, in einer Mischung aus Bewunderung und Verachtung: «Auch in der Verwaltung der Städte und in der Bewahrung der Staatsform ist ihr Vorbild noch heute die Klugheit der alten Römer. Schließlich lieben sie die Freiheit so sehr, dass sie sich jedem Übergriff der Gewalt entziehen und lieber von Konsuln als von Herrschern regieren lassen. Da es bekanntlich bei ihnen drei Stände gibt, nämlich Kapitane, Valvassoren und Bürger, werden, um keinen Hochmut aufkommen zu lassen, diese Konsuln nicht aus einem, sondern aus allen Ständen gewählt, und damit sie sich nicht zur Herrschsucht verleiten lassen, werden sie fast jedes Jahr ausgetauscht. ... Damit sie nicht der Mittel entraten, auch die Nachbarn zu unterdrücken, halten sie es nicht für unter ihrer Würde, junge Leute der unteren Stände und auch Handwerker, die irgendein verachtetes mechanisches Handwerk betreiben, zum Rittergürtel und zu höheren Würden zuzulassen, während die übrigen Völker solche wie die Pest von den ehrenvolleren und freieren Beschäftigungen ausschließen. So kommt es, dass sie an Reichtum und Macht die übrigen Städte der Welt übertreffen. Förderlich war ihnen dabei nicht nur, wie gesagt, ihr tatkräftiger Charakter, sondern auch die Abwesenheit der Herrscher, die sich angewöhnt haben, im transalpinischen Gebiet zu bleiben. Darin aber bewahren sie, uneingedenk der antiken adligen Haltung, einen Rest barbarischen Bodensatzes, dass sie den Gesetzen nicht gehorchen, obwohl sie sich rühmen, nach den Gesetzen zu leben.»

Der Investiturstreit wurde mit dem Wormser Konkordat 1122 beigelegt. Aufgrund der Unterscheidung von geistlichen und weltlichen Würden verzichtete der Kaiser auf die Investitur mit Ring und Stab, und verlieh als Zeichen seiner weltlichen Macht nur noch das Zepter an den Bischof. Da diese Verleihung in Italien (und Burgund) erst nach der Bischofsweihe stattfand, war dort der Einfluss des

Kaisers damit praktisch zunichte gemacht. Deshalb musste die Verwaltung des Landes, um sie überhaupt wieder in den Griff zu bekommen, auf eine gänzlich neue Grundlage gestellt werden. Kaiser Friedrich Barbarossa (1155–1190) versuchte dafür durch Anknüpfen an die antike Tradition einen großen Entwurf durchzusetzen. Er stand unter dem Motto des *honor imperii*, der Ehre des Kaisertums. Der Reichstag von Roncaglia bei Piacenza auf den sogenannten Ronkalischen Feldern (1158) diente deshalb nicht wie sonst üblich dazu, Beschwerden und Wünsche des Kaisers und der lombardischen Städte zu verhandeln, sondern zielte darauf, eine gänzlich neue Ordnung zu verkünden. Unterstützt wurde der Staufer in seinem Bemühen von Juristen der 1088 gegründeten Universität von Bologna. Zur Definition der kaiserlichen Rechte griffen die Juristen auf das Römische Recht zurück. Barbarossa versuchte gleichsam, in die Fußstapfen des großen Gesetzgebers Justinian zu treten, denn er hatte nichts Geringeres im Auge als die Herstellung einer einheitlichen, auf festen rechtlichen Grundlagen beruhenden Herrschaft in Italien. Die auf diesem Reichstag verkündeten Gesetze wurden merkwürdigerweise, so berichten wenigstens die Quellen, einstimmig und einmütig, *uno ore, uno assensu*, verabschiedet.

Doch der Widerstand ließ nicht lange auf sich warten. Der Kaiser wurde in bester antiker Tradition zum Tyrannen gestempelt, gegen den jeder Widerstand erlaubt schien. Hatte er es vor Roncaglia noch vermocht, die italienischen Städte gegeneinander auszuspielen, so sahen sie nun in ihm ihren gemeinsamen Feind und schlossen sich zusammen. Als wieder einmal eine der gefürchteten Seuchen das kaiserliche Heer vernichtet (und auch den Kanzler Rainald von Dassel dahingerafft) hatte, bildete sich der Lombardische Bund. Mit der Gründung einer Stadt, die nach dem Gegenpapst Alexander III. den Namen Alessandria erhielt, warfen die Kommunen dem Kaiser den Fehdehandschuh hin, denn eine Stadtgründung bedeutete die Usurpation eines der wichtigsten herrscherlichen Souveränitätsrechte überhaupt. Bei Legnano in der Nähe Mailands erlitt Friedrichs Heer

1176 schließlich eine Niederlage, die das Ende der kaiserlichen Bevormundung der italienischen Städte einläutete. Um ihren Fahnenwagen, den *carroccio*, den ihnen einst ihr Bischof geschenkt hatte, zusammengedrängt, hielten die Stadtbürger den kampferprobten Rittern aus dem Norden stand, unterstützt von den *capitani* der *Compagnia della Morte* (Todesschwadron) des Alberto da Giussano. Wie die Heimkehrer stolz verkündeten, hatten sie «den Schild, die Standarte, das Kreuz und die Lanze des Kaisers erobert». Bis heute wird der Tag dieses Triumphs (29. Mai) in Mailand alljährlich festlich begangen. Schon ein Jahr zuvor hatten die lombardischen Städte den Papst ihres Beistands versichert und dabei einen Begriff in die Welt gesetzt, der von nun an im Verhältnis zum Kaiser und seinen Landsleuten immer wieder auftauchen sollte: In Erinnerung an die Angst der Römer vor dem *furor teutonicus* beim Einfall der Kimbern und Teutonen (113 v. Chr.) erklärten sie nämlich, sie hätten sich dem *furor*, dem Rasen des Kaisers entgegengeworfen, und zwar um der Ehre und Freiheit Italiens willen (*pro honore et libertate Italiae*). Der Ehre des Kaisertums, die nun mit dem *furor teutonicus* gleichgesetzt und damit von Italien losgelöst wird, tritt stolz und selbstbewusst die Ehre Italiens, das heißt die Ehre der Städte, entgegen.

Wenige Jahre später musste der Stauferkaiser im Frieden von Konstanz (1183) auf all die Ziele verzichten, die er sich auf dem Reichstag in Roncaglia gesteckt hatte, und kehrte notgedrungen wieder zum alten Prinzip des «Teile und herrsche» zurück. An die Stelle einer einheitlichen, zupackenden Verwaltung auf gesicherten gesetzlichen Grundlagen trat wieder das Aushandeln, Taktieren, Drohen und letztlich das Zurückweichen, denn die eigentlichen Aufgaben des Kaisers lagen längst jenseits der Alpen. Der Friede von Konstanz ist als die «Magna Charta» der italienischen Stadtstaaten bezeichnet worden, aber er war auch der Neubeginn eines Kampfes aller gegen alle. Traurig bemerkte ein gelehrter Beobachter schon bald, die Feinde der Freiheit Italiens seien nicht die Deutschen oder sonstige Fremde, sondern die «Bosheit und Missgunst der Italiener selbst».

Das 13. Jahrhundert war zwar das «goldene Jahrhundert» der italienischen Stadtstaaten, aber auch der Beginn nicht enden wollender Konflikte innerhalb und außerhalb der Stadtmauern. Es mag zunächst paradox erscheinen, dass erst nach dem Ende der Staufer zur Charakterisierung der Parteizugehörigkeiten die Namen Guelfen und Ghibellinen überall gebräuchlich wurden, und ebenso paradox, dass sie sich aus den Schlachtrufen der Staufer (nach ihrer Stammburg: Waiblinger) und ihrer Gegner in Deutschland (den Welfen) ableiteten. Doch dies erklärt sich aus den Besonderheiten der Entwicklung in Italien. Die Ghibellinen waren zunächst die Kaiser-, die Guelfen dagegen die Papsttreuen. Welche Städte sich zur ghibellinischen und welche zur guelfischen Seite bekannten, hing auch davon ab, welche gesellschaftliche Schicht sich durchsetzte, denn die Guelfen waren die Vertreter der Zünfte und nannten sich «Popularen», die Ghibellinen dagegen repräsentierten als «Magnaten» den in der Stadt ansässigen Adel. Während sich um die Mitte des 13. Jahrhunderts noch klare Frontlinien zwischen den Parteien ziehen ließen und in der Toskana zwei gegeneinander gerichtete Städtebünde entstanden, lösten sich die Grenzen bald auf, es gab «schwarze» und «weiße» Guelfen, die sich gegenseitig als verkappte Ghibellinen verdächtigten.

Diese Entwicklung führte keineswegs dazu, dass sich Guelfen und Ghibellinen zu einer Art Vorform moderner politischer Parteien herausbildeten, wie das vor allem im 19. Jahrhundert verstanden wurde und bis heute vielfach behauptet wird. Nicht zuletzt aufgrund dieser Vorstellung wählte der Gründer der ersten christlich orientierten Partei Italiens, Don Sturzo, zu Beginn des 20. Jahrhunderts den *scudo crociato* der Guelfen, das rote Kreuz auf weißem Grund mit der Aufschrift *Libertas,* als Parteisymbol. Umgekehrt ist die Verwischung der sozialen Grenzen als «Einführung des Feudalwesens in der Stadt» charakterisiert worden, weil auch die Guelfen im Wesentlichen zum Instrument großer Familien und ihrer Gefolgsleute wurden. Aber auch das ist nur die halbe Wahrheit. Denn die Verstädterung des

Feudaladels und die Feudalisierung des Bürgertums brachten eine spezifisch neue Form hervor, die sich freilich aus den uralten Wurzeln des Klientelwesens speisen konnte und deshalb von nun an praktisch unausrottbar wurde. Ziel und Wirkung der Politik aller Fraktionen war es, so der amerikanische Renaissance-Forscher Gene Brucker, «innerhalb der Kommunen die Zahl privilegierter oder halbautonomer Körperschaften zu vervielfältigen und so nicht einen einheitlichen, sondern einen korporativen Staat zu schaffen». Die Zugehörigkeit zu einer Gruppierung brachte manchmal weder soziale noch politische Differenzen zum Ausdruck, sondern lediglich persönliche oder familiäre Feindschaften und Rachefeldzüge zwischen mächtigen Familien oder Sippen.

Die Kämpfe zwischen Magnaten und Popularen zogen sich in mehr oder weniger blutiger Form bis ins 15. Jahrhundert hin und führten schließlich zur Herausbildung einer Reihe von größeren, in ihrer Struktur sehr unterschiedlichen Staaten, die jedoch noch für lange Zeit durchsetzt und umgeben blieben von kleinen, stets um ihr Überleben kämpfenden unabhängigen Herrschaften. Der wichtigste Unterschied zwischen den größeren Staaten bestand darin, ob und wieweit sich die Magnaten durchsetzten, die Stadt ihrer Signoria unterwarfen und sich womöglich noch mit dem Herzogs- oder gar Fürstentitel schmücken konnten, oder ob die Vertreter des «fetten» Volkes, also der reichen kaufmännischen Familien, die Oberhand gewannen, ihre Macht als die Herrschaft des ganzen Volkes ausgaben und mit dem Etikett «Republik» versahen. Zur monarchischen Signoria «par excellence» entwickelte sich Mailand, Republiken dagegen waren für unterschiedlich lange Zeit Venedig, Genua, Florenz und Siena, freilich auf höchst unterschiedliche Weise. Der jeweils ganz eigene Charakter dieser Stadtstaaten wirkt bis heute fort. Ein Fall für sich war und blieb neben dem Kirchenstaat der Süden, der nun endgültig zum «anderen Italien» wurde.

Für alle Stadtstaaten war der Bezug auf Vorstellungen und Werte der Antike ein wesentliches Element ihrer Legitimation. Aber nun, und darin besteht der große Unterschied zum mittelalterlichen Blick, nicht mehr auf die christliche Kaiserzeit, sondern vor allem auf die Zeit der römischen Republik und des beginnenden Prinzipats. Anhand der teils wieder entdeckten, teils mit neuen Augen gelesenen Werke der Antike wurde die *virtus* des Individuums in den Mittelpunkt gerückt, an ihrem Engagement für Familie und Staat gemessen und als Bildungsauftrag verstanden. Für die kulturelle und politische Tragweite dieser Neuorientierung steht die Begegnung zwischen dem selbst ernannten Tribunen Cola di Rienzo und dem Dichter Francesco Petrarca.

DER TRIBUN UND DER DICHTER: COLA DI RIENZO UND FRANCESCO PETRARCA

Am 1. August 1347 betrat der Sohn eines römischen Schankwirts namens Nicolaus Laurentii, besser bekannt als Cola di Rienzo, den Balkon der Lateransbasilika, der für den Segen des Papstes vorgesehen war. Nach dem Vorbild römischer Kaiser in flammendes Rot gekleidet, ließ er vom Apostolischen Notar folgendes Manifest verlesen: «Wir erklären und verkünden, dass alle italienischen Gemeinden frei und alle Italiener römische Bürger sind. Wir erklären und verkünden, dass die heilige Stadt Rom das Haupt der Welt und das Fundament des christlichen Glaubens ist; außerdem halten wir die Städte Italiens, als Einzelne wie in ihrer Gesamtheit, für frei ... Die jetzt angesprochenen Bevölkerungen und Bürger der Städte Italiens erklären wir zu römischen Bürgern, und wir wollen, dass sie fortan an dem römischen Privileg der Freiheit teilhaben.» Cola ließ erklären, dass die Wahl des römischen Kaisers einzig und allein der *alma urbs* (Mutter Rom) und «ihrem Volk, sowie dem ganzen heiligen Italien» gebühre. Er verlangte nicht nur die Rückkehr des Papstes (Clemens VI.) nach Rom, sondern auch das Erscheinen der deutschen Kurfürsten und der Prätendenten, die um den Titel des römisch-deutschen Königs kämpften, Ludwig der Bayer und Karl von Böhmen. Am Tag darauf fand auf dem Kapitol ein Verbrüderungsfest mit den Vertretern der fünfundzwanzig Städte Italiens statt, denen jeweils ein mit allegorischen Darstellungen geschmücktes Banner und ein Ring als Zeichen der brüderlichen Verbundenheit, des Friedens und der Liebe überreicht wurden.

Das Experiment Cola di Rienzos wurde – nicht zuletzt dadurch, dass sein Bewunderer Francesco Petrarca (1304–1374) ihn in seiner Dichtung und seinen Briefen verewigte – ein wichtiger Bezugspunkt künftiger Generationen. Petrarca lebte, weil sein Vater aus Florenz verbannt worden war, seit seiner Jugend in Avignon und war nach einem Jurastudium für einen Kardinal am päpstlichen Hofe tätig. Nie riss jedoch die Verbindung zu Italien und die Sehnsucht nach seinem Heimatland ab. Auf die Nachrichten aus Rom gratulierte Petrarca dem römischen Volk und seinem Tribunen mit einem programmatischen Brief, der sich in seinem Überschwang wie ein sehr frühes Vorbild für die Unabhängigkeitserklärung der Vereinigten Staaten von Amerika liest: «Niemand sollte fälschlicherweise annehmen, dass diejenigen, die wachsam ihre Freiheit im Auge haben und die bisher für die Sache der aufgegebenen Republik gekämpft haben, eine Aufgabe übernehmen, die von Rechts wegen anderen zustünde. Es ist ihre Sache, die sie verteidigen. ... Es ist der einzige Weg, der den Kaufleuten Frieden sichert, dem Soldaten Ruhm, dem Bauern Wohlstand, dem Gottgeweihten Ausübung seines Dienstes an Gott, dem Gelehrten Muße, dem alten Menschen Ruhe, dem Kind die Grundlagen des Lernens, den jungen Frauen Heiraten und den verheirateten Frauen Ehrerbietung. Nur auf diesem Wege finden wir alle schließlich Glück.»

Petrarca ist heute vor allem als der größte italienische Lyriker bekannt, aber er bedeutete und bedeutet für die italienische und europäische Geistes- und Kulturgeschichte weit mehr. Denn er war es, der die *studia humanitatis*, die geistige Bildung wiederbelebte, wie sie Cicero, der große Redner, Politiker und Philosoph der ausgehenden römischen Republik, verstanden hatte. Aus dieser Perspektive entwarf Petrarca auch ein neues Bild von Italien, das in dieser Form nie

Realität gewesen war und nie werden sollte und sich dennoch bis in unsere Gegenwart als geschichtsmächtiger Mythos erwies. Besonders eindrucksvoll hat Petrarca sein Bild Italiens in einem lateinischen Gedicht niedergelegt, das er bei seiner endgültigen Rückkehr aus Frankreich 1353 gleichsam auf dem Kamm der Alpen verfasste, und das hier wenigstens in deutscher Fassung ganz wiedergegeben werden soll: «Sei gegrüßt, geliebtes, Gottes heiligstes Land, sei gegrüßt, / Land, den Guten eine Zuflucht und furchtgebietend den Übermütigen, / Land, gastfreundlicher als berühmte Küsten, / fruchtbarere Erde als alle, schöner als jede, / ganz vom zweifachen Meer umgeben und vom berühmten herrlichen Berge, / verehrungswürdig durch Waffen und Gesetze, und Haus der heiligen / Musen, reich an Gold und Männern, / zu dessen Entfaltung Kunst und Natur gleichermaßen beigetragen und es der Welt als Lehrmeisterin gegeben haben.» Als böte sich von der Passhöhe ein Anblick wie aus dem Weltraum, erfasst das imaginäre Auge des Dichters die ganze Halbinsel, die «zweifach vom Meer umgeben, leuchtend ausgebreitet unter dem ruhmreichen Berg» liegt. Italien erscheint so zunächst als genau bestimmbare, gleichsam naturgegebene Einheit. Darüber hinaus aber enthält das Gedicht auf vielfältige Weise eine Botschaft, die zu seiner Zeit erst Wenige entschlüsseln konnten, denn dazu musste man mit der lateinischen Literatur bestens vertraut sein.

Wenn Petrarca sagt, Italien sei «den Guten ein sicherer Hort» und «furchtgebietend den Übermütigen», dann verweist er auf eine der zentralen Passagen von Vergils Aeneis, also auf das römische Nationalepos der augusteischen Zeit. Fast wörtlich zitiert Petrarca die Stelle, an der Aeneas in der Unterwelt aus dem Munde seines Vaters Anchises die Prophezeiung der künftigen Weltherrschaft Roms erhält. Bei Vergil heißt es: «Du aber, Römer, gedenke – das werden deine Künste sein – Völker durch deine Herrschaft zu lenken, dem Frieden Gesittung zu geben, Unterworfene zu schonen und Übermütige niederzukämpfen.» Diese Aufgabe bleibt für Petrarca auch im Italien seiner Zeit bestehen, das nun aber des einen «Gottes heiligstes Land» geworden ist. Der Blick des Dichters fällt auf ein Italien, in dem sich Antike und Christentum zu einer neuen Einheit und einer «überlegenen Daseinsform» verbinden, um auf diesem Boden die Größe Roms wiedererstehen zu lassen. Petrarca hat damit «den entscheidenden Schritt zum italienischen Nationendiskurs getan», wie der Politologe Herfried Münkler formuliert, und schuf damit die Vision eines Traumlandes, das in vielen Köpfen weiterwirkte.

Dieses großartige Bild musste sich notwendig verdunkeln, sobald der Dichter von der Passhöhe herabgestiegen war. Einige eindrucksvolle Gedichte seines «Canzoniere», in dem seine in Volgare geschriebenen Gedichte versammelt sind, widmete Petrarca diesem realen Italien. In diesen Gedichten entwickelt er eine bittere, zuweilen fast höhnische Beschreibung der Realität und hält seinen Landsleuten einen Spiegel vor, hinter dem sich jedoch zugleich eine Zukunftsperspektive abzeichnet. Sie unterscheidet sich grundsätzlich von derjenigen, die Dante nur eine Generation vorher entworfen hatte. Als wäre er auch physisch von seinem Beobachtungsposten über den Wolken in die Ebene herab gestiegen, hält Petrarca fest, dass die wunderbare territoriale Einheit Italiens für die Bewohner selten fassbar ist, denn hier bezeichnet er Italien als die «schönen Lande, die Apennin trennt, Meer umkreist und Alpe», eine Beschreibung, die geradezu sprichwörtlich geworden ist.

Eng verbunden damit sind die «Wunden», um die es dem Dichter eigentlich geht, nämlich die politische Zerrissenheit des Landes, wenn er klagt: «Da sieh, o Herr voll Gnade, / wie grimmer Streit erwuchs aus kleinem Brande.» Denjenigen, «in deren Hand das Glück die Zügel gelegt der schönen Gaue», wirft er vor, aus Eigensucht «Barbaren» ins Land gerufen zu haben, und zwar die Deutschen, obwohl doch die Natur dafür gesorgt hat, dass sich die Alpen «zwischen uns und deutscher Wut» erheben. Die Deutschen sind für Petrarca nicht nur ein Volk «ohne Gesetz», als schmerzlicher noch empfindet er es, dass die großen Vorfahren der Antike dieses unzivilisierte Volk einst mit Leichtigkeit unter ihre Herrschaft zwangen.

Als Beispiele nennt er die römischen Feldherren Marius und Caesar, der «mit ihrem Blut tränkte das Gras, wo unserem Schwerte er rief zu schalten». An dieser Stelle tritt ein Überlegenheitsgefühl zutage. Den Römern – und damit auch ihren Nachfahren – wird eine zivilisatorische Mission zugebilligt und damit das Recht, andere Völker zu unterwerfen, ihnen allein steht das *imperium* zu. Andere dagegen, zumal die Deutschen, sind und bleiben Barbaren, in deren Händen das *imperium* nur Anmaßung und Gewalt ist. Den Caesar seiner eigenen Zeit, nämlich den Kaiser, der noch für Dante als Retter erschienen war, verachtet Petrarca daher schon allein deshalb, weil er kein Italiener ist, als Eindringling, «der Eide schwörend, mit dem Tode spielet». Die einzige Hoffnung zur Rettung Italiens liegt für ihn in der moralischen Erneuerung: Gegen die Wut der Barbaren muss die antike *virtus*, gleichermaßen Tapferkeit wie Tugend, wieder erweckt werden. Und darauf vertraut Petrarca aus tiefstem Herzen: «Und gegen Wut wird Tugend / sich rüsten, bald der Kampf zum Ziel gelangen, / ist in Italiens Jugend / ja noch der alte Mut nicht untergangen.»

Die *virtus*, an die Petrarca noch glaubt, kann sich nur in einer Erneuerung des antiken Rom auf italienischem Boden vollziehen. Anstelle geschichtlicher Kontinuität im Zeichen eines spirituell begründeten Imperiums wie bei Dante sieht Petrarca von Menschen verschuldete Diskontinuität. Er lehnt deshalb die *translatio imperii* entschieden ab. Für ihn gibt es keine Kontinuität, sondern nur die Hoffnung auf den Anbruch einer neuen Zeit nach dem *medium aevum*, dem Mittelalter. Dieser von Petrarca neu geschaffene Begriff bezeichnet die in seinen Augen dunkle Zeit der illegitimen Herrschaft fremder Eindringlinge auf italienischem Boden. Die große Zeit Roms, an die es anzuknüpfen gilt, ist für ihn auch nicht die Kaiserzeit und schon gar nicht die Zeit der christlichen Kaiser, sondern die der Republik. Die antike *virtus*, die es wiederzubeleben gilt, entspringt aus dem stolzen Bewusstsein der Unabhängigkeit und Freiheit des *civis Romanus*.

Um aufzuzeigen, wie die *virtus* auszusehen habe, die wieder auf diese Höhe hinaufführen könnte, konzipierte Petrarca zahlreiche Werke über bedeutende Persönlichkeiten und Ereignisse, in denen Herrscher, Gelehrte und Dichter seiner Zeit oder der unmittelbaren Vergangenheit nur insofern vorkamen, als sie die qualitative Differenz zur Antike fassbar machen sollten. Von den Anfängen römischer Geschichte zählt er alle Helden Roms als Ahnherren des ersehnten charismatischen Befreiers auf. Der bedeutendste unter ihnen ist Scipio, der Bezwinger Hannibals, der den weltgeschichtlichen Kampf um die Beherrschung des Mittelmeers für die Römer entschieden hat. Ihn nennt Petrarca den «größten Führer», den Rom je hervorgebracht hat. Diesem römischen Helden wollte er ein Epos namens «Africa» widmen, das für Italien die gleiche Rolle spielen sollte wie die «Aeneis» für das antike Rom, nämlich die Beschreibung der Ursprungs- und Herkunftsgeschichte eines universalen Reiches. Nicht zuletzt mit diesen Werken wurde Petrarca zum Begründer des Humanismus und zum Stammvater einer übernationalen kulturellen Entwicklung.

Die Konsequenz aus Petrarcas Vision eines «römischen Reiches italienischer Nation», wie sie Cola di Rienzo verwirklichen wollte, ging für seine Zeitgenossen freilich in die falsche Richtung. Auf die von Cola di Rienzo an die Städte ganz Italiens ergangenen Einladungen zu dem Verbrüderungsfest waren von außerhalb des römischen Distrikts lediglich die Vertreter von Perugia, Florenz, Todi und Siena erschienen und sie verhielten sich abwartend bis ablehnend gegenüber dem angebotenen Zusammenschluss, der ihren Stolz eher verletzte, als ihm zu schmeicheln. In ihren Augen trat hinter der Geste der Verbrüderung nur mühsam verhehlt der alte imperiale Anspruch Roms zutage. Auch wenn von Italien die Rede war, war doch eigentlich nur Rom gemeint. Und was hatte dieses Rom noch zu bieten? Ein Blick vom Kapitol genügte um festzustellen, dass die *Urbs* zum Provinzstädtchen verkommen war, denn das Kapitol, einst großartiges Zentrum, lag nun am äußersten Rand, während die eigentliche Stadt sich mit ihren schmutzigen, schlammigen Gassen in der Tiberschleife zusammendrängte. Geschlechtertürme und festungsartige Häusergevierte verwandelten sie vollends in ein für Fremde unzugängliches Labyrinth. In der von der Aurelianischen Mauer umgrenzten riesigen Fläche verloren sich antike Ruinen zwischen Gärten und vereinzelten Palästen der wenigen verbliebenen Kurienvertreter und adeligen Familien. Nur um die Peters- und die Lateranbasilika hatten sich weitere, von der übrigen Stadt getrennte *borghi* gebildet; der Stadtteil um den Vatikan bewahrt noch heute diesen Namen. Von diesem Rom wollte sich das übrige Italien nichts mehr sagen lassen, brauchte es nicht als Herrin über sich, um einen *buono stato*, eine gute Regierung nach seinen eigenen Vorstellungen zu verwirklichen. Als Rienzos Auftreten immer maßloser wurde, musste er schon im Dezember 1347 aus der Stadt fliehen. 1354 konnte er noch einmal nach Rom zurückkehren, wurde aber im selben Jahr hinterrücks ermordet, und seine Leiche wurde grauenvoll geschändet. Statt des Zusammenschlusses trat die erbitterte Auseinandersetzung um Raum und Vormachtstellung, die wie ein «Zusammenprall der Kulturen» inszeniert wurde. Ein Beispiel dafür ist der sich über zwölf Jahre hinziehende Krieg zwischen dem Mailänder Signore Gian Galeazzo Visconti und der Republik Florenz an der Wende des 14. zum 15. Jahrhundert.

REPUBLIK GEGEN FÜRSTENMACHT

Der Kampf der Söldnerheere unter den gefürchtetsten und teuersten Condottieri der Zeit wurde begleitet von einer Propagandaschlacht, die mit den Waffen der humanistischen Rhetorik ausgetragen wurde. Protagonisten waren dabei die Kanzler der beiden Seiten, Antonio Loschi, der dieses Amt in Mailand von 1398 bis 1404 bekleidete, und Coluccio Salutati, florentinischer Kanzler von 1375 bis zu seinem Tod 1406. Vor allem Salutati war ein herausragender und zugleich typischer Vertreter der neuen Staatsdiener in Italien. Aus einem kleinen Ort in der Toskana stammend, hatte er an der berühmten Universität Bologna studiert, um dann in verschiedenen Kommunen Nord- und Mittelitaliens in den *uffici*, den Behörden, zu arbeiten. Diese Behörden, die, wie man an Loschi und Salutati sieht, über Jahre, wenn nicht sogar Jahrzehnte von denselben Personen geleitet wurden, waren das eigentliche Rückgrat sowohl der Republiken mit ihren rasch wechselnden Regierungen als auch der monarchischen Signorien mit ihren oft politisch unerfahrenen oder nur als Soldaten groß gewordenen Herren.

Weder Loschi noch Salutati – und dies ist eine der grundlegenden Charakteristiken der Renaissance – waren bloße Verwaltungsbeamte mit gründlicher juristischer Ausbildung in einem modernen Sinn. Sie waren zugleich und in ihrem eigenen Selbstverständnis vor allem feinsinnige Literaten, profunde Kenner der antiken Literatur, selbst Dichter und großartige Redner. Salutati war mit berühmten Schriftstellern und Denkern seiner Zeit wie Francesco Petrarca, Giovanni Boccaccio und Francesco Bruni befreundet und holte als florentinischer Kanzler den griechischen Diplomaten und Gelehrten Manuel Chrysolaros nach Florenz, um die Kenntnis des Griechischen und der griechischen Originaltexte der klassischen Antike unter den Humanisten zu fördern. Auch Loschi tat sich als Dichter hervor, als Gelehrter und Kommentator antiker Schriften. Zu den beliebtesten Übungen dieser politisch-literarischen Intellektuellen gehörte das Verfassen von Streitschriften, die zum Teil zu lang andauernden Debatten unter den Intellektuellen führten. In dieser Absicht veröffentlichte Loschi wahrscheinlich im Jahre 1399 seine «Invectiva in Florentinos». In geschliffenem Latein sticht er in unverhüllter Streitlust schon im ersten Satz heftig auf seine Gegner ein, indem er sich fragt: «Wird nie der Tag kommen, ihr ruchlosen Zerstörer des Vaterlandes und Vernichter des Friedens in Italien, an dem ihr die gerechte Strafe für eure Schuld zahlen und das verdiente Todesurteil erfahren werdet?» In diesem Stil wirft Loschi den Florentinern vor, mit ihrem Kampf gegen Mailand eine Einigung Italiens zu verhindern, den Untergang der «heiligen Mutter Kirche, das Ende des Heiligen Römischen Reiches und das Verderben des glorreichen Herzogs» (von Mailand) im Schilde zu führen. Er macht sich lustig über die Behauptung der Florentiner, ihre Stadt sei eine römische Gründung und sie selbst deshalb Nachfahren der Römer, und er nennt die Freiheit, auf die sie so stolz sind, «überaus schrecklich ..., ja die grausamste Tyrannis». Die Städte des florentinischen Herrschaftsgebiets seien geradezu gierig darauf, dass die Mailänder Heere anrückten, um endlich die «grausame und habgierige Herrschaft» von Florenz abschütteln zu können.

Nach einer ersten indirekten Antwort in einem Traktat «Über den Tyrannen» ging Salutati 1403 in einer «Invectiva in Antonium Luschum Vicentinum» direkt auf seinen Gegner los. Auch Salutati war nicht zimperlich und nannte Loschi eine «wütende, ganz und gar dumme Bestie», die nichts anderes könne als «Gift» zu verspritzen. Auch bei Salutati geht es um das Vaterland (*patria*), aber er versteht darunter nicht Italien, sondern seine «Stadt und sein Volk». Die Freiheit, wie sie die Mailänder kennen, sei der Gehorsam gegenüber einem Tyrannen, «der alles nach seinem Willen und seiner Willkür entscheidet», während Freiheit in Florenz verstanden werde als Gehorsam gegenüber den Gesetzen, «die alle im gerechtesten Maße die Gleichheit respektieren». Diesen Freiheitsbegriff hätten die Florentiner von ihren römischen Vorfahren ererbt, und diese Form der Freiheit sei es, die Florenz zur «Blüte Italiens und seinem schönsten Teil», ja zur schönsten Stadt der Welt gemacht habe, denn welche Stadt, so fragt er, habe «sicherere Mauern, großartigere Paläste, herrlicher geschmückte Kirchen, schönere Gebäude, ausgezeichnetere Loggien, reichere Plätze, angenehmere und breitere Straßen, eine größere Bevölkerung, berühmtere Bürger, unerschöpflichere Reichtümer und ein fruchtbareres Umland»? Diese große römische Tradition könne ein Mann wie Loschi nicht verstehen, denn er sei «der Schmutzigste der Schmutzigen, Unrat und Auswurf der Lombarden oder richtiger der Langobarden».

DAS KURZE GLÜCK DES GLEICHGEWICHTS

Der Kampf zwischen Fürstenmacht und Republik blieb trotz der Überlegenheit Mailands schließlich unentschieden, weil Gian Galeazzo an der Pest starb und das Herzogtum in den Kämpfen um die Erbfolge versank. Damit war der Plan der Visconti, ganz Ober- und Mittelitalien unter ihrer Herrschaft zu vereinigen, endgültig gescheitert. Um die Mitte des 15. Jahrhunderts wurde überdeutlich, dass weder die monarchischen noch die republikanischen Staaten der Halbinsel sich durchsetzen konnten, sondern sich weiterhin in unendlichen Grenzstreitigkeiten, Überfällen und Kleinkriegen gegenseitig zu zerfleischen drohten. Verschieden groß, unterschiedlich stabil, aber doch lebensfähig, hielten sich in Nord- und Mittelitalien die Herzogtümer Mailand und Savoyen, die Republiken Florenz, Venedig, Genua, Siena und Lucca. Der Kirchenstaat lag wie ein Sperrgürtel in der Mitte, während der Süden in zwei sich befehdende Königreiche zerfallen war. Dass es – wenigstens für einen kurzen historischen Augenblick – möglich war, die Staatenvielfalt in ein Gleichgewicht zu bringen und sogar zu einem «Modell» für den späteren Umgang der europäischen Mächte werden zu lassen, zeigte die Entwicklung in der zweiten Hälfte des 15. Jahrhunderts. Voraussetzung dafür waren der Schock der Eroberung Konstantinopels, die dem Oströmischen Reich ein Ende setzte, und das diplomatische Geschick einer herausragenden Persönlichkeit wie Lorenzo de' Medici.

Als die Kunde von der Einnahme Konstantinopels am 29. Mai 1453 Italien erreichte, war man vor allem in Venedig so tief und so direkt betroffen, dass «viele Venezianer Trauerkleidung trugen wegen des Todes ihrer Verwandten». In die Tränen der Trauer mussten sich aber wohl auch Tränen des Schuldbewusstseins und der Reue mischen, denn gerade Venedig hatte wesentlich zur Schwächung des byzantinischen Reiches beigetragen. In Venedig waren Republik und Fürstenmacht schon sehr früh eine eigentümliche Verbindung eingegangen, seit nämlich ein Gesetz von 1297 den Zugang zu den höchsten Gremien des Staates, dem *Maggior Consiglio*, erblich machte. Das Geheimnis der in der italienischen Staatenwelt einzigartigen politischen Stabilität, die die *Serenissima* bald zu einem Mythos werden ließ, basierte aber in Wirklichkeit nicht auf ihrer Verfassung als aristokratische Republik, sondern vor allem auf den staatlichen Werften für die Flotte im *arsenale*. In einer Art befestigter Stadt in der Stadt, von dicken Mauern umgeben, nur durch wenige Tore zugänglich und von hohen Zinnen bewacht, vereinigte die Regierung seit dem 12./13. Jahrhundert die Werkstätten für die Kriegs- und Handelsflotte, für Ausrüstung, Bewaffnung und Lagerung aller notwendigen Rohstoffe und Materialien. Die rational durchorganisierte Herstellung, Wartung und Versorgung der Galeeren machte die venezianische Flotte der schlanken, mit Bogenschützen und Schleuderern bemannten Ruderschiffe allen anderen Seemächten überlegen und ermöglichte der Republik die Inbesitznahme der gesamten dalmatinischen Küste und der Hafenstädte entlang der italienischen Adriaküste. Der florierende Levantehandel hatte seinen wichtigsten Stützpunkt in Konstantinopel, wo sich zahlreiche Kaufleute und Handelshäuser dauerhaft ansiedelten. Ende des 12. Jahrhunderts lebten angeblich 10 000 Venezianer in der Stadt am Goldenen Horn, und beinahe ein Siebtel der Bevölkerung von ca. einer halben Million Einwohnern galten als «Lateiner», neben den Venezianern vornehmlich aus den anderen Seerepubliken Genua, Pisa und Amalfi. Als es zwischen Genuesen und Venezianern zu blutigen Ausschreitungen kam, gab man die Schuld den Venezianern, und das einstige Bündnis zwischen der byzantinischen Regierung und den Dogen wandelte sich in Feindschaft. Während des Vierten Kreuzzuges war deshalb Venedig unter Führung seines greisen Dogen Enrico Dandolo die treibende Kraft für die Umlenkung des Kreuzzugsheeres und die Errichtung des kurzlebigen «Lateinischen Kaiserreiches». Der Geschäfts-, aber auch der Kunstsinn der Venezianer zeigte sich daran, dass sie während der Eroberung von Konstantinopel im Gegensatz zu den Franken, die wahllos Goldschmuck zusammenrafften und einschmolzen, gezielt Suchtrupps aus Kunstexperten durch die Stadt schickten, um die wertvollsten Gegenstände als Raubkunst in die Markusstadt zu bringen. Die größten und schönsten dieser Trophäen, die Dandolo nach Venedig schicken ließ, waren die vergoldeten Bronzepferde aus dem Hippodrom. Nachdem sie vor dem Schmelzofen bewahrt worden waren, entschied man sich, sie über der Fassade der kurz zuvor renovierten Basilika anzubringen, wo sie seither im Gleichschritt wie bei einer Parade die Piazza San Marco dominieren. Hier zwischen den erhöhten goldenen Pferden proklamierte der Doge in feierlicher Pracht seinen Anspruch, *Dominator quartae et dimidiae partis totius Romaniae* (Herrscher über drei Achtel des ganzen römischen Reiches) zu sein. Für die nächsten beiden Jahrhunderte zog Venedig bedeutsame Vorteile aus der Schwächung der byzantinischen Macht. Es gewann aus der Aufteilung des Restreiches Kolonien in der Ägäis und auf der Peloponnes und wurde zur führenden Macht im östlichen Mittelmeer. Unermessliche Reichtümer flossen in die Lagunenstadt. Die Gewinne aus dem Levantehandel wurden allerdings nicht für die Sicherung der Besitzungen im Osten verwendet, sondern zum Landerwerb und zur Expansion im Westen auf der Terraferma. In den folgenden Jahrhunderten stieg Venedig neben Mailand, Florenz, dem Kirchenstaat und den südlichen Königreichen zur einflussreichsten Macht in Italien auf. Dabei vergaß die neue grundbesitzende Aristokratie der Lagunenstadt, woher ihr Reichtum eigentlich gekommen war.

Obwohl man in Venedig von dem bevorstehenden Angriff der Türken auf Konstantinopel 1453 rechtzeitig unterrichtet war, unternahm der venezianische Senat fast nichts, um die Stadt, die «man einen Teil unseres Staates nennen kann», zu schützen. Zu sicher war man sich der absoluten Überlegenheit der schnellen Schiffe aus dem Arsenale. Erst als die venezianischen Galeeren hilflos zusehen mussten, wie die Mauern Konstantinopels durch die neuartigen riesigen Kanonen des ungarischen Kanonenbauers Orban vom Land aus zum Einsturz gebracht wurden, wachte man in Venedig auf, aber da war es bereits zu spät. Der Schock der Einnahme Konstantinopels veranlasste Venedig dazu, die seit dem Anfang des Jahrhunderts andauernden kriegerischen Auseinandersetzungen mit Mailand zu beenden und sich im Frieden von Lodi (9. April 1454) auf eine Teilung der Interessensphären bis zum Apennin zu einigen. Dieser Friedensschluss war der Ausgangspunkt eines multilateralen Defensivbündnisses, der sogenannten Italischen Liga (*Lega italica*), an der neben Venedig und Mailand auch Florenz, der Papst und der neue Herr ganz Süditaliens, Alfons von Aragon, beteiligt waren.

Dass dieses auf fünfundzwanzig Jahre geschlossene Bündnis – wenn auch nur notdürftig – funktionierte und sogar verlängert werden konnte, war das Verdienst des heimlichen Herrschers der Republik Florenz, Lorenzo de' Medici (1449–1492), mit dem Beinamen ‹il Magnifico›. Die Republik Florenz, deren Territorium, der *contado*, um die Mitte des 15. Jahrhunderts etwa zwei Drittel der heutigen Toskana umfasste, spielte schon allein durch ihre geographische Lage in der Mitte Italiens an der Grenze zum Kirchenstaat eine entscheidende Rolle in einem solchen, die wichtigsten Staaten der Halbinsel umfassenden Bündnis. Eine überaus gefährliche Krise für die Medici, für Florenz und für ganz Italien meisterte Lorenzo, als im April 1478 unter Führung der Familie Pazzi während der Messe im Dom ein Attentat auf ihn und seinen Bruder Giuliano verübt wurde, bei dem Giuliano ums Leben kam und er selbst sich nur mit knapper Not retten konnte. Die Täter fühlten sich bei diesem «sensationellsten Attentat des 15. Jahrhunderts» ebenso stolz als «Tyrannenmörder» wie diejenigen, die zwei Jahre zuvor, ebenfalls während der heiligen Messe, den Mailänder Herzog Galeazzo Maria Sforza umgebracht hatten. Das Komplott, in das nicht zuletzt der Papst verwickelt war, zeigte nicht nur, wie gefährdet die innenpolitische Stellung der Medici trotz allem war, sondern auch, wie schnell das Gleichgewicht der Italischen Liga aus den Fugen geraten konnte. Nur durch das diplomatisch mutige Eingreifen Lorenzos konnte die gesamtitalienische Krise nach dem Attentat beigelegt werden.

Ob es Lorenzo gelungen wäre, das labile Gleichgewicht der italienischen Staatenwelt weiter aufrecht zu erhalten, wenn er länger gelebt hätte, ist mehr als zweifelhaft. Denn nach seinem Tod 1492 ging es nicht mehr nur um das Verhältnis der italienischen Staaten untereinander, sondern um den Kampf zwischen dem französischen Königshaus Valois und den Habsburgern auf italienischem Boden. Sehr schnell zeigte sich, dass die durch den Frieden von Lodi initiierte *Balance of Power* nur auf gegenseitigem Misstrauen und Schwäche und nicht einmal ansatzweise auf dem Bewusstsein der Zusammengehörigkeit und dem Willen zur Zusammenarbeit beruhte. Die Kriege in Italien dauerten fast sechs Jahrzehnte, aber es gelang keiner der streitenden Parteien, *ganz* Italien in ihren Besitz zu bekommen. Durch den Frieden von Cateau-Cambrèsis von 1559 blieb die Vielstaatlichkeit des Landes formal aufrechterhalten. Dem Namen nach selbständig blieben die zum Herzogtum erhobene Toskana, die Republiken Venedig, Genua, das Fürstentum Piemont und der Kirchenstaat, daneben einige kleinere, als Pufferstaaten teils neu geschaffene, teils erhaltene Zwergstaaten. Faktisch jedoch beendete die Herrschaft der spanischen Habsburger über die Königreiche von Neapel und Sizilien und das Herzogtum Mailand die «Freiheit Italiens», denn bis zum Beginn des 18. Jahrhunderts waren sie die eigentlichen Herren Italiens.

GEDANKEN ÜBER DIE KRISE DER ITALIENISCHEN STAATENWELT: NICCOLÒ MACHIAVELLI

Die dramatische Krise der italienischen Staatenwelt in der ersten Hälfte des 16. Jahrhunderts war Ausgangspunkt für eines der wirkungsmächtigsten, aber auch am meisten geschmähten Werke der Neuzeit: Machiavellis Buch über den «Fürsten».

Der Florentiner war seit 1498 als eine Art Sonderbotschafter und außenpolitischer Staatssekretär der Republik Florenz tätig gewesen, bis die Medici im Bündnis mit Spanien und dem Papst 1512 ihre Rückkehr nach Florenz erzwangen und Machiavelli aus der Stadt

Niccolò Machiavelli,
Gemälde von Tito Santi, 1600

verbannten. Deshalb haderte er mit der «Niedertracht Fortunas» und schrieb verbittert in einem seiner Gelegenheitsgedichte: «Wie nichtig sind doch die im Dienst verbrachten Jahre, wie vieles sät man da auf Sand und in die Flut … und nirgends triumphiert der Undank froher als in des Volkes Herzen, wenn es Herr ist.» Die Saat seiner Dienstjahre ging deshalb anders auf, als der Gesandte und Staatssekretär es sich erhofft hatte, nämlich nicht in Taten, sondern nur in Gedanken. Sein Erfahrungsschatz wurde ihm in der Abgeschiedenheit seines Landgutes zum Material für theoretische Reflexionen, die er selbst als *ghiribizzi*, als Phantastereien bezeichnete. Das erste Ergebnis dieser Phantastereien war die Schrift über den Fürsten, die der Autor Lorenzo de' Medici, dem Sohn des Prächtigen, in der Hoffnung widmete, diesen davon zu überzeugen, dass «ich meine fünfzehn Jahre Studium der Staatskunst nicht verträumt noch vertrödelt habe, und einen Mann, der seine Erfahrungen bei anderen gemacht hat, sollte man doch überall gern zum Dienst heranziehen.»

Wegen dieser Zielsetzung kam das Büchlein daher, als sei es nichts anderes als einer der für die damalige Zeit typischen Fürstenspiegel, die in festgelegter formaler Form die notwendigen Tugenden eines guten Fürsten erörtern. Doch die formale Ähnlichkeit täuscht, und diese Täuschung ist eine der Ursachen für das bis heute nicht überwundene Missverständnis, Machiavelli sei der Verfechter kaltschnäuziger Machtpolitik. Deutlich wird dies an einem Vergleich mit dem vielleicht prominentesten Verleumder des arbeitslosen Staatssekretärs, nämlich Friedrich II. von Preußen und seinem 1740 erschienenen «Anti-Machiavel ou examen de l'ouvrage de Machiavel intitulé Le Prince». Friedrich bezeichnet den «Fürsten» als ein Buch, das sich zur Aufgabe gestellt hat, «das Verbrechen und die Tyrannei zu lehren». Schon im ersten Kapitel, ja in den ersten Sätzen, wird der fundamentale Unterschied zwischen dem, worauf es Machiavelli ankam, und dem, was Leser wie Friedrich der Große erwarteten, deutlich. Machiavelli stellt trocken fest: «Alle Regierungen, unter welchen bisher die Menschen lebten und noch leben, waren und sind republikanisch oder monarchisch. ... Sie können einen Fürsten haben oder frei sein; und man kann sie durch eigene oder fremde Waffengewalt, durch Glück oder persönliche Tüchtigkeit erwerben.» Friedrich von Preußen dagegen geht davon aus, dass die Völker es für notwendig erachteten, Schiedsrichter zu wählen «zur Beilegung ihrer Streitigkeiten, Beschützer zur Verteidigung ihrer Güter gegenüber Angriffen ihrer Feinde und Souveräne zur Vereinigung der vielfältigen Interessen in einem einzigen gemeinsamen Interesse. ... Deshalb ist die Gerechtigkeit, so wäre zu sagen, das wesentliche Ziel eines Souveräns, ... der nichts anderes ist als der erste Diener des Staates.»

Friedrich der Große nimmt also in der Tradition der Fürstenspiegel das als Ausgangspunkt, was sein sollte. Machiavelli dagegen stellt an den Anfang seiner *ghiribizzi* nicht das, was sein sollte, sondern das, was er vorfindet, und er akzeptiert das, was er in den Jahren seiner politischen Tätigkeit tagtäglich erfahren hatte: Durch Macht und Gewalt wurden nicht nur in Italien Staaten ebenso schnell geschaffen, wie sie zugrunde gingen. Die Frage, die er stellt und die ihm eigentlich am Herzen liegt, ist die, wie und unter welchen Bedingungen solche Staaten dennoch zu dauerhaften und funktionierenden Gebilden werden könnten. Deshalb stellt er Cesare Borgia, den Sohn von Papst Alexander VI., als Vorbild dar, obwohl er nicht nur dessen Brutalität, sondern auch dessen Scheitern aus nächster Nähe miterlebt hatte. An diesem Beispiel aber konnte Machiavelli seine Grundgedanken erläutern, die alle auf das letzte Kapitel hinführen, nämlich auf die «Ermahnung, Italien von den Barbaren zu befreien», und mit den Versen Petrarcas schließen: «Und gegen Wut wird Tugend / sich rüsten, bald der Kampf zum Ziel gelangen, / ist in Italiens Jugend / ja noch der alte Mut nicht untergangen.» Unter der äußerlichen Ähnlichkeit mit einem typischen Fürstenspiegel verbirgt sich demnach eine tiefe inhaltliche Diskontinuität, und das Buch vom Fürsten ist nicht zu unrecht als «Bombe im Gebetbuch» bezeichnet worden, als ein «Fürstenzerrspiegel, der im alt vertrauten Genrerahmen das edle Herrscherantlitz zur machtpolitischen Fratze eines Tiermenschen verzieht», so der Philosoph Wolfgang Kersting.

Ähnlich wie die Hoffnung, die Petrarca in Cola di Rienzo gesetzt hatte, wurde auch Machiavellis Hoffnung auf das Haus Medici bitter enttäuscht. Lorenzo las das ihm gewidmete Buch höchstwahrscheinlich gar nicht und machte auch keine Anstalten, den Autor zu rehabilitieren. Er und sein Onkel Giovanni, der als Leo X. 1512 den Stuhl Petri bestiegen hatte, fanden keinen Ausweg aus dem verhängnisvollen Spiel wechselnder Allianzen zwischen den um die Herrschaft in Italien kämpfenden fremden Mächten. Anders als Petrarca aber gab Machiavelli nicht auf, er rang weiter um zumindest geistige Klarheit über die wahren Ursachen und mögliche Auswege aus der Krise. In den fast gleichzeitig mit dem «Fürsten» begonnenen «Discorsi» über die erste Dekade des Livius wollte er einen Weg beschreiten, «den noch niemand gegangen ist». Dieser Weg bestand darin, die Geschichte nicht nur um der «Mannigfaltigkeit der geschichtlichen Ereignisse» willen zu betrachten, sondern als Vorbild zur Nachahmung. Und deshalb setzte er alles daran, die aus den geschichtlichen

Beispielen abzuleitenden allgemein gültigen Prinzipien politischen Handelns zu ergründen.

Anders als in den überaus populären zeitgenössischen Schriften über «die vollkommene Republik» entwickelt Machiavelli in den «Discorsi» keine Regeln und Rezepte für das, was sein sollte, sondern entwirft ein Netz von Hypothesen, untersucht Bedingungen und Möglichkeiten, ohne dass daraus ein System wird und werden kann, denn «da alle menschlichen Dinge in Bewegung sind und nicht feststehen können, müssen sie steigen oder fallen, und zu vielem zwingt die Not, wozu die Vernunft nicht rät». Fast beiläufig enthüllt Machiavelli in diesem Zusammenhang einen Fixpunkt seines Denkens nicht bloß als intellektuelle Einsicht, sondern als Leidenschaft, die nicht nur in der Not, sondern immer wirkt: es ist die Liebe. Nicht eine christlich begründete Liebe, die den Menschen auf den Pfad der Tugend führt, sondern *amore della patria,* die Vaterlandsliebe. In einem der letzten Kapitel der «Discorsi» wird dargelegt, dass ein guter Bürger aus «Vaterlandsliebe» persönliche Beleidigungen vergessen kann.

Es gibt also doch gute Menschen, aber im Vertrauen auf ihre Unschuld zögern sie und schreiten erst in der Not zur Tat, deshalb laufen sie Gefahr, den richtigen Zeitpunkt zu verpassen, um das Schicksal zu wenden. Auch in «widrigen Zeiten, wenn die Regierung die Bürger braucht, da finden sich nur wenige», hatte Machiavelli schon im «Fürsten» festgestellt. Zu diesen wenigen guten Menschen gehörte er selbst. Unausgesprochen durchzieht die «Vaterlandsliebe» sein ganzes Werk und sein ganzes Leben. Sie ist das Band, das vom letzten Kapitel des «Fürsten», dem «Aufruf, in Italien die Macht zu ergreifen und es von den Barbaren zu befreien», bis zu dem verzweifelten fast gleich lautenden Satz reicht, mit dem er Francesco Guicciardini, den Militärgouverneur des Papstes in der Romagna, im Frühjahr 1526 geradezu anfleht: «Ihr wisst, wie viele Gelegenheiten wir versäumt haben, lasst Euch diese nicht entgehen, vertraut nicht darauf, dass sie länger besteht und Ihr Euch auf Fortuna und die Zeit verlassen könnt, denn mit der Zeit bleiben die Dinge nicht gleich, und das Glück ist nicht beständig. … Befreit mit ständiger Sorge Italien, rottet diese Bestien aus, die außer dem Gesicht und der Stimme nichts Menschliches an sich haben.»

Machiavelli glaubte, den Erlöser gefunden und den unwiederholbaren Zeitpunkt ausgemacht zu haben, um seine am Schreibtisch erarbeiteten Theorien Wirklichkeit werden zu lassen. Nachdem der französische König Franz I. 1525 nach einer schweren Niederlage vor Pavia in Gefangenschaft geraten war, bekam das Ringen mit Karl V. um die Vorherrschaft in Europa eine neue Dimension, denn Italien drohte zur Gänze in den habsburgischen Machtbereich zu geraten und zum Schlüssel für die habsburgische Suprematie zu werden. Als Franz I. nach seiner Freilassung aus der Gefangenschaft alle Zugeständnisse widerrief und am 22. Mai 1526 mit Venedig, Florenz, Mailand und schließlich auch dem Papst die Liga von Cognac schloss, gab es für Machiavelli nur noch eines: Krieg; Krieg zur Vertreibung der Spanier, aber nicht für den französischen König, sondern für die Freiheit Italiens. Der Mann, dem Machiavelli die tatkräftige Führung dieses Krieges zutraute, war der Söldnerführer Giovanni delle Bande Nere aus einer Nebenlinie der Medici. Obwohl Machiavelli in den Condottieri einen der Hauptgründe für die Misserfolge italienischer Truppen gesehen hatte, setzte er seine Hoffnung auf Giovanni, weil er dem engen Verwandten des Medici-Papstes Clemens VII. und der Herren von Florenz zutraute, seine Landsleute hinter sich zu scharen und zum Kampf anzustacheln. Während er seinen Vorschlag zunächst vorsichtig als eine «verrückte» Idee bezeichnete, schrieb er dann doch begeistert an seinen vertrauten Freund Francesco Guicciardini: «Vor wenigen Tagen hieß es in Florenz, dass Signor Giovanni de' Medici eine Söldnertruppe zusammenstelle, um Krieg zu führen, wo es am günstigsten sei. Dieses Gerücht veranlasste mich zu dem Gedanken, das Volk spreche das aus, was getan werden müsse. Jedermann ist meiner Ansicht nach davon überzeugt, dass unter den Italienern kein Anführer ist, dem die Soldaten lieber folgen würden. … Giovanni ist mutig, zupackend, weitblickend und zu großen Taten fähig.» Der Condottiere aus dem Hause Medici wurde auch tatsächlich zum Oberkommandierenden der päpstlichen Truppen ernannt und verhielt sich genau so, wie Machiavelli es erhofft hatte. Doch *Fortuna* zeigte einmal mehr ihre Macht: Wenige Monate später wurde der Hoffnungsträger Machiavellis bei einem unbedeutenden Gefecht so schwer am Unterschenkel verwundet, dass ihm das Bein abgenommen werden musste und er bald darauf starb. Machiavelli überlebte das Scheitern seiner Hoffnungen, das im *Sacco di Roma* gipfelte, nur um wenige Wochen. Äußerlich starb er an einer Bauchfellentzündung, in Wirklichkeit an gebrochenem Herzen.

3

DER SÜDEN UNTER FREMDER HERRSCHAFT

Und wenn der spanische Regent auch meint,
dass seine Heuchelei noch weiter Anerkennung findet,
dass unsere Qual für ihn zum Ruhm gereicht,
dann wird das Ende umso schlimmer sein,
weil ganz zu Recht das Blut
Gott und die Menschen zu gerechter Rache treibt.

Tommaso Campanella,
Sonetto sopra il presente stato d'Italia, ca. 1610

DAS MUSTERLAND EUROPAS

Vieles erinnert im Süden Italiens daran, dass dieser Teil des Landes, vor allem Sizilien, immer von Einwanderern und Eroberern geprägt war. In der Antike hieß der Süden *Magna Graecia*, denn Städte wie Syrakus, Palermo und Neapel waren als Kolonien entstanden, von den Griechen und vor ihnen von den Phöniziern besiedelt. Diese Städte waren längst Metropolen des Mittelmeerraums, als Rom noch eine verschlafene Landstadt war. Sizilien wurde 241 v. Chr. die erste römische Kolonie (*provincia*). Immer wieder fielen neue Eroberer ein und verwandelten das Land nach ihren Vorstellungen. Deshalb legte der sizilianische Schriftsteller Giuseppe Tomasi di Lampedusa in seinem berühmten Roman «Der Leopard» dem Fürsten von Salina die Worte in den Mund: «Wir Sizilianer sind alt, sehr alt. Es sind zum mindesten fünfundzwanzig Jahrhunderte, die wir auf den Schultern das Gewicht hervorragender, ganz verschiedenartiger Kulturen tragen: Alle sind sie von außen gekommen, keine ist bei uns von selbst gekeimt, in keiner haben wir den Ton angegeben. Wir sind Weiße wie die Königin von England, und doch sind wir seit zweitausendfünfhundert Jahren Kolonie.» Die Spuren der Eroberer sind bis heute auf Schritt und Tritt zu erkennen, wenig oder nichts mehr erinnert dagegen daran, dass der Süden jahrhundertelang bis ins späte Mittelalter Musterstaat und Vorbild für ganz Europa war. Die Tatsache, dass daraus ein Armenhaus Europas wurde, ist die vielleicht größte Tragödie der italienischen Geschichte.

Unter Ausnutzung der Kämpfe in Ober- und Mittelitalien konnten sich die Sarazenen zu Beginn des 10. Jahrhunderts in Sizilien, Sardinien und Korsika dauerhaft festsetzen. Nicht mehr lateinisch oder griechisch sprechende «Römer», sondern Araber waren nun die Beherrscher des Mittelmeers, das seit dem Sieg über Karthago im 2. Jahrhundert v. Chr. als *mare nostrum*, als Meer Roms, gegolten hatte. Dieser Bruch war so tief, dass manche Historiker ihn als das eigentliche Ende der Antike für Italien bezeichnen, denn erst um diese Zeit verlor sich das Einheitsbewusstsein der Zeitgenossen endgültig. Im Süden der Apenninenhalbinsel bildete sich ein «anderes» Italien heraus, das, von Mittel- und Oberitalien abgekoppelt, nicht dessen Orientierung nach Norden folgte, sondern in den Mittelmeerraum hinein, und die Tradition der *Magna Graecia* mit völlig neuen Einflüssen aus Osten und Süden verband.

In Sizilien und auf den Inseln dauerte die sarazenische Herrschaft fast zweihundert Jahre. Während die Plünderungs- und Eroberungszüge der Araber Spuren der Verwüstung und blinder Gewalt hinterlassen hatten, war ihre Herrschaft ein Segen für das Land. Palermo, die neue Hauptstadt, wurde ein multikulturelles Zentrum, in dem alle Angehörigen der «Buchreligionen» friedlich nebeneinander wohnten. Neben der vornehmlich griechisch sprechenden einheimischen Bevölkerung ließen sich Juden, Araber, Spanier und Afrikaner nieder und brachten die Fülle ihrer wissenschaftlichen, künstlerischen und handwerklichen Traditionen mit. Viele Kenntnisse und literarische Werke der Antike sind nur durch die arabische Vermittlung, durch in Sizilien (und auch in Spanien) angefertigte Übersetzungen griechischer Texte ins Lateinische, dem Abendland bekannt geworden. Während in der Antike Sizilien – wie auch Nordafrika – die Kornkammer des Reiches gewesen war, verwandelten die neuen Herren die Insel in eine Gartenlandschaft mit kunstvollen Bewässerungsanlagen und neuen Pflanzen. Die Araber brachten die Kultur von Zitronen, Johannisbrotbaum, Dattelpalme, Baumwolle, Zuckerrohr und bitteren Orangen ins Land. Mit der Anpflanzung von Maulbeerbäumen entwickelte sich die Seidenherstellung und -verarbeitung. Die Anlage von Wasserleitungen, Stauwehren und Kanälen wiederum erforderte eine funktionierende Verwaltung und Überwachung, mithin die Übernahme und die Erweiterung des Beamtenapparates, wie er ursprünglich von Rom und Konstantinopel aufgebaut worden war. Während diese Elemente der Staatlichkeit im Norden dem Lehnswesen weichen mussten, erlebten sie im Süden eine neue Blüte. Die besten Traditionen des *Imperium Romanum* fanden in Sizilien unter der sarazenischen Herrschaft ihre Fortsetzung: Multikulturalität, religiöse Toleranz und staatliche und städtische Strukturen, die Handel und Wandel beförderten.

Für fast zwei Jahrhunderte (ab 902) blieb die Insel Sizilien dadurch bewahrt von den chaotischen, immer unübersichtlicheren Kämpfen in Unteritalien. In diese Kämpfe griff seit der Jahrtausendwende schließlich noch eine ganz neue Kraft ein und gewann schließlich die Übermacht: die Normannen. Diese «Nordmänner» hatten ihren Aufstieg wie viele ihrer barbarischen Vorgänger, die nach Italien gekommen waren, als Söldner begonnen. Nach der Darstellung des Benediktinermönches Amatus von Montecassino erretteten um die Jahrtausendwende vierzig normannische Pilger bei der Rückkehr aus dem Heiligen Land Salerno vor der Plünderung durch die Sarazenen. Sie blieben im Lande und holten bald ihresgleichen nach. Die Normannen waren nicht nur wegen ihrer Kühnheit, sondern mehr noch wegen ihrer Grausamkeit berühmt und berüchtigt. Der Mann, der als *primus inter pares* seine Landsleute hinter sich scharte und zum Herrscher über Apulien und Kalabrien aufstieg, trug diese Eigenschaften in seinem Namen: Robert, der jüngste Sohn von Tankred von Hauteville, wurde Guiscard genannt (1015–1085), was «Schlaukopf» bedeutet, «weil er an Verschlagenheit Cicero und selbst Odysseus überlegen war», wie der Chronist Wilhelm von Apulien erklärte. Aber seine Zeitgenossen nannten ihn *terror mundi*, Schrecken der Welt. Roberts Bruder Roger nutzte 1061 Streitigkeiten im islamischen Lager und setzte nach Sizilien über; dreißig Jahre später gehörte auch Sizilien zum normannischen Herrschaftsgebiet. Ähnlich wie die Sarazenen vor ihnen verwandelten sich die Normannen von blutrünstigen Wüstlingen zu Herrschern mit Augenmaß und Weitsicht. Unter Roger II., dem Sohn des Eroberers von Sizilien, wurde die Insel mit Unteritalien vereinigt, und die Päpste schmückten das neue Reich schließlich mit dem Königstitel. Symbolträchtig am Weihnachtstag des Jahres 1130 wurde der Normanne von Anaklet II. zum «König von Sizilien und Italien» gekrönt. Unter Roger II. erhielt der Süden eine territoriale Geschlossenheit, die von den Abruzzen bis nach Sizilien reichte und in dieser Form die Grundlage für den Musterstaat Friedrichs II. wurde. Aus dem Geschlecht, das als *terror mundi* ins Land gekommen war, ging der *stupor mundi*, das Staunen der Welt, hervor.

VON REVOLTE ZU REVOLTE

Am 29. Oktober 1268 fand auf der Piazza Mercato in Neapel eine dramatische Hinrichtung statt, die einen wichtigen Wendepunkt für den Süden bedeutete. Der sechzehnjährige Konradin, König von Sizilien und Enkel Friedrichs II., wurde, nachdem er bei der Schlacht von Tagliacozzo durch Verrat in die Hände seiner Gegner gefallen war, öffentlich enthauptet. Die Hinrichtung eines gefangenen legitimen Königs galt den ungeschriebenen Gesetzen der Zeit als grauenvoller Frevel und war durch einen Hochverratsprozess nur mühsam legitimiert worden. Dennoch empörten Prozess und Tod des jungen Mannes, von dem es hieß, er sei «schön wie Absalom» gewesen, das

Gewissen seiner Zeitgenossen in ganz Europa, und seine Untertanen haben ihn bis heute nicht vergessen. In der Kirche Santa Maria del Carmine an der Piazza Mercato wird nach wie vor alljährlich eine Totenmesse zu Konradins Gedenken gelesen. Sie geht auf ein Vermächtnis seiner Mutter zurück, die vergebens herbeigeeilt war, um ihren Sohn zu retten. «Den Deutschen galt Konradins Tod stets als das größte Verbrechen aller Zeiten», wie der britische Historiker Steven Runciman erzählt.

Der Papst, der sich als Lehnsherr des Königreichs Sizilien betrachtete, hatte schon Konradins Großvater, den «Antichrist» Friedrich II., fünf Jahre vor seinem Tod für abgesetzt erklärt und sich nach einem neuen Prätendenten umgesehen, der ein Gegengewicht gegen die römischen Könige und deren ghibellinische Verbündete in Italien bilden konnte. Das Königreich Sizilien war nicht nur wegen seiner Größe, seines natürlichen Reichtums und seiner prosperierenden Wirtschaft ein Objekt expansionistischer Begierden. Unter den Normannen und Staufern war der Süden – ganz anders als der Rest Italiens – nicht nur territorial geeint, sondern auch zu einem ganz Europa beeindruckenden Vorbild für funktionierende, zentralisierte Staatlichkeit herangewachsen. Darüber hinaus war er seit der Errichtung der Kreuzfahrerstaaten und des «Lateinischen Kaiserreichs» in Konstantinopel mehr denn je zum Dreh- und Angelpunkt für die Beherrschung des gesamten Mittelmeeres und der Handelsrouten in den Orient geworden. Nach Friedrichs Tod fand der neue Papst in Karl von Anjou, dem Bruder des französischen Königs (Ludwig IX., der Heilige), schnell einen Interessenten für das Königreich. Um den Erfolg seines französischen Landsmanns zu sichern, scheute der Papst nicht einmal davor zurück, den in Frankreich und Norditalien für einen Kreuzzug ausgeschriebenen Ablass und weitere kirchliche Einkünfte dem Feldzug gegen die Stauferetben zur Verfügung zu stellen. Als Konradin gefangen war, soll Papst Clemens IV. dessen Tod gefordert haben mit den Worten: *Vita Conradini, mors Caroli: vita Caroli, mors Conradini* (Das Leben Konradins ist der Tod Karls: das

Leben Karls ist der Tod Konradins). Die Kämpfe um das süditalienische Erbe der Staufer dauerten 18 Jahre, in denen das Land von den Gegnern abwechselnd ausgeplündert und verwüstet wurde. Diese Schäden konnten nie wieder gutgemacht werden. Unter den Anjou, später den Aragon und dann den Habsburgern begann für den Süden ein langer Zeitraum des Niedergangs, der aus dem Vorzeigestaat das Sorgenkind Europas machen sollte.

Denn Karl von Anjou und seine Nachfolger betrachteten das Königreich Sizilien nur als einen Baustein ihrer umfassenden Mittelmeerpolitik, die vom Königreich Jerusalem bis zur Provence reichte. Karl I. von Anjou war einer der größten Machthaber in Europa, denn er konnte sich König von Sizilien, Jerusalem und Albanien, Graf von Provence, Anjou und Maine, Regent von Achäa, Oberherr von Tunis und Senator von Rom nennen. Seine Soldaten waren nach den Worten eines zeitgenössischen Chronisten «grausamer als die Grausamkeit» und seine französischen Beamten beim Eintreiben von Steuern unerbittlicher als die der Staufer. Sie führten sogar die verhasste direkte Grundsteuer wieder ein, die wegen ihrer Unbeliebtheit von Friedrich noch auf dem Sterbebett abgeschafft worden war. Um seine französischen Gefolgsleute zufrieden zu stellen, vergab Karl Güter und Privilegien wie Zölle, Wegerechte und städtische Einnahmen, die bisher der Krone zugestanden und die funktionierende Verwaltung garantiert hatten, als Lehen. So kam es genau in dem Moment, als anderswo der Feudalismus seinen Niedergang erlebte, im Süden zum Zusammenbruch sowohl der königlichen Autorität als auch der städtischen Autonomie. Im wahnhaften Glauben an den unerschöpflichen Reichtum des Südens opferte ihn Karl auf dem Altar seines ehrgeizigen Planes, das Lateinische Kaiserreich mit Waffengewalt wiederherzustellen und sich so endgültig zum mächtigsten Mann in ganz Europa zu machen. Doch er hatte die Leidensfähigkeit seiner neuen Untertanen über- und ihren Mut unterschätzt. Der als «Sizilianische Vesper» in die Geschichte eingegangene Aufstand machte den Expansionsbestrebungen Karls und auch denen seiner

Die Sizilianische Vesper 1282, Francesco Hayez, 1846

Nachfolger einen Strich durch die Rechnung. Dieses geheimnisumwitterte und von Legenden ausgeschmückte Blutbad und seine Folgen spielte und spielt nicht nur in der Geschichte Siziliens und Italiens bis heute eine zentrale Rolle. Es war zugleich ein Ereignis von gesamteuropäischen Ausmaßen und Auswirkungen.

In Sizilien war der staufische Widerstand gegen die neuen Herren auch nach der Hinrichtung Konradins nicht gebrochen. Die Härte, mit der die Widerstandsnester nach ihrer Kapitulation bestraft wurden, hinterließ auf der Insel tiefen Hass gegen die neue Herrschaft. Dazu kam, dass die Anjou schließlich Neapel als ihre Hauptstadt erwählten, so dass Sizilien in den Hintergrund trat. Weitab von der Insel und mit ihren umfassenden politischen Plänen beschäftigt, war die Monarchie völlig davon überrascht, als am 30. März 1282, einem Ostermontag, in der Kirche Santo Spirito vor den Toren Palermos von den Gläubigen, die auf den Beginn des Vespergottesdienstes warteten, der Funke zum Aufstand ausging. Eine anonyme Chronik berichtet die Ereignisse folgendermaßen: «Ein Franzose näherte sich einer Frau und berührte sie unsittlich mit der Hand, wie sie es gewöhnt sind. Die Frau schrie deshalb auf, und die Männer Palermos kamen ihr zu Hilfe und begannen zu kämpfen.» Der Name des unglücklichen jungen Mannes ist bekannt, er hieß Drouet, aber unklar bleibt, ob er im Dienste des Königs stand und ob die junge Frau, die er beleidigt haben soll, eine Adelige war oder eine von ihrem Verlobten eifersüchtig bewachte Braut. Aus der einzelnen Bluttat brach jedenfalls ein allgemeiner Aufstand in der Stadt los. Die Glocken läuteten Sturm, und mit dem Ruf «Tod den Franzosen» wurden in kurzer Zeit ungefähr zweitausend Menschen ermordet. Jeder, der das für die französische Zunge unaussprechliche Wort *ciceri* (Kichererbsen) nicht korrekt aussprechen konnte, darunter auch Frauen, Geistliche und Kinder, fiel dem Wüten der Menge zum Opfer. Die Rebellen bildeten ein Stadtregiment und hissten die Fahne mit dem Reichsadler, die Friedrich II. der Stadt seiner Kindheit verliehen hatte. Innerhalb weniger Tage breitete sich die Rebellion auf der ganzen Insel aus, und bis Ende April waren die Anjou aus Sizilien vertrieben.

Um die Vesper ranken sich Legenden und Erzählungen, die – auch wenn sie sich bis heute nicht eindeutig klären lassen – mindestens ebenso geschichtsmächtig geworden sind wie die wenigen eindeutigen Fakten. Den Hintergrund des Aufstands bildete eine jahrzehntelange Wühlarbeit der Anhänger der geschlagenen Staufer, die am Hofe Peters von Aragon Zuflucht gefunden hatten, der mit Konstanze, einer Enkelin Friedrichs II., verheiratet war. Im Mittelpunkt dieser Wühlarbeit stand Johann von Procida, ein Arzt aus der berühmten Medizinschule von Salerno, die seit dem 9. Jahrhundert bestand und im 13. vor allem durch die Förderung Friedrichs II. den Höhepunkt ihrer Wirksamkeit erlangte. Johann war zum Leibarzt Friedrichs aufgestiegen und war später Kanzler und Berater von dessen Sohn Manfred, bis dieser in der Schlacht von Benevent 1266 fiel. Von Aragon aus unternahm Johann – angeblich sogar verkleidet –

zahlreiche Reisen, um Unterstützung für die staufisch-aragonesische Sache zu finden. Auf Interesse stieß sein Werben vor allem beim Kaiser von Byzanz, der gerade mit Mühe wenigstens Reste des ursprünglichen Reiches wieder erobert hatte und nun von Karl von Anjou und dessen Mittelmeerpolitik bedroht wurde. Sicher ist, dass Johann hier finanzielle Hilfe erhielt, mit der er in Sizilien Anhänger werben konnte.

Trotz dieser in ihrem Umfang schwer nachweisbaren finanziellen und politischen Unterstützung handelten die Aufständischen weitgehend aus eigenem Antrieb und in eigenem Interesse. Das lässt sich allein an der Tatsache ablesen, dass der Aufstand begann, bevor Karl von Anjou gegen Byzanz aufgebrochen war, denn es wäre sicher für Aragon günstiger gewesen, erst dann einzugreifen, wenn die Anjou in einen fernen Krieg verwickelt waren. Außerdem versuchten die Aufständischen zunächst, als Bündnis freier Kommunen nach dem Vorbild des Lombardischen Bundes die Anerkennung des Papstes zu finden. Erst als dieser sich verweigerte, waren die Vertreter der Städte gezwungen, sich an Peter von Aragon zu wenden. Aus dem Aufstand ging ein jahrzehntelanger Kampf zwischen den Anjou und dem Hause Aragon hervor, der sich mit den Auseinandersetzungen in Ober- und Mittelitalien zwischen Guelfen und Ghibellinen überlagerte. Auf der Seite der Anjou standen der Papst und die guelfische Partei, allen voran Florenz und seine Bankiers. Hinter den Aragonesen standen die Ghibellinen, allen voran Genua und seine Bankiers. Durch diese Konstellation zeichneten sich die Umrisse für die große Auseinandersetzung zwischen Frankreich und Spanien um die Vorherrschaft in Italien ab. Die Lebendigkeit der Erinnerung an die Vesper zeigte sich noch drei Jahrhunderte später, als sich der französische König gegenüber dem spanischen Botschafter brüstete, er werde gegen die Spanier in Italien so erfolgreich sein, dass er im spanischen Mailand frühstücken und in Rom zu Mittag speisen könne. Darauf brauchte der spanische Botschafter nur zu erwidern: «Dann werden Eure Majestät unzweifelhaft rechtzeitig zur Vesper in Sizilien sein.»

Der Verlust Siziliens und die erfolglosen Versuche seiner Wiedereroberung verhinderten die Realisierung der ehrgeizigen Mittelmeerpolitik der Anjou. Sie verhinderten aber auch, dass die Anjou in Italien als Führer der guelfischen Partei eine führende Rolle spielen konnten, wie es zum Beispiel Robert der Weise (1278/1309–1343) versuchte, der Neapel zu einem prachtvollen Zentrum der höfischen Renaissance erhob. Robert starb rechtzeitig, um nicht miterleben zu müssen, wie von Sizilien her eine bisher unbekannte Plage die Bevölkerung Europas heimsuchte: Im Oktober 1347 schleppten genuesische Schiffe in Messina die Pest ein, die sich mit ungeheurer Geschwindigkeit ausbreiten sollte und im Süden Italiens vermutlich mehr als die Hälfte der Bevölkerung ausrottete.

Von Kriegen, Krisen und Seuchen heimgesucht, versank der Süden in der zweiten Hälfte des 14. und in der ersten Hälfte des 15. Jahrhunderts im Chaos, bis es Alphons von Aragon, dem sogenannten Großmütigen (Magnanimo), nach komplizierten dynastischen Verwicklungen gelang, außer Sizilien auch das Festland in seine Hand zu bekommen. 1442 eroberte er Neapel und hielt einen triumphalen Einzug in die Stadt. Er erkor diese größte Stadt seines Reiches, das von Aragon und Katalonien über die Balearen und Sardinien bis Süditalien reichte und somit das ganze westliche Mittelmeer beherrschte, zu seiner Hauptstadt. Unter seiner Herrschaft und der seines illegitimen Sohnes Ferrante erlebten Neapel und das ganze nunmehr wieder vereinigte «Königreich Sizilien» eine Zeit relativen Friedens und wirtschaftlichen und kulturellen Aufschwungs. Deshalb war es ein Schock für ganz Europa, als Mehmed II., der Eroberer Konstantinopels, 1480 Otranto in Apulien eroberte und ein grausames Blutbad unter der christlichen Bevölkerung anrichten ließ. Nur der plötzliche Tod des Sultans verhinderte ein weiteres Vordringen der Osmanen. Süditalien war damit endgültig zur Grenze und zum Bollwerk des christlichen Europa geworden. Längst war dort das Arabische als lebendige Sprache verschwunden und überlebte nur noch in den schriftlichen Aufzeichnungen der ebenfalls schwindenden jüdischen Gemeinden. Auch die Kenntnis des Griechischen nahm ab, und das orthodoxe Christentum hatte nur noch wenige Anhänger, obwohl Alphons an die Toleranzpolitik der normannisch-staufischen Epoche anknüpfte.

Die Periode des Friedens und relativen Wohlstandes unter dem Hause Aragon währte jedoch kaum fünfzig Jahre. Das Königreich Neapel war – neben Mailand – der Zankapfel, um den die «italienischen Kriege» in der ersten Hälfte des 16. Jahrhunderts zwischen Frankreich und Spanien geführt wurden, bei denen es aber in Wirklichkeit um mehr, nämlich um die Vorherrschaft in Europa, ja der Welt ging. Als Karl V. im November 1535, nunmehr als Kaiser und König ganz Spaniens, als König von Sizilien und von Neapel, vom Süden her Neapel erreichte, übertraf der triumphale Empfang, den ihm die Stadt bereitete, alles bisher Dagewesene. Nach Neapel kam Karl nicht als der Verantwortliche für den *Sacco di Roma*. Er kam als Sieger über die Ungläubigen in Tunis. Neapel war auch in Karls Reich die größte Stadt, und nicht nur in der Stadt selbst, sondern auch im ganzen Land hoffte man darauf, dass der Kaiser dem Beispiel Alfons' folgen und Neapel zu seiner Hauptstadt machen würde. Karl hielt sich vier Monate lang in Neapel auf, ließ sich von den Baronen umschmeicheln, mit dem römischen Feldherrn Scipio Africanus, mit Caesar und Augustus vergleichen und als Bezwinger «osmanischer Wut» feiern. Doch alles Werben war vergebens, Karls Reich hatte andere Dimensionen und andere Schwerpunkte. Karl blieb nicht in Neapel und kehrte auch nicht mehr zurück, sondern bestätigte gegen den vergeblichen Widerstand der neapolitanischen Barone eine Einrichtung, die sein Vater geschaffen hatte: Sizilien und Neapel wurden zu sogenannten «Vizekönigreichen», die von Abgesandten aus Spanien verwaltet wurden. Zwei Jahrhunderte lang, bis zum Beginn des 18. Jahrhunderts, blieben Süditalien und Sizilien von spanischen Vizekönigen nach spanischen Vorstellungen und spanischen Bedürfnissen beherrscht.

Die Antwort der Bewohner dieses einst für ganz Europa vorbildlichen Reiches auf die Erniedrigung war dumpfer Widerstand, unterbrochen von gelegentlichen Rebellionen, die schnell in sich zusammenbrachen, weil es der spanischen Herrschaft immer wieder gelang, das Festland gegen Sizilien, die Hauptstadt gegen die Provinzen und die Stände gegeneinander auszuspielen. Dazu musste sie vor allem den Baronen immer weitere Zugeständnisse machen und begab sich ihrerseits immer mehr der eigenen Möglichkeiten, Verwaltung, Polizeigewalt und Justiz zu zentralisieren und zu kontrollieren. Schon Alphons der Großmütige hatte den Baronen, um deren Zustimmung für die Thronfolge seines illegitimen Sohnes zu erreichen, die volle zivil- und strafgerichtliche Gewalt (*merum et mixtum imperium*) über die Bewohner ihrer Ländereien als Erbrecht zugestanden. Diese «Refeudalisierung» und Partikularisierung nahm unter den spanischen Vizekönigen durch weitere Privilegien und Belehnungen immer unübersichtlichere Formen an. Die bäuerlichen Untertanen, die gegen die Bedrückungen und Ungerechtigkeiten der Barone nicht auf die Zentralgewalt hoffen konnten, griffen deshalb zur Selbsthilfe und schufen sich als Banden ihr eigenes Recht.

Das Banditen- oder Brigantentum wurde zu einem endemischen Problem des Südens. Legendär war zum Beispiel der Brigantenführer Marco Sciarra, der seit 1585 ein «Heer» von über tausend Mann zusammenbrachte und fast sieben Jahre der spanischen Polizei, den Soldaten, Spitzeln und Meuchelmördern trotzte. Das Anschwellen des Brigantenwesens war allein schon Zeichen für die weit verbreitete soziale Unruhe im Süden. Denn die Briganten konnten sich nur durch die mehr oder weniger heimliche Hilfe der Bevölkerung halten. Gesetzesbrecher und Gesetzlose waren sie nur für die Polizei und die Gerichte, und nicht jeder Dieb, Räuber oder Mörder konnte die Unterstützung der Bevölkerung erhalten und Brigant werden. Diesen Namen «verdiente» in ihren Augen nur der, der etwas getan hatte, das im Sinne der verhassten Gesetze der spanischen Krone, nicht aber nach dem Empfinden des Volkes ein Verbrechen war. Für die Bauern waren die Briganten nicht Ausgestoßene, sondern im Sprachgebrauch der Zeit Entwichene, *fuorusciti*, eine Art Aussteiger. Die Folgen der andauernden Konflikte waren wirtschaftliche Lähmung und zunehmender Verfall der Infrastruktur. Um ein Überspringen des Funkens der Unzufriedenheit von den Provinzen in die Hauptstadt zu verhindern, wurde diese mit zahlreichen Privilegien und Ämtern ausgestattet. Neben der Befreiung von direkten Steuern war eines der wichtigsten Instrumente die vom Vizekönig ernannte *Annona*, die Aufsicht über die Versorgung der Hauptstadt mit billigem Getreide, vor allem durch die Regulierung des Exports, um den Brotpreis niedrig zu halten. Diese Einrichtung, die außer im Süden auch in Rom bis ins 18. Jahrhundert existierte, war nicht nur dem Namen nach die Fortsetzung der in der Antike praktizierten Subventionspolitik für die Hauptstadt. In der Antike hatte Sizilien neben Afrika und Ägypten zu den Kornkammern des Reiches gehört. Unter den geänderten Produktionsverhältnissen und im engen Rahmen des Königreichs Neapel musste jedoch eine solches System, das keinerlei Anreiz zu Produktionssteigerungen und Verbesserung der Anbaumethoden bot, auf lange Sicht statt zur Sicherung der Versorgungslage zu strukturellen Krisen führen.

Während die Provinzen von der spanischen Regierung somit den Baronen überlassen wurden, wuchs die Hauptstadt Neapel zu schillernder, aber ungesunder Blüte. Aus den vernachlässigten und ausgebeuteten Provinzen strömten Bauern auf der Suche nach einem besseren Leben in die Stadt. Trotz der Bevölkerungsverluste durch die seit dem 14. Jahrhundert immer wieder in Wellen auftauchenden Pestepidemien war Neapel schon seit dem 16. Jahrhundert die größte Stadt Italiens und gehörte seit dem 17. Jahrhundert neben Paris und London zu den größten Städten der Welt. Nicht nur die unvergleichliche Lage zwischen Vesuv und Meer und die landschaftliche Schönheit der Umgebung machten die Besonderheit der Stadt aus, es waren vor allem die Menschen und die Art ihres Zusammenlebens. Das war für jeden, der die Stadt zum ersten Mal betrat, sichtbar. Spötter behaupteten später, es gebe in Neapel nur drei Straßen, die ein normaler Mensch benutzen könne, und hunderte, die unpassierbar, weil zu eng, zu schmutzig und zu gefährlich seien. Diese drei Straßen waren und sind Via Forcella, die von der Porta Capuana aus die Stadt in west-östlicher Richtung durchquerte, Via Toledo, die der spanische Vizekönig dieses Namens in nordsüdlicher Richtung hatte anlegen und dafür ein ganzes Viertel niederreißen lassen, und schließlich die erst Ende des 16. Jahrhunderts angelegte Via Chiaia, die Promenade vor der Stadt. Rechts und links von diesen wenigen breiteren Straßen zweigten enge, schmutzige Gassen ab, in die nie ein Lichtstrahl drang, denn Neapel war eine Stadt der Hochhäuser. Seit 1566 galt ein Bauverbot außerhalb der Stadtmauern. Deshalb waren, anderswo undenkbar, in Neapel fünf-, sechs-, ja siebenstöckige Häuser die Regel, die bis in die letzten Winkel belegt waren. Weil das Licht auch in den wenigen etwas breiteren Straßen nicht bis in die Tiefe drang, hatten die Häuser flache Dächer, hohe Fenster und unzählige Balkone und Terrassen. Das einzige Grün, das in den Straßen und auf den Plätzen zu sehen war, waren die Markisen über und die Pflanzen auf den Balkonen.

Dadurch kam es wie in keiner anderen Stadt zu einer sozialen Vermischung, denn auch in den Adelspalästen wohnten in den Erdgeschoßräumen, in den Seitenflügeln und Dachgeschossen Diener, Händler und Gelegenheitsarbeiter mit ihrer unübersehbaren Kinderschar. Neapel platzte aus allen Nähten, und die Masse der Armen und Arbeitslosen wuchs bedrohlich an. Sie hießen *lazzari* oder *lazzaroni* und trugen ihren Namen, der vom biblischen Lazarus oder vielleicht auch vom spanischen Wort für Lumpen oder Lepra abgeleitet ist, voller Stolz. Als sichtbarstes Zeichen dieses Stolzes trugen sie, auch wenn sie sonst kaum Kleider am Leib hatten, die rote beutelförmige Mütze, die später als Jakobinermütze in der Französischen Revolution berühmt werden sollte. Benedetto Croce, einer der bedeutendsten Historiker Italiens, der sich mit seiner Heimatstadt ausführlich beschäftigt hat, beschrieb die Lazzari so: «Die Lazzari hatten ihre Bedürfnisse an Behausung, Kleidung und Nahrung auf ein Minimum reduziert; drei Viertel des Jahres schliefen sie auf den Treppenaufgängen von Kirchen und Palästen oder am Strand, im Winter zogen sie sich in Grotten und Höhlen zurück. Sie trugen während der drei milden Jahreszeiten eine einfache Leinenhose, und im Winter warfen sie einen Umhang aus grobem Wollstoff über. Auf dem Kopf

Ein *Lazzaro* trägt eine Improvisation vor, Holzstich 1841

trugen sie die rote Mütze. Sie ernährten sich von Gemüseresten, Obst und vor allem von Maccheroni, die sie in den Garküchen auf der Straße kauften und mit der Hand aßen. Sie lebten in den Tag hinein, ohne für mehr als ihr tägliches Auskommen zu sorgen, unbekümmert und fröhlich, voller Witz und Sinn für Komik. Ihre Armut drückte die Lazzari nicht nieder, machte sie nicht traurig und finster, sondern gab ihnen eine geistige Elastizität, eine Art gelassener, halb künstlerischer, halb philosophischer Sicht der Dinge.» Doch die Lazzari waren mehr als nur ein lustiges, wildes Völkchen. Sie wurden allmählich eine Macht, an der niemand vorbeikam. Denn die Lazzari waren alles andere als eine amorphe Masse halbnackter Bettler ohne festen Wohnsitz. Zwar hatten sie keine Stimme für die Wahl der Stadtverordneten, die sogenannten *Eletti*. Aber dennoch waren sie auf mehrfache Weise die eigentlichen Herren der Stadt. Denn sie waren vor allem organisiert. Jedes Viertel hatte einen oder mehrere *capirione* oder *capipopolo*, Anführer, die in den Gassen, in die sich auch die Gendarmen und spanischen Soldaten nicht hineintrauten, das Sagen hatten und für Ruhe und Ordnung oder, wenn sie wollten, auch für Unruhe und Aufruhr sorgten.

Wenn die Lazzari unzufrieden waren, wenn es in den Gassen zu brodeln begann, konnten sich die Bewohner der Beletage und die spanischen Vizekönige nicht mehr sicher fühlen. Eine erste ernste Bedrohung für die spanische Herrschaft war der Aufstand der Lazzari, der 1585 wegen steigender Brotpreise ausgebrochen war, denn er fiel zusammen mit dem Aufflammen der niederländischen Unabhängigkeitsbewegung, ja er wurde wahrscheinlich sogar von den Nachrichten darüber erst angefacht. Umgekehrt gingen wie ein Lauffeuer Berichte durch Europa, mit welcher ungeheuren Grausamkeit die aufständischen Massen in Neapel die Beamten, die sie für die steigenden Preise für verantwortlich hielten, gelyncht hatten. Die Leichen waren kastriert und zerhackt, die Teile auf Schwertern und Spießen wie Trophäen im Triumph durch die Straßen getragen worden. Weil es aber den Rebellierenden nicht gelang, genügend

Verbündete im städtischen Bürgertum zu gewinnen, konnte der Aufstand schließlich grausam niedergeschlagen werden. Das änderte sich, als das spanische Weltreich nach der Niederlage der Armada gegen England, nach den verlustreichen Kämpfen gegen die aufständischen Niederlande und gegen Frankreich, durch innerspanische Unruhen, die Beteiligung am Dreißigjährigen Krieg und den Rückgang der Gold- und Silbereinfuhren aus den Kolonien in der ersten Hälfte des 17. Jahrhunderts seine europäische Vormachtstellung verlor. Während die italienischen Besitzungen bis dahin finanziell relativ geschont worden waren, stellte die spanische Krone immer höhere Forderungen an Gütern, Soldaten und Geld, die alle Schichten betrafen. Der Adel und das städtische Bürgertum wurden gegen Privilegien, Ländereien, Titel und Ämter zu «Schenkungen» gezwungen, das einfache Volk auch in der Hauptstadt mit indirekten Steuern auf die Waren des täglichen Bedarfs über und über belastet. Um möglichst schnell an flüssige Mittel zu kommen, verpachtete die Krone die Einnahmen an Einzelpersonen, die sich an der Bevölkerung schadlos hielten und maßlos bereicherten.

DIE KÖNIGLICHE REPUBLIK NEAPEL

Im Juli 1647 brach auf der Piazza Mercato ein Aufruhr aus, der nicht nur die spanische Herrschaft in Neapel ernsthaft in Gefahr brachte, sondern auch in ganz Europa zum Symbol für die Unberechenbarkeit der Lage im Süden Italiens wurde. Im Mittelpunkt des Aufstandes stand ein Fischhändler und stadtbekannter Schmuggler namens Tommaso Aniello, besser bekannt unter seinem Spitznamen Masaniello. Sein kometenhafter Aufstieg dauerte nur kurz, sein Fall war tief, aber dennoch verbreitete sich sein Ruf in ganz Europa, denn hinter ihm standen gut organisierte Gruppen, die den Aufstand weiter führten und in die Provinzen hinaustrugen. Der Tumult begann während einer Volksbelustigung auf der Piazza Mercato. Zum Fest der an dem Platz gelegenen Kirche Madonna del Carmine sollte als erbauliches Schauspiel der Angriff der «Ungläubigen» auf eine christliche Festung dargestellt werden. Die mit Stöcken und Prügeln bewaffneten *alarbi* (Araber) aber hatten anderes im Sinn. Im geheimen Einvernehmen mit dem Fischhändler Masaniello wollten sie das Schauspiel in eine Demonstration gegen die verhassten indirekten Steuern auf Grundnahrungsmittel wie Mehl und Gemüse verwandeln. Nachdem sie bei dem Festumzug ihre Knüppel nur drohend geschüttelt und den spanischen Amtsträgern «Es lebe der spanische König, nieder mit der schlechten Regierung!» zugerufen hatten, entwickelte sich einige Tage später eine gewalttätige Auseinandersetzung um die zu leistenden Abgaben zur offenen Revolte. Die Baracken auf der Piazza, in denen die Steuern erhoben wurden, gingen in Flammen auf; von dort schwärmten die Massen aus, um Adelspaläste zu plündern und ihre Bewohner, sofern sie sich nicht in Sicherheit gebracht hatten, zu misshandeln oder zu töten. Der Vizekönig versprach eiligst die Rücknahme aller indirekten Steuern auf Nahrungsmittel und flüchtete sich zusammen mit vielen Adeligen in das Kastell oberhalb der Stadt. Von gewalttätigen Auseinandersetzungen begleitet, erreichten die Aufständischen, dass der Vizekönig am 13. Juli in der Kirche Santa Maria del Carmine beschwor, alle indirekten Steuern abzuschaffen und die Rechte der gewählten Vertreter des Volkes denen des Adels gleichzustellen.

Dieser große, in nur wenigen Tagen erreichte Erfolg ging einem Teil des aufgewiegelten Volkes nicht weit genug, und Masaniello selbst ließ deutliche Zeichen von Größenwahn erkennen. Als *Capitano del popolo* erließ er willkürliche Urteile, hielt in der Kirche düstere Predigten und staffierte sich mit prachtvollen Kleidern aus oder zeigte sich in Büßerkleidung, so dass er selbst seinen Anhängern suspekt wurde. Angestiftet von den Unterhändlern des Vizekönigs, ermordeten ihn die eigenen Leute wenige Tage nach seinem Triumph mit der Armbrust. Der abgeschlagene Kopf wurde dem Vizekönig als Trophäe überreicht, der Leichnam von denjenigen, die ihn Tags zuvor bejubelt hatten, durch die Straßen geschleift, geschändet und in eine Kloake geworfen. Dieses an einen Ritualmord erinnernde Ende erregte in ganz Europa Aufsehen, mehr aber noch der plötzliche Stimmungsumschwung der Massen, die Masaniellos Leichnam Tage zuvor misshandelt hatten und ihn dann in einem pompösen Leichenzug wie einen Herrscher oder Heiligen in der Kirche Madonna del Carmine zu Grabe trugen.

Auch wenn die Revolte unter Masaniellos Namen berühmt wurde, brach sie nach diesen dramatischen Ereignissen keineswegs zusammen, sondern entwickelte sich erst jetzt wirklich zu einer breiten Widerstandsbewegung auch außerhalb der Hauptstadt. Sie erfasste vor allem die Provinzstädte, die ebenso unter den Abgaben litten, während die Bauern die festungsartigen adeligen Gutshöfe plünderten, die Steuerpächter ermordeten und die Besitztümer der Barone zerstörten. Doch es kam weder in der Taktik noch in den politischen Zielsetzungen zu einer Vereinigung von Peripherie und Zentrum, von bäuerlichen Massen und städtischer Bevölkerung, die selbst als privilegiert und blutsaugerisch empfunden wurde. Stattdessen folgten die Aufständischen in Neapel einem alten Muster: Als eine spanische Flotte die Stadt bombardierte, holten sie sich Hilfe im Ausland. Unterstützt und finanziert von Kardinal Mazarin, kam Herzog Heinrich aus dem französischen Haus Guise ins Land und proklamierte eine «Königliche Republik Neapel». Nur weil in Frankreich selbst die Revolte der «Fronde» ausbrach, verlor die französische Regierung das Interesse an Neapel, und die Spanier behielten die Oberhand. Doch auch nach der Niederlage der Aufstandsbewegung blieb das Vizekönigtum geschwächt. Zugleich waren alle Herrscher Neapels gewarnt: Wenn es zu einem Bündnis zwischen den Volksmassen der Hauptstadt und dem Bürgertum gegen die Monarchie kam, geriet der Thron ins Wanken.

EIN VON TEUFELN BEWOHNTES PARADIES

Eine ganz neue Phase und eine letzte eigenartige Blüte erlebte Neapel im 18. Jahrhundert. Als ganz Europa am Ende des 17. Jahrhunderts auf den Tod des letzten spanischen Habsburgers, des infantilen

Krüppels Karl II., wartete, geriet auch Italien wieder ins Zentrum der europäischen Politik. Auf den spanischen Thron erhoben wegen der komplizierten dynastischen Verwandtschaftsbeziehungen unter den herrschenden Häusern Europas neben den bayerischen Wittelsbachern die französischen Bourbonen und die österreichischen Habsburger Anspruch. Der spanische Erbfall beschwor erneut die Gefahr der Entstehung eines Reiches herauf, in dem wie zu Zeiten Karls V. und Philipps II. «die Sonne nicht unterging». Der neue Waffengang zwischen Bourbonen und Habsburgern im Spanischen Erbfolgekrieg wurde zum ersten «Weltkrieg der Neuzeit» mit Kriegsschauplätzen in Spanien, auf den Ozeanen, in Süddeutschland, den Niederlanden und in Italien. In dem Ringen wurde schließlich England zum «Schiedsrichter Europas» und setzte sich mit seiner Gleichgewichtspolitik durch. Im Windschatten zweier weiterer Erbfolgekriege, nämlich des Polnischen und dann des Österreichischen, gelang es schließlich dem Bourbonenprinzen Karl, das Königreich Neapel für Spanien zu erobern.

Diese «schönste Krone Italiens» hatte ihm seine ehrgeizige italienische Mutter versprochen. Weil die Kassen der Habsburger leer, die des jungen Bourbonenprinzen dagegen gut gefüllt waren, glich der spanische Vormarsch einem Triumphzug. Alle Hoffnungen richteten sich darauf, Karl werde aus Neapel wieder ein selbständiges Königreich machen oder gar zum «König Italiens» aufsteigen. Der Traum von einem vereinigten Königreich Italien, der voraussetzte, dass Österreich aus der Lombardei ebenso schnell zu vertreiben sein würde wie aus Neapel, zerplatzte freilich in kürzester Zeit. Aber für Neapel zumindest erfüllte sich endlich die Hoffnung, wieder selbständig zu werden. In einem geschickten, vor allem für England akzeptablen Schachzug war Spanien bereit, das Königreich nun nicht mehr direkt vom Mutterland aus zu regieren, sondern künftig als sogenannte «Sekundogenitur» wieder selbständig werden zu lassen. Eine ähnliche Konstruktion im Großherzogtum Toskana zugunsten der Habsburger schuf unter englischer Vermittlung schließlich ein prekäres Gleichgewicht zwischen Habsburg im Norden und Bourbon im Süden Italiens. Dazwischen lag wie eine Barriere von der Romagna bis zur römischen Campagna nach wie vor der Kirchenstaat.

Kaum hatte Karl den neapolitanischen Thron bestiegen, ließ er seinen Botschafter am Londoner Hof ausrichten: «Wir haben keine territorialen Ansprüche und keinen diplomatischen Ehrgeiz.» Ihm genügte das Territorium zwischen «Salz- und Weihwasser», das heißt zwischen dem Kirchenstaat und dem Meer. Das entsprach insofern der Wahrheit, als sich die Außenpolitik seiner Regierung strikt an diese Devise hielt. In einer ganz anderen Richtung dagegen entwickelte Karl als erster neapolitanischer König seit zweihundert Jahren den allergrößten Ehrgeiz: Er wollte Neapel zu einer Weltstadt machen, ebenbürtig den glänzenden Zentren wie Sankt Petersburg, Wien und Paris. Und das gelang ihm auch. In den fünfundzwanzig Jahren seiner Herrschaft verwandelte er Neapel von Grund auf. Bei seinem Regierungsantritt zählte die Hauptstadt zweihundertsiebzigtausend Einwohner, dreißig Jahre später hatte sich die Zahl nahezu verdoppelt. Was während dieser Jahre in Neapel geschah, war nicht nur Gesprächsstoff an allen Höfen Europas, sondern zog auch Reisende aus aller Welt an. Die Stadt am Golf wurde zum Ziel- und Endpunkt der «Grand Tour» des neu entstandenen Tourismus der Eliten. Nicht das erste, aber das ehrgeizigste Projekt Karls war die Schloss- und Parkanlage Caserta, die an Größe und Großartigkeit Versailles oder dem Escorial gleichkommen, wenn nicht sogar beide übertreffen sollte. Ein Heer von Bauarbeitern und muslimischen Sklaven, die man an den Küsten Nordafrikas gefangen hatte, errichtete ein Bauwerk, das in seiner Monumentalität, aber auch in seiner Monotonie der in fünf Stockwerken sich endlos aneinander reihenden 1790 Fenster für 1200 Zimmer manchen Besucher spotten ließ: «Je kleiner das Königreich, desto größer der Palast.»

In anderer Hinsicht erwies sich Karl keineswegs als maßlos ehrgeizig, sondern als Herrscher mit Augenmaß. Er machte sein Reich zu einem Musterbeispiel des aufgeklärten Absolutismus, indem er

Gelehrte wie Antonio Genovesi, den Inhaber des ersten Lehrstuhls für Politische Ökonomie, und seine Schüler als Ratgeber und Beamte heranzog. Obwohl die «schönste Krone Italiens» politisch weitgehend bedeutungslos blieb, wurde sie zu einem Anziehungspunkt des intellektuellen und kulturellen Lebens in Europa. In der Musik der neapolitanischen Schule der Scarlatti, Jomelli, Pergolesi und Cimarosa feierte der «Genius des neapolitanischen Volkes» (Rousseau) in ganz Europa Triumphe, nirgends aber war diese Musik so großartig zu hören wie in Neapel selbst, in seinem 1735 neu erbauten Teatro di San Carlo. Auch in anderen Bereichen übertraf die Lebendigkeit des geistigen Lebens in Neapel bei weitem alle übrigen Staaten Italiens. Im Norden der Halbinsel, im Königreich Sardinien-Piemont, galt damals «Denken als Tick und Schreiben als lächerlich», in Neapel dagegen konnten bedeutende Gelehrte wie Genovesi und Gaetano Filangieri, Jurist, Rechtsphilosoph und Pädagoge – um nur zwei der wichtigsten Namen der zweiten Hälfte des 18. Jahrhunderts zu nennen – ihre Ideen frei verbreiten. Sie waren Mitglieder der zahlreichen Akademien und sie verkehrten in den Salons von Fürstinnen und Herzoginnen mit klingenden Namen wie Caracciolo, Carafa oder Serra di Casano. Das lebendige kulturelle Leben, die einmalige Schönheit der landschaftlichen Umgebung und die von Karl III. geförderten Ausgrabungen von Pompeji und Herculaneum machten Neapel wieder zu einer in ganz Europa gefeierten und bewunderten Hauptstadt.

Die neue Lebendigkeit trieb allerdings seltsame Blüten und blieb mehr Fassade als Substanz. Wie die spanischen Vizekönige überließ auch Karl die Provinzen weitgehend den Baronen. Die neue Hauptstadt wirkte mehr denn je wie eine Oase in der Wüste, die dem Land die letzten Reserven aussaugt. Weil die adeligen Grundbesitzer sich nun um den Königshof scharten und sich nicht um ihre Güter kümmerten, überließen sie ihre Ländereien geldgierigen Verwaltern, und die Landwirtschaft in den Provinzen verfiel vollends. Verarmte und verzweifelte Bauern strömten in die Hauptstadt und vergrößerten das Heer der Armen und Ärmsten. Karl III. suchte des Problems durch eine ausgeklügelte Mischung von eher kosmetischen Reformen, Repression und Bindung an die Krone Herr zu werden. Zu den Reformen gehörte beispielsweise die Einführung der ersten Straßenbeleuchtung Europas. Die Bindung an die Krone wurde in Festen und Volksbelustigungen zelebriert. Mit der Einrichtung eines dem heiligen Januarius gewidmeten Ordens erwies der König dem inbrünstig verehrten Patron der Stadt seine Ehre. In dem Glauben an San Gennaro als Beschützer vor jeder Form von irdischem Unglück vermischten sich in Neapel untrennbar tiefste Gläubigkeit und schwärzester Aberglaube. Der Heilige, der als Bischof von Pozzuoli im dritten nachchristlichen Jahrhundert das Martyrium erlitten hatte, wurde vor allem deshalb verehrt, weil er ein Sohn der Stadt, weil er zwar Bischof, aber ein Mann aus dem Volk gewesen war. Und er war in Neapel allgegenwärtig. Seine in Koralle geschnittene Hand gab dem Einzelnen den sichersten Schutz gegen den «bösen Blick». Das Wunder der Verflüssigung seines Blutes schützte die ganze Stadt vor Vesuvausbrüchen, Erdbeben, Pest und Hungersnot. Dreimal im Jahr, am Vorabend des ersten Sonntags im Mai, am 19. September, dem Tag des Martyriums, und am 16. Dezember, dem Jahrestag des Vesuvausbruchs von 1631 und Festtag des Patrons, war ganz Neapel auf den Beinen, um der Prozession vom Dom zu den sieben großen Basiliken der Stadt beizuwohnen und das Wunder in Santa Chiara, der Metropolitankirche der Könige, zu erwarten. Die Lazzari begleiteten und kommentierten mit ihren Cantastorie und ihrem Alter Ego, dem «Pulcinella», die offiziellen Ereignisse auf ihre eigene groteske und spöttische Art.

Unter Karls Sohn Ferdinand IV. wurde aus der Bindung der Lazzari an die Krone eine geradezu leidenschaftliche Hingabe. Ferdinand sprach nur den einheimischen Dialekt, und auch seine groben Umgangsformen rechtfertigten seinen Beinamen «König Lazzarone». Seine wahre Geistesverwandtschaft mit dem Volk bewies er aber vor allem mit der Wiederbelebung des gewalttätigen Schauspiels des «Schlaraffenbaums», das der Monarch im selben Maße genoss, wie es weniger einfältige Gemüter abstieß. Bei diesem Spektakel wurden vor dem Schloss Früchte, Gemüse, Würste und ganze Fleischstücke an einem riesigen baumartigen Gestell befestigt und dann unter den Augen der Königsfamilie und ihrer Gäste auf dem Balkon des Palastes zur Erstürmung durch das hungernde Volk freigegeben. Dabei kam es regelmäßig zu Toten und Verletzten. Nicht zuletzt wegen derartiger Spektakel galt Neapel als ein «von Teufeln bewohntes Paradies». Diese eigenartige Idylle eines aufgeklärten Spätabsolutismus, der die hingebungsvolle Liebe des Volkes und die Achtung der freien Geister gleichermaßen genoss, hielt bis zur Französischen Revolution, genauer gesagt bis zum Sturz der Monarchie. Noch im Jahr der Erstürmung der Bastille im fernen Frankreich gipfelte dieses Einvernehmen in der Eröffnung der staatlichen Seidenmanufaktur von San Leucio. Mit ihren umfassenden Wohn-, Bildungs- und Kultureinrichtungen für die Arbeiter und ihre Familien mutet das kurzlebige Experiment wie eine Art Vorgriff auf paternalistische Sozialreformen des 19. Jahrhunderts an und wurde von den aufgeklärten Kreisen in den höchsten Tönen gefeiert.

Doch wenige Jahre später brach das Einvernehmen abrupt auseinander, und die Monarchie reagierte mit einer scharfen innenpolitischen Kehrtwendung. Während sich die aufgeklärten Kreise in den Salons für die Ideen der Französischen Revolution begeisterten, griff die Regierung wie zu Zeiten des spanischen Vizekönigreichs zu Bespitzelung und härtester Repression. Treibende Kraft war die Königin Maria Carolina. Als Schwester der französischen Königin fühlte sie sich nach deren Hinrichtung zum Eingreifen berufen und setzte alles daran, dass das Königreich Neapel sich den antinapoleonischen Koalitionen anschloss. Anders als ihr vorsichtiger Schwiegervater ließ sie alle außenpolitische Bescheidenheit fallen und zog Neapel ein weiteres Mal in einen großen Konflikt zwischen Frankreich und Habsburg hinein. Hinter Habsburg stand diesmal England, das nur allzu gern die Häfen des Königreichs als Stützpunkt für seine Jagd auf französische Schiffe nutzte. Als der «kleine Korporal» Napoleon Bonaparte Italien zum Sprungbrett seiner Karriere erkor und dann das Mittelmeer zum Schauplatz für die Herausforderung Englands machte, geriet Neapel unversehens mitten ins Zentrum dieser weltpolitischen Auseinandersetzung. Der britische Admiral Nelson wurde nach seinem Sieg über die französische Flotte bei Abukir 1798 in Neapel gefeiert, als sei er und nicht *re lazzarone* der Herr des Landes, und er nahm gern das Angebot des Königs an, Neapel als Hafen für britische Schiffe zu nutzen.

Als daraufhin das französische Heer vom Kirchenstaat auf das Königreich vorrückte, flüchteten die Monarchen mit der gesamten Staatskasse auf den Schiffen Nelsons in ihre zweite Hauptstadt Palermo. Der König ließ sein Volk im Stich, aber das Volk nicht seinen König. Auf die Nachricht von der Flucht des Hofes wandte sich die Wut des Volks nicht etwa gegen die verbliebenen Amtsträger, sondern gegen die «Jakobiner», denen man die Schuld dafür gab. Das gnadenlose Wüten der Menge folgte dem einfachen Prinzip: «chi tene pane e vino ha da esse Giacobino» (wer Brot und Wein hat, muss ein Jakobiner sein). Nur einige hundert derjenigen, die sich selbst als «Patrioten» betrachteten, konnten sich in das Castel Sant'Elmo retten. Im Schutze der Festungsmauern proklamierten diese «wenigen furchtlosen Bürger», wie sie sich selbst später beschrieben, am 21. Januar 1799 die «einige und unteilbare Republik Neapel». Vergeblich versuchten sie zwischen den *capipopolo* (Volksanführern) und dem heranrückenden französischen General Championnet zu vermitteln. Erst nach zweitägigen erbitterten Kämpfen gaben die Lazzari ihren Widerstand auf und nötigten dem französischen General den bewundernden Kommentar ab, sie seien *étonnants,* ja «wahre Helden».

In der auf den Bajonetten der französischen Armee errichteten Republik versuchte eine nach Pariser Vorbild «Monitore» genannte Zeitung die Vorzüge der neuen Ordnung zu propagieren. Das Blatt wurde von der mutigen Eleonora Fonseca Pimentel geleitet, die sich in Männerkleidung ins Castel Sant'Elmo geflüchtet hatte. Die erste Ausgabe der Zeitung vom 2. Februar 1799 begrüßte ihre Leser mit den Worten: «Endlich sind wir frei, und endlich ist der Tag gekommen, an dem wir die heiligen Worte Freiheit und Gleichheit aussprechen und uns als würdige Söhne der Mutterrepublik, als würdige Brüder der freien Völker Italiens und Europas erweisen können.» Trotz dieser Begeisterung zeigte die Redakteurin einen scharfen Blick für die Defizite dieser merkwürdigen Revolution. Sie geißelte die Übergriffe der Franzosen, die auf Geheiß des fernen Direktoriums aus der Schwesterrepublik immer mehr und mehr Geld herauspressen wollten. Vergebens mahnte der «Monitore» die zerstrittene Provisorische Regierung zur Einigkeit und zur Sanierung der Finanzen durch den Verkauf von eingezogenen Staats- und Kirchengütern. Und ebenso vergebens suchte er nach Wegen, wie die Lazzari für die Revolution zu gewinnen waren. Als das Wunder des San Gennaro pünktlich eintraf, jubelte der «Monitore»: «Auch San Gennaro ist zum Jakobiner geworden ... Es lebe die Republik!» Selbst Masaniello wollten die Revolutionäre als Vorläufer ihrer Sache reklamieren und mahnten vorwurfsvoll: «Welch bedauernswerten Kontrast bildet ihr jetzt zu euren Vorvätern in den Zeiten des großen Masaniello. Ohne die Vorbilder, die ihr jetzt habt, ... standen eure Vorfahren gegen den Despotismus auf, riefen die Republik aus und verlangten instinktiv nach den Menschenrechten. Heute proklamiert der Adel Gleichheit und Demokratie, und die Volksmassen wollen nichts davon wissen.» An die Stelle des Schlaraffenbaums trat der jakobinische «Freiheitsbaum» – mit dem Unterschied, dass dieser nicht mit Würsten, sondern nur mit großen Worten geschmückt war.

Während die Lazzari der Hauptstadt unter den französischen Waffen kuschten, machten sich in den Provinzen ihre bäuerlichen Brüder, die ebenso berühmt-berüchtigten Briganten, umso stärker bemerkbar. Als Stellvertreter des Königs sammelte der aus Kalabrien stammende Kardinal Fabrizio Ruffo unter dem Schlachtruf «Viva Maria!» ein Heer von Sanfedisten (Verteidigern des Heiligen Glaubens) aus Briganten, Bauern und Abenteurern aller Herren Länder um sich. Männer mit furchterregenden Namen wie «Fra Diavolo» (Bruder Teufel), «Sciabolone» (Großer Säbel) oder «Panzanera» (Schwarzbauch) zogen als Generäle des Königs sengend und brennend durch Unteritalien. Ruffo vermochte die Bauern nicht nur mit der Verbreitung von Schauermärchen über die Gotteslästerungen der «Jakobiner» um sich zu scharen, sondern vor allem mit dem Versprechen von Landeigentum und mit der Abschaffung einiger besonders verhasster Steuern. Die jahrhundertealte Wut der Unterdrückten kam in einer Orgie der Gewalt und Zerstörung zum Ausbruch und wurde zum Vorbild für bewaffnete Unruhen, die den Mezzogiorno bis ins 20. Jahrhundert belasten sollten. Der «Monitore» nannte Fabrizio Ruffo ein «Ungeheuer im Kardinalsgewand», aber gegen die um sich greifenden Unruhen fiel auch der Herausgeberin nichts anderes ein als der Ruf nach den französischen Waffen.

Die Franzosen gaben jedoch im Mai die Schwesterrepublik preis, weil die Siege ihrer Gegner im Frühjahr und Sommer 1799 eine Konzentration der militärischen Kräfte erzwangen. Die Sanfedisten Kardinal Ruffos konnten so am 13. Juni im Triumph in Neapel einmarschieren, am Festtag des heiligen Antonius, der anstelle des wortbrüchigen San Gennaro zum Patron der Stadt erhoben wurde. Wiederum mussten sich die Patrioten, sofern sie nicht mit den Franzosen abgezogen waren, vor den mordenden und plündernden Massen ins Castel Sant'Elmo flüchten. Weil sich das «Ungeheuer im Kardinalsgewand» gegenüber den in der Festung versammelten Aristokraten noch zu nachsichtig zeigte und ihnen freies Geleit ins Ausland gewähren wollte, erschien als Bevollmächtigter der Krone Admiral Nelson in Begleitung seiner Geliebten Lady Hamilton im Hafen. Er hatte von der Königin den Auftrag, Neapel «wie eine irische Stadt» zu behandeln, und der englische Admiral machte sich von seinem Flaggschiff aus dienstbereit an die Ausmerzung der meuternden Landratten, mochte es sich dabei auch um die Auslöschung der gesamten geistigen Elite dieses fremdartigen Königreichs handeln.

Am 20. August 1799 fiel auch die ehemalige Redakteurin des «Monitore» dem Rachedurst der Monarchie und der mit ihr verbündeten Lazzari zum Opfer. Eleonora Fonseca Pimentel starb als erste Frau in der Geschichte ihres Landes am Galgen. Trotz ihres Adelstitels hatte man ihr versagt, statt durch den Strick unter dem Beil des Henkers zu sterben. Begierig wartete die vieltausendköpfige Menge darauf, der Gehenkten unter den Rock zu schauen, denn selbst die Benutzung eines Gürtels zum Zusammenbinden der Beine war der Marchesa verweigert worden. Der Rachedurst der Monarchen, die erst zwei Jahre später ihre Hauptstadt wieder betraten, war damit noch lange nicht gestillt. Zwischen August 1799 und September 1800 starben hundertzweiundzwanzig Menschen am Galgen und unter dem Beil. Letztes Opfer war mit Luisa Sanfelice wiederum eine Frau. Auch die physische Vernichtung der Revolutionäre genügte der Monarchie nicht, sie ließ alle Akten und Dokumente über die Prozesse zerstören und nur die Abrechnungen über die Kosten der Exekutionen (und damit wenigstens die Namen der Hingerichteten) übrig. Um jede Erinnerung an jede Form von Revolte auszulöschen, ließ König Ferdinand IV. nach seiner Rückkehr auch das Grab Masaniellos in der Kirche Santa Maria del Carmine zerstören und seine Gebeine zerstreuen.

So kurzlebig das revolutionäre Experiment von 1799 war und so grausam die Rache der Monarchie wütete, der damit gezündete Funke war doch nicht mehr auszutreten. Zum ersten Mal seit dem Ende der «italienischen Kriege» in der ersten Hälfte des 16. Jahrhunderts wurde der Süden wieder in eine gesamtitalienische Bewegung hineingerissen, die innerhalb eines halben Jahrhunderts zur Einheit Italiens führen sollte.

4

TRAUM, ABENTEUER, ERNÜCHTERUNG: DAS GEEINTE ITALIEN

Obwohl ich den größten Teil meines Lebens an die Verbesserung der Menschheit geglaubt habe, sehe ich mit Bitterkeit die zahllosen Übel und die weit verbreitete Korruption in diesem sogenannten zivilisierten Jahrhundert.

Giuseppe Garibaldi, *Memoiren*, 1872

DAS PATHOS DES SCHEITERNS

Im Jahr 2007 war ein doppelter runder Jahrestag zu begehen: Der zweihundertste Geburtstag von Giuseppe Garibaldi, der einen wesentlichen Anteil am Zustandekommen des italienischen Nationalstaates hatte, und zugleich sein 125. Todestag. Trotz eines hochrangig besetzten Komitees für die Ausrichtung der Feiern blieb der Ton verhalten, und man beschränkte sich im Wesentlichen auf folkloristische Spektakel. Mehr noch als anderswo ist in Italien die Nationalstaatsbildung und die Rolle ihrer Protagonisten erneut umstritten. Das ganze 19. Jahrhundert und die erste Hälfte des 20. Jahrhunderts dagegen war von der Begeisterung für das Risorgimento, die «Wiederauferstehung» (eines freilich in dieser Form niemals zuvor existenten) Italiens getragen. Die beste Formulierung dieser Tatsache findet sich nicht zufällig in dem Roman eines Franzosen, der diese Wirkung der «französischen Jahre» von 1799 bis 1815, in denen Italien zum Teil Frankreich angegliedert, zum Teil in scheinabhängigen Staaten neu geordnet war, beschreibt: In Stendhals «Kartause von Parma» heißt es bei der Beschreibung der Verhältnisse in Mailand: «Der Abzug des letzten österreichischen Regiments bedeutete den

Untergang der alten Ideen: Sein Leben in Gefahr bringen, wurde Mode; man erkannte: Nach Jahrhunderten schaler Empfindungen musste man das Vaterland mit wirklicher Liebe lieben und nach Heldentaten streben.»

Während die Aufbruchsstimmung sich 1799 als Begeisterung für die Ideale der Französischen Revolution geäußert hatte, wandelte sie sich seit 1805 zum Widerstand gegen die französische Besatzung. Die Neuerungen, die man ursprünglich begrüßt hatte, waren diskreditiert durch Ausplünderung und Zwangsrekrutierung. Widerstand gegen die hohen Steuern, gegen die Raubzüge der französischen Beamten und gegen den Militärdienst ging über in den Widerstand gegen jede Form der Fremdherrschaft. Das Ende der Übermacht Napoleons in Europa brachte Italien nämlich nicht das Ende der Bedrückung, sondern lediglich – ein weiteres Mal – die Ersetzung der einen Fremdherrschaft durch eine andere. An die Stelle Frankreichs trat – ein weiteres Mal – das Haus Habsburg als direkter und indirekter Herr Italiens. Die politische Landkarte, die auf dem Wiener Kongress für Italien entworfen wurde, stellte im Großen und Ganzen die Grenzen wieder her, die seit dem Frieden von Cateau-Cambrésis 1559 bzw. seit den Erbfolgekriegen in der ersten Hälfte des 18. Jahrhunderts bestanden hatten: im Süden das Königreich, das nun den Namen «Königreich beider Sizilien» trug, in Mittelitalien von Latium über die Marken bis in die Romagna der Kirchenstaat und daneben die Herzogtümer Toskana, Parma und Modena als habsburgische Sekundogenituren. Gewichtige Veränderungen erfuhr der Norden: Die Republiken Venedig und Genua wurden nicht wieder hergestellt, Genua fiel an Piemont, das durch den Besitz Sardiniens im 18. Jahrhundert den Titel und die Würde eines Königreichs gewonnen hatte und deshalb Königreich Sardinien hieß. Venedig bildete mit dem ehemaligen Großherzogtum Mailand zusammen das habsburgische Vizekönigreich Lombardo-Venetien.

Der Widerstand gegen das 1815 entstandene «System» Metternich formierte sich in Geheimbünden, die in ganz Italien wie Pilze aus dem Boden schossen. Ihre Struktur und ihre Inhalte speisten sich aus zwei Quellen. Ein Vorbild war die Freimaurerei, die sich seit der ersten Hälfte des 18. Jahrhunderts unter den noch rein geistig verstandenen Schlagworten «Freiheit, Gleichheit, Brüderlichkeit» wie ein immer feinmaschigeres Netz in ganz Europa unter dem aufgeklärten Adel und dem aufsteigenden Bürgertum verbreitet hatte. Die zweite Wurzel der neuen Bewegung war die vor allem im Süden seit der Sizilianischen Vesper nie abgerissene Tradition von Geheimbünden. Auch wenn sie unterschiedlichster ideologischer Herkunft waren, von katholisch bis zu republikanisch-radikal, fanden sich all diese Gruppen zuerst im Kampf gegen Napoleon und danach im Kampf gegen Metternich und sein System der Heiligen Allianz zusammen.

Die Gefahr, die die Geheimgesellschaften für dieses System bedeuteten, offenbarte sich wie ein Blitz aus heiterem Himmel. 1819 bereiste Metternich Italien und notierte hocherfreut, dass das Land «vollkommen ruhig» sei, «ganz besonders in den Ländern Neapels». Doch schon im Juli 1820 brach ausgerechnet dort, im kalabrischen Nola, eine Revolte junger Offiziere aus, die sich so schnell ausbreitete, dass der König schon nach einer Woche einlenken und eine Verfassung gewähren musste. Als Vorbild diente die sogenannte Verfassung von Cadiz, die im selben Jahr in Spanien ertrotzt worden war. Hinter den Offizieren stand der Geheimbund der *Carbonari* (Köhler), der wahrscheinlich schon in der Zeit Napoleons entstanden war und sich bis weit über Neapel ausgebreitet hatte. Die Stärke des Geheimbundes gewann sogar Metternich eine gewisse Bewunderung ab, wenn er schrieb: «Die Carboneria, die in einem wenig zivilisierten, aber leidenschaftlichen Volk entstanden ist, trägt die Charakterzüge dieses Volkes: schnell bereit, sich für etwas zu begeistern, schreitet der Süditaliener ebenso schnell zur Tat. Klar formulierte Aufgaben für die Inhaber der hohen Initiationsgrade, einfache Mittel der Ausführung, die frei sind von den metaphysischen Phrasen der Freimaurerei; eine straffe, klare Anleitung durch die Führungsspitze; in verschiedene Grade unterteilte Mitglieder; der Dolch als Strafe für Ungehorsam, Geheimnisverrat oder Feinde: Das ist die Carboneria, die von allen politischen Sekten die perfekteste Organisation erreicht zu haben scheint.» Gegen diese im Heer ebenso wie in den aufgeklärten adelig-bürgerlichen Kreisen verbreiteten Geheimbündler kamen dem König nicht mehr die Lazzari seiner Hauptstadt zu Hilfe und auch kein Heer von Sanfedisten aus den Provinzen. Zu sehr hatte er alle enttäuscht, als er 1815 zum zweiten Mal aus dem «Exil» in Palermo in seine Hauptstadt zurückkehren konnte. Gerettet wurde Ferdinands Thron – zum dritten Mal nach 1799 und 1815 – durch habsburgische Truppen, aber auch durch die Unfähigkeit der Aufständischen selbst, sich untereinander und mit anderen ähnlichen Bewegungen in Sizilien und Piemont auf gemeinsame Ziele zu einigen und gemeinsam zu agieren. In den Aufständen von 1820 war viel von *patria* (Heimat) und *nazione* die Rede, damit war aber – zumindest im Süden – keineswegs unbedingt Italien gemeint. In Neapel sprach man vielmehr von einer neapolitanischen Nation, während Sizilien Autonomie für die Insel forderte.

Seit den 20er-Jahren, in den Jahrzehnten der härtesten Repression der Restaurationszeit, fand jedoch ein anderer Begriff von *patria* Eingang: die Idee einer italienischen Nation. Sie war ein Produkt des Zeitgeistes, eine literarische Fiktion und Import derjenigen, die nach den gescheiterten Revolutionen von 1799 und 1820 außer Landes hatten gehen müssen und überall dort Zuflucht fanden, wo man der habsburgischen Übermacht in Italien feindlich gegenüberstand: in Paris, London oder Brüssel – und in der Schweiz, der einzigen Republik Europas. Manch einen verschlug es sogar bis in die Neue Welt.

Die unterschiedlichen Entwürfe der Exilanten für das Risorgimento, die Wiederauferstehung Italiens, waren weniger von der genauen Kenntnis der Geschichte oder der Analyse der konkreten Bedingungen und Bedürfnisse der fernen Heimat bestimmt als von romantischen Ideen und abstrakten politischen Konzepten. Einigkeit über alle ideologischen und geographischen Grenzen hinweg bestand allein darin, dass die Grundvoraussetzung für eine Einigung die Ausschaltung der Habsburger sein musste. Einen umfassenden Lösungsvorschlag, der sich von allem bisherigen abhob und in der Zeit des Vormärz am meisten Wirksamkeit entfaltete, hatte Giuseppe Mazzini im französischen Exil seit 1831 entwickelt. Mazzini war ein Arztsohn aus Genua, das im Jahr seiner Geburt (1805) seine Unabhängigkeit als Republik an Frankreich verlor und später zu einem Teil des Königreichs Sardinien-Piemont wurde. Schon mit zweiundzwanzig Jahren war er ein führendes Mitglied der Carboneria in Piemont. Mazzinis Vorstellungen waren ein theoretisches Konstrukt in der Form eines politisch-moralischen Glaubensbekenntnisses. Als unbezweifelbare Wahrheit stand für ihn das Wirken eines Gottes fest, der die Menschheit auf den Weg des geschichtlichen Fortschritts führt und bestimmten Nationen dabei jeweils eine Führungsrolle zuweist. Rom hatte diese Aufgabe durch das *Imperium Romanum* und das Papsttum zwei Mal in der Geschichte erfüllt, und es war ihm nun bestimmt, erneut anzutreten und die Stelle Frankreichs einzunehmen. Dessen weltgeschichtliche Aufgabe war mit der Ausarbeitung der Menschen- und Bürgerrechte erfüllt. Voraussetzung für die führende Rolle Italiens war die Verwirklichung des unabhängigen Nationalstaats als Einheitsstaat, denn der Föderalismus würde eine Schwächung bedeuten, und als Republik, denn jede Form der Monarchie würde eine Einschränkung der Freiheit zur Folge haben.

In der Verbindung von Unabhängigkeit, Einheit und Republik zu einem untrennbaren Ganzen lag die Stärke und Anziehungskraft, aber auch die Schwäche von Mazzinis Argumentation, die sein Handeln bestimmte. Mit seiner als religiöse Mission verstandenen Lehre sprengte er die Grenzen der Geheimbünde. Die von ihm 1831 im Exil gegründete Organisation *Giovine Italia* (Junges Italien) musste sich zwar auch vor der Polizei verstecken, setzte aber dennoch auf die Verbreitung ihrer Ideen durch Zeitschriften und Flugblätter, vor allem aber auf die Propaganda der Tat. Mazzini war davon überzeugt, dass die exemplarische Tat bewaffneter Aufstände eine unaufhalt-

Der Volksheld Giuseppe Garibaldi auf dem Logo des Komitees für seinen 200. Geburtstag, 2007

Der Volksheld Che Guevara, Graffito auf einer Mauer, 2006

same Volksbewegung in Gang setzen würde. Mit seiner rhetorisch aufgeladenen Sprache und abstrakten Parolen wie *Dio e popolo* (Gott und Volk) oder *Pensiero e azione* (Gedanke und Tat) erreichte Mazzini nicht das Volk, sondern vor allem diejenigen, die von der «Mode», ihr Leben in Gefahr zu bringen, ohnehin schon erfasst waren. Mazzini setzte auf die Jugend, und unzählige junge Männer aus Adel und Bürgertum waren nur allzu gern bereit, den trockenen Lehrbüchern von Schule oder Studium und der Enge gesellschaftlicher Konventionen zu entfliehen, um als «Apostel» ein republikanisches Italien zu erkämpfen. Doch die bewaffneten Aufstände, die Mazzini fieberhaft von seinen verschiedenen Exilorten aus organisierte, endeten ausnahmslos als Desaster.

Das Pathos heldenhaften Scheiterns wurde auch zum Grundtenor der 48er Revolution in Italien. Anders als im Deutschen Bund, wo man ebenfalls um die nationale Frage rang, kam es in Italien nicht einmal ansatzweise zu einem die gesamte Nation erfassenden Einigungsprozess. Einzig der Glanz der Heldentaten des Mazzinianers Giuseppe Garibaldi überstrahlte all dies. Garibaldi war ein Mann aus dem Volk und blieb ein Mann aus dem Volk, er war ein Kämpfer und Haudegen, der sich in den aussichtslosesten Situationen durchzuschlagen verstand. Mit seinem Mut und seiner Tatkraft gelang ihm etwas, was Mazzini und allen anderen Revolutionären und Reformern nicht gelungen war: Er konnte die Massen begeistern und Freiwillige zuhauf für den Kampf um die Einheit gewinnen. Doch der «Frühling der Völker», als den man die 48er Revolution begrüßt hatte, endete auch für diesen Helden und das von ihm erträumte Italien mit einer vernichtenden Niederlage.

AUF GETRENNTEN WEGEN ZUM GLEICHEN ZIEL

Die Zeit der «Apostel» der Freiheit schien endgültig vorbei, und an die Stelle der Patrioten, der Freiwilligenverbände und Barrikaden waren in ganz Europa wieder die Monarchen, die regulären Heere und die Repression getreten. In Italien erkannte jedoch der neue Ministerpräsident von Sardinien-Piemont, Graf Camillo Benso di Cavour, die «italienische Frage» als Gelegenheit, seinem Königreich mehr Einfluss zu verschaffen und dessen Territorium zu erweitern. Er begann das alte italienische Spiel: die Vertreibung einer fremden Besatzungsmacht mit Hilfe einer anderen. Im geheimen Einvernehmen mit dem französischen Kaiser Napoleon III. wollte er die Habsburger aus Ober- und Mittelitalien vertreiben und – gegen geringe Abtretungen – möglichst viel davon für Sardinien-Piemont gewinnen. Dieses alte italienische Spiel schien auch den gleichen Verlauf wie immer zu nehmen: Statt die Habsburger zu vertreiben, machten die herbeigerufenen Franzosen mit ihnen gemeinsame Sache. Entgegen den Abmachungen und trotz eines siegreichen Feldzugs schloss

Napoleon III. im Juli 1859 mit Österreich den Frieden von Villafranca, der Sardinien-Piemont zwar die Lombardei einbrachte, Venetien aber den Habsburgern beließ. Als gewiefter Spieler hatte Cavour jedoch einen Trumpf in der Hinterhand.

Längst war er mit denjenigen Kreisen in Kontakt getreten, die aus den Enttäuschungen der 48er Revolution den Schluss zogen, dass Einheit, Unabhängigkeit und Republik nicht auf einen Schlag und nicht allein durch spontane Aufstände zu verwirklichen waren. Die ganze Hoffnung richtete sich jetzt auf das Königreich Sardinien, den einzigen Staat der Halbinsel, in dem die Verfassung von 1848 beibehalten worden war. Die neue Losung lautete nun: *Viva Verdi!*, zu übersetzen als: *Viva* ***V****ittorio* ***E****manuele,* ***R****e* ***D'I****talia* (Es lebe König Viktor Emanuel, König von Italien). Auch Garibaldi schloss sich begeistert dieser Strömung an. Ihre Anhänger warben nach Villafranca in den mittelitalienischen Fürstentümern, in Parma, Modena, der Toskana und in Teilen des Kirchenstaats für den Anschluss an das Königreich Sardinien-Piemont. Dagegen wagten weder Österreich – aus Angst vor einer Intervention Frankreichs – noch Frankreich – aus Angst vor einer Intervention Österreichs – vorzugehen. Dadurch erreichte Cavour sein Ziel: Fast ganz Ober- und Mittelitalien wurde Teil des Königreichs Sardinien-Piemont. Der einzige Tribut an Frankreich war die Abtretung von Nizza und Savoyen.

An diesem Punkt schien Cavour jedoch überraschend die Kontrolle über das Spiel zu verlieren. Die «Verschacherung» von Nizza, der Heimatstadt Garibaldis, an Frankreich machte diesen nämlich zum erbitterten Gegner des piemontesischen Ministerpräsidenten. Gegen dessen ausdrücklichen Willen, ja vielleicht vor allem, um sich gegen ihn zu stellen, brach Garibaldi zu seinem abenteuerlichen «Zug der Tausend» auf und wollte die Einheit Italiens doch noch nach seinen Vorstellungen verwirklichen. Mit fassungslosem Erstaunen verfolgte ganz Europa in den nächsten vier Monaten, wie der Volksheld in einem Siegeszug ohnegleichen das jahrhundertealte Königreich beider Sizilien eroberte. Mit anfänglich kaum über tausend Mann zwang er die bourbonische Armee in die Knie und den König zur Flucht. Das Ganze war von vorneherein ein derart wahnwitziges Abenteuer, dass kein Geringerer als Alexandre Dumas, der Autor der «Drei Musketiere», sich sofort des Stoffes annahm, Garibaldi begleitete und unmittelbar danach dessen Erinnerungen als Ghostwriter herausgab und zu internationalem Erfolg führte. Garibaldi nahm den antiken Titel eines «Diktators» an, das heißt eines Retters in der Not, und als solcher kam er am 7. September 1860 bequem mit dem Zug in Neapel an. Als spürte er noch immer den Rausch dieser Tage, schrieb er darüber viele Jahre später in den – nun von ihm selbst verfassten – Memoiren: «Das noch warme Nest des Monarchen wurde von den Volksbefreiern eingenommen, und die weichen Teppiche des königlichen Schlosses wurden vom derben Schuh des Proletariers niedergedrückt.»

Die Bauern des Südens, die dem Helden zunächst als Freiwillige gefolgt waren, verstanden den Sturz der Bourbonen allerdings nicht als Aufforderung, für die endgültige Einigung Italiens gegen den Kirchenstaat und seine Schutzmacht Frankreich zur Waffe zu greifen. Sie wollten hier und jetzt das erhalten, wofür sie aufgestanden waren und ihren «Hunger nach Land» stillen. Überall kam es zu Aufständen und Unruhen. Deshalb gerieten die «Leoparden», die adeligen, aber auch die bürgerlichen Großgrundbesitzer, in Panik und erhoben die Forderung nach Anschluss an das Königreich Sardinien. Sie wollten sich lieber ihresgleichen anvertrauen als diesem dahergelaufenen Diktator. Cavour seinerseits konnte nun auch in aller Öffentlichkeit davor warnen, Frankreich über Gebühr zu provozieren und so das bisher Erreichte zu gefährden. Garibaldi musste notgedrungen gute Miene zum bösen Spiel machen. Die «Wühlarbeit» seines Intimfeindes hatte ihr Ziel erreicht. Nachdem seine «Südarmee» allein in einer großen Schlacht am Volturno die ungefähr gleich starke, aber besser ausgerüstete und taktisch besser positionierte Armee der Bourbonen geschlagen und damit deren Herrschaft endgültig besiegt hatte, traf der General bei Teano mit König Viktor Emanuel zusammen. Diese später als Zusammentreffen zweier ebenbürtiger Helden gefeierte Begegnung war in Wirklichkeit die Unterwerfungsgeste eines militärisch siegreichen, politisch gescheiterten Idealisten. Kurz darauf fanden Plebiszite statt, in denen die Bevölkerung des ehemaligen Königreichs beider Sizilien mit überwältigender Mehrheit für den Anschluss an das Königreich Sardinien-Piemont stimmte.

Für die Proklamation des Königreichs Italien am 17. März 1861 wird selten der Begriff der «Reichsgründung» verwendet, der für Deutschland so selbstverständlich zu passen scheint. Dabei umfasste der neue Staat immerhin drei Königreiche (die eine Hälfte des habsburgischen Vizekönigreichs Lombardo-Venetien, das Königreich Sardinien und das Königreich beider Sizilien), dazu vier Mittel- oder Kleinstaaten (Teile des Kirchenstaats, Toskana, Parma und Modena). Dennoch zögert man, im Falle Italiens von Reichsgründung zu sprechen – zu widersprüchlich war der Prozess, zu überraschend seine Vollendung und zu problematisch das Ergebnis. Noch weniger zutreffend sind allerdings die Begriffe, die sich in Italien selbst dafür eingebürgert haben: Weder handelte es sich um ein «Risorgimento», denn ein irgendwie ähnliches Staatsgebilde hatte es ja vorher nie gegeben, noch kann von «Einigung» unter einigermaßen gleichberechtigten Partnern die Rede sein.

Am treffendsten hat vielleicht der Historiker Luciano Cafagna die Entstehung des italienischen Nationalstaats mit der Entstehung eines Films verglichen, wie sie Federico Fellini geschildert hat: Bei der Vorstellung des Drehbuchs herrscht große Begeisterung, aber sobald die Dreharbeiten beginnen sollen, läuft alles schief. Der Produzent hat kein Geld, die Schauspieler pflegen nur ihre Allüren, und das Studiopersonal tritt wochenlang in den Streik. Der Regisseur muss mehrmals gewechselt werden und das Drehbuch ebenfalls. Schließlich kommt der Film irgendwie zustande. Bei der Premiere liegen sich alle Beteiligten strahlend in den Armen, streben aber, sobald die Scheinwerfer erloschen sind, in alle Richtungen auseinander. Der Regisseur bleibt allein vor der Leinwand zurück und fragt sich, ob er nicht alles hätte anders machen sollen. Cavour, der letzte Regisseur des Risorgimento, hatte keine Zeit mehr, solchen Fragen nachzugehen. Er erlag am 6. Juni 1861 im Alter von nur 50 Jahren einem heftigen Malariaanfall.

ITALIANITÀ ALS FIKTION: ALESSANDRO MANZONI UND GIUSEPPE VERDI

Wenige Jahre vor der 48er Revolution erschien die endgültige Fassung von Alessandro Manzonis historischem Roman, der zunächst «Fermo und Lucia», später «I Promessi Sposi» (Die Verlobten) hieß. In den Hauptfiguren Fermo, später Renzo und Lucia schuf Manzoni mehr als zwei berühmte Gestalten der Literaturgeschichte, er schuf ein Bild und Selbstbild der Italiener als *brava gente* (anständige Leute), auf das bis heute immer dann zurückgegriffen wird, wenn es gilt, Krisen und Selbstzweifel zu überwinden. Anders als in den damals in Mode gekommenen historischen Romanen, etwa bei Walter Scott, sind Renzo und Lucia keine adeligen Helden, sondern einfache Leute. Anders als in der romantischen Sicht der Vergangenheit, die man jenseits der Alpen pflegte, leben sie nicht in einer «guten alten Zeit», auch nicht in dem von Mythen umwobenen Mittelalter, sondern im 17. Jahrhundert, einer Zeit von Rechtlosigkeit und Gewalt in der von Spanien beherrschten Lombardei. Die beiden Liebenden werden getrennt durch die Willkür und Grausamkeit der Mächtigen, aber sie beugen sich nicht; sie geraten in Gefahr, aber sie kommen nicht darin um; ihr Horizont reicht über die Grenzen der Lombardei nicht hinaus, aber sie fühlen sich eins mit der Menschheit, denn sie gehen voller Gottvertrauen und in dem unerschütterlichen Bewusstsein der klaren Unterscheidbarkeit zwischen Gut und Böse durch die Welt. Am Ende, als Renzo und Lucia sich endlich wieder finden und in Sicherheit sind, «entschied» Lorenzo «sich für die Industrie». Er wird Partner in einer Seidenspinnerei, ein tüchtiger, aber weiterhin bescheidener Unternehmer, dem nicht in erster Linie der Profit, sondern seine stetig wachsende Kinderschar Freude bereitet. Im Rückblick auf ihre Abenteuer kommen Renzo und Lucia «nach langer Debatte und gemeinsamer Suche» darin überein, «dass Unglück und Nöte zwar häufig kommen, weil man ihnen Grund zum Kommen gegeben hat, aber dass auch die vorsichtigste und unschuldigste Lebensführung nicht genügt, um sie sich fernzuhalten, und dass, wenn sie kommen, ob durch eigene Schuld oder nicht, sie durch das Vertrauen in Gott gemildert und für ein besseres Leben nützlich gemacht werden können. Dieser Schluss scheint uns so richtig, obwohl er von einfachen Leuten gezogen worden ist, dass wir ihn hier ans Ende setzen wollen, gleichsam als Kern der ganzen Geschichte.»

Neben und um die in ihrer Gradlinigkeit manchmal etwas allzu eintönigen Hauptfiguren schuf Manzoni eine Vielzahl von lebendig und humorvoll charakterisierten Gestalten, die bis heute geradezu sprichwörtlich geworden sind, und er bettete sie ein in großartige Beschreibungen von Landschaften und historischen Ereignissen. Die 1827 erschienene Fassung des Romans war sofort ein großer Erfolg. Manzoni hatte ein druckfrisches Exemplar an Goethe geschickt. Der fast Achtundsiebzigjährige las es gleich und äußerte sich enthusiastisch darüber gegenüber Eckermann, der am 18. Juli notierte: «‹Ich habe Ihnen zu verkündigen›, war heute Goethes erstes Wort bei Tisch, ‹dass Manzonis Roman alles überflügelt, was wir in dieser Art kennen. Ich brauche Ihnen nichts weiter zu sagen, als dass das Innere, alles was aus der Seele des Dichters kommt, durchaus vollkommen ist, und dass das Äußere, alle Zeichnung von Lokalitäten und dergleichen, gegen die großen inneren Eigenschaften um kein Haar zurücksteht›.»

Trotz solcher weit über Italien hinaus reichender Anerkennung war Manzoni mit seinem Werk nicht zufrieden. Er wollte die einfachen Leute nicht nur darstellen, sondern ihnen auch eine eigene Sprache geben. Dass eine gemeinsame Heimat Italien ohne eine gemeinsame Sprache undenkbar war, hatte er sein ganzes Leben erfahren. Mit dem mailändischen Dialekt aufgewachsen, sprach er in gebildeten Kreisen selbstverständlich französisch, als Schriftsprache stand das am Toskanischen orientierte Italienisch Dantes zur Verfügung, das dem gesprochenen Toskanisch zwar ähnlich, aber in seinem hohen Ton für die Themen Manzonis gänzlich ungeeignet war. Deshalb wollte er, wie es ein Freund nannte, seinen Stoff «im Arno nachspülen» (*risciacquare i panni in Arno*), was zu einer geflügelten Wendung geworden ist. In über zehnjähriger Arbeit ging er Wort für Wort des Romans durch, hielt sich dafür längere Zeit in Florenz auf und zog ansonsten sogar die toskanische Hauslehrerin seiner Kinder zu Rate. In der Endfassung machte er sich über die Unbeholfenheit seines eigenen Mailänder Dialekts gelegentlich lustig. Da ist zum Beispiel von einer Bäckerei die Rede, die einen seltsamen Namen trägt, «der im Toskanischen soviel wie ‹Krückenbäckerei› hieße, aber im Mailänder Dialekt aus so ungewöhnlichen, ungeschlachten und barbarischen Lauten besteht, dass es unserem Alphabet an Schriftzeichen fehlt, um ihn wiederzugeben.»

Durch seine «geduldige Revolution» schuf Manzoni eine für ganz Italien verständliche gehobene Umgangssprache, die linguistisch einheitlich, stilistisch flexibel, kraftvoll und originell zugleich ist. Dafür wurde er zunächst nicht von den «guten Leuten» bewundert, die wie sein Renzo von sich sagten: «Ich habe gelernt, mich nicht in Tumulte einzumischen, ich habe gelernt, auf der Straße keine Volksreden zu halten, ich habe gelernt, mir anzusehen, mit wem ich spreche, ich habe gelernt, nicht zu tief ins Glas zu schauen, ich habe gelernt, mir keine Schelle an den Fuß zu binden, ehe ich bedacht habe, wozu das führen kann.» Manzonis Verehrer waren vielmehr genau diejenigen, die er in seinem Roman so beschrieb: «Bei Volksaufständen gibt es immer eine gewisse Anzahl von Menschen, die entweder aus erhitzter Leidenschaft oder aus fanatischer Überzeugung, aus ruchloser Berechnung oder aus einer verruchten Lust am Drunter und Drüber alles tun, um die Dinge zum Schlimmsten zu treiben. Sie propagieren oder befürworten die radikalsten Vorschläge, sie blasen ins Feuer, sobald es nachzulassen beginnt, sie können nie genug davon kriegen, sie sähen es am liebsten, wenn der Aufruhr weder Maß noch Ziel hätte.» Als 1848 wie in Palermo, Paris und Wien auch in Mailand ein Aufstand ausbrach und in den sogenannten *Cinque Giornate* (fünf Tagen) die fünfzehntausend österreichischen Truppen vertrieben worden waren, strömten diejenigen, die «ins Feuer» geblasen hatten, in die Via Marone vor den Palazzo Manzonis und verlangten unter dem Ruf *Viva l'Italia!,* dass er sich zeigte. Der ohnehin scheue Manzoni konnte nur mit Mühe dazu überredet werden, kurz auf den Balkon zu treten.

Die hochgespannten Hoffnungen der Revolutionäre erfüllten sich nicht. Sie hatten auf Hilfe aus Piemont gewartet, wo sich König Carlo Alberto an die Spitze der nationalen Bewegung stellen wollte, um auf den «Schmerzensschrei» zu reagieren, den er aus ganz Italien vernommen haben wollte. Doch eine schmähliche Niederlage bei Custoza südlich des Gardasees machte auch diesem Versuch ein Ende. Schon im August 1848 war Mailand wieder fest in der Hand der Habsburger. Manzoni zog sich mehr denn je in den Kreis seiner Familie und weniger Freunde zurück. Für einige Zeit flüchtete er sich aus Angst vor den Strafmaßnahmen der Habsburger in eine Villa seiner Frau ins schweizerische Lugano. Doch sein Ruhm verblasste nicht. Als das Königreich Italien 1860 dann auf so überraschende Weise aus der Taufe gehoben werden konnte, wurde Manzoni auf Betreiben Cavours zum Senator auf Lebenszeit ernannt. Als sein Roman zur Schullektüre wurde, konnten die Renzos und Lucias in ganz Italien über ihr Spiegelbild staunen, sie konnten über den Dorfpfarrer Don Abbondio lachen, der «nicht gerade mit einem Löwenherz auf die Welt gekommen war» und sich in schwierigen Situationen mit «latinorum» aus der Affäre zu ziehen versuchte. Eine Pfarrhaushälterin hieß seitdem einfach «Perpetua» nach dem lebenspraktischen, tratschsüchtigen guten Geist Don Abbondios.

Am 22. Mai 1873 starb Manzoni neunundachtzigjährig in seiner Vaterstadt Mailand. Sein Leichnam wurde in der prachtvollen Sala d'Alessi des Rathauses im Palazzo Marino aufgebahrt, wo ganz Mailand ihm die letzte Ehre erwies, bevor der Sarg, neben dem der Erbprinz Umberto von Savoyen zu Fuß herging, von einem endlosen Leichenzug auf den Mailänder Monumentalfriedhof geleitet wurde. Zum ersten Todestag Manzonis komponierte Giuseppe Verdi sein Requiem, das viele Kritiker nicht nur als eines der ergreifendsten Werke Verdis, sondern auch als das schönste Requiem seit Mozart bezeichnen. Verdi verehrte Manzoni, seit er in seiner Jugend die erste Fassung der «Promessi Sposi» gelesen hatte. Er kannte Menschen wie die Romangestalten Manzonis gut aus seiner Heimat in der Emilia. Verdi bezeichnete sich immer als «Bauer aus Roncole», obwohl sein Vater eigentlich nicht Bauer, sondern ein kleiner Ladenbesitzer und Schankwirt in dem winzigen Dorf Le Roncole bei Busseto im Herzogtum Parma war. Verdi liebte seine Heimat, in die er immer wieder zurückkehrte und in der er auch seinen Lebensabend verbrachte. Aber er liebte nicht unbedingt deren Menschen. Anders als Manzoni, der die «guten Leute» humorvoll aus der sicheren Distanz des Aristokraten betrachten konnte, hatte Verdi übergenug die negativen Seiten des engen Horizonts am eigenen Leib kennengelernt. In seiner Jugend war er, als er dringend auf Geld und eine Stelle als Organist angewiesen war, Opfer einer Kleinstadtfehde geworden, die sich als Auseinandersetzung zwischen Liberalen und Klerikalen einen politischen Anstrich gab. Die Intrigen, Drohungen und Vorwürfe nahmen ein solches Ausmaß an, «dass sie für eine frühe Verdi-Oper ausgereicht hätten», wie sein Biograph Joseph Wechsberg pointiert formuliert.

In den Menschen, die Verdi auf die Opernbühne stellte und durch seine Musik lebendig werden ließ, porträtierte er nicht die kleinen Leute seiner Heimat, und doch sind Verdis Opern zum Inbegriff der *italianità* geworden. Er führt uns überlebensgroße Gestalten vor, getrieben von mächtigen Gefühlen, von Liebe und Hass, Treue und Verrat, Ehrsucht und Verachtung, Eifersucht und Hingabe, Menschen, die rebellieren und gegen die bestehende Ordnung verstoßen. Sie zerbrechen an der Unbedingtheit ihrer Leidenschaften und der Unerbittlichkeit der bestehenden Ordnung. Der eigentliche Protagonist ist – neben der Liebe – in den allermeisten Verdi-Opern die Macht. Verdi ist ohne Zweifel ein politischer Komponist, der politischste unter allen großen Opernkomponisten. Er wählte seine Sujets sehr bewusst aus, und auch wenn die Librettisten sie bis zur Unkenntlichkeit veränderten oder die Zensur absurde Veränderungen verlangte, finden die Grundgedanken in der Musik ihren Ausdruck. Verdi hat durch seine Opern das Bild Italiens und der Italiener sicherlich ebenso geprägt wie Manzoni, aber es ist vollkommen anders, teilweise komplementär, teilweise aber auch kontrastierend.

Verdi war von Jugend an ein «Patriot» und wurde in Mailand ein Anhänger Mazzinis, dem er allerdings persönlich nur ein einziges Mal begegnete. Das Libretto, das ihm der Direktor der Mailänder Scala im Winter 1841 geradezu aufdrängte, um ihn nach dem Tod seiner Frau und seiner Kinder aus seiner Verzweiflung zu reißen, passte genau zu der Stimmung der Zeit, zum Schwanken zwischen Hoffnung und Verzweiflung. Dargestellt war unter dem Titel «Nabucadonosor» (heute einfach «Nabucco») das Leiden der Juden in der babylonischen Gefangenschaft. Unschwer konnte sich das italienische Publikum mit dem unter einem unbarmherzigen Unterdrücker leidenden Volk identifizieren. Die Oper wurde für Verdi der Durchbruch zum Erfolg, und der Chor der gefangenen Israeliten *Va', pensiero sull' ali dorate.* (Flieg, Gedanke auf goldenen Flügeln) zu einem der meist gesungenen Lieder des Risorgimento. Bis heute steht *Va', pensiero* – man könnte vielleicht mit einem durchaus passenden Anflug von Kitsch sagen: als Hymne der Herzen – in Konkurrenz zu dem ebenfalls aus dem Risorgimento stammenden, nach dem Zweiten Weltkrieg als Nationalhymne übernommenen *Fratelli d'Italia* von Goffredo Mameli. Verdi selbst hatte Mazzini auf den Dichter aufmerksam gemacht und zu einem anderen seiner Gedichte eine Musik komponiert, damit das Lied «zur Begleitung der Kanonen bald in den lombardischen Ebenen gesungen werden» könne. Aber seine Musik wurde von Mazzini verworfen. Stattdessen fiel die Wahl auf die Vertonung der *Fratelli* durch den heute vergessenen Michele Novaro. Kein größerer Gegensatz als der zu Verdis Chor ist denkbar, nicht nur was die musikalische Qualität anbetrifft, sondern auch und vor allem die innere Haltung der Musik und des Textes. In der tiefen Schwermut im Chor Verdis kommt der Schmerz eines geknechteten Volkes zum Ausdruck, das sich ohnmächtig roher Gewalt beugt. Dennoch wird die Schwermut immer wieder wie von Fanfarenstößen von Momenten der Hoffnung durchbrochen. In Mamelis heller, kurzatmiger Marschmusik dagegen erheben sich die «Brüder Italiens» siegesgewiss, wenn «Italien ruft». Die beiden Melodien sind so etwas wie die beiden Seelen des Risorgimento – und vielleicht Italiens überhaupt.

DER SCHWERE WEG DER EINHEIT

«Abbiamo fatto l'Italia. Ora si tratta di fare gli Italiani» (Wir haben Italien geschaffen, jetzt geht es darum, die Italiener zu schaffen). Dieser Cavours Erzrivalen Massimo D'Azeglio zugeschriebene Satz formulierte die schwere Aufgabe, die vor den politisch Verantwortlichen des neuen Italien lag. Sie ist – so kann man aus der Rückschau von hundertfünfzig Jahren sagen – gelungen, aber nur unter größten Opfern und schwersten Krisen. Die Schwierigkeiten, vor denen das Königreich stand, verdeutlichen sich am besten an dem in vieler Hinsicht provisorischen Charakter seiner Anfänge. Das Provisorische wurde nicht nur in Kauf genommen, sondern teilweise bewusst gestaltet, denn man empfand die Nationalstaatsbildung – ohne Rom und Venetien – als unvollendet. Doch wie es in solchen Fällen oft geschieht, blieben einige Provisorien einfach bestehen und belasteten für lange Zeit die weitere Entwicklung.

Die neue Hauptstadt Turin lag im äußersten Nordwesten des ohnehin durch seine geographische Gestalt als langer «Stiefel» für die Infrastruktur ungünstigen Reiches. Die Abgeordneten aus dem Süden mussten mehrtägige Reisen in Kauf nehmen, um dorthin zu gelangen, und für sie gab es eigentlich nur den Seeweg. Das erste Parlament Italiens trat im Palazzo Carignano zusammen, wo seit 1848 die Abgeordneten des Königreichs Sardinien getagt hatten. Doch der Sitzungssaal erwies sich als zu klein, so dass die Versammlung in einem Provisorium im Hof zusammentreten musste. Bis die Erweiterungsbauten im Inneren fertig waren, war die Hauptstadt (1864) bereits nach Florenz verlegt.

Ein Provisorium schien zunächst auch die Verfassung des neuen Königreichs, denn sie war die einfache Übernahme des piemontesischen *Statuto Albertino*, der 1848 von König Albert gewährten Verfassung. Doch dieses Provisorium blieb bestehen, ebenso wie die Tatsache, dass der neue König Italiens sich nach wie vor Viktor Emanuel *III.* nannte, als wäre das neue Italien eben nur ein erweitertes Königreich Sardinien oder besser ein Anhängsel Piemonts. Durch das *Statuto* wurde Italien eine konstitutionelle Monarchie mit einer nur dem König verantwortlichen Regierung, wobei der Ministerpräsident Piemonts automatisch der Ministerpräsident Italiens war. Besonders an dieser Stelle drängt sich der Vergleich der Rolle Piemonts mit der Preußens innerhalb der beiden europäischen, «spät entwickelten» Nationalstaaten geradezu auf. Dem Buchstaben der Verfassung nach wäre auch in Italien eine «eiserne Kanzlerschaft», wie sie Bismarck erst in Preußen und dann in Deutschland ausübte, möglich gewesen. Dafür aber fehlten in Italien vor allem personell die Voraussetzungen. Nach dem Tode Cavours fand sich in Italien kein Staatsmann mehr, der auch nur annähernd mit der Statur Bismarcks zu vergleichen wäre, und nur wenige, die ebenso konservativ eingestellt waren wie er. Darüber hinaus spielte in Italien das Abgeordnetenhaus eine ganz andere Rolle als im Deutschen Reich nach 1871, weil es anders zusammengesetzt war. In Deutschland betrachtete Bismarck, der erzkonservative Junker, für das deutsche Reich die Einführung des allgemeinen Wahlrechts als «Waffe für die deutsche Einheit», obwohl er sie im Grunde für «eine schädliche Institution» hielt, wie er in seinen «Gedanken und Erinnerungen» bekräftigte. Diese «Waffe» kam in Italien nicht zum Einsatz. Denn das in Piemont gültige Zensuswahlrecht wurde auch für das Königreich Italien übernommen (der Senat wurde vom König ernannt). Von den 1861 etwa vierundzwanzig Millionen Einwohnern Italiens besaßen nur etwa zwei Prozent das aktive Wahlrecht. Italiens Abgeordnetenkammer war bis zum Ersten Weltkrieg ein Honoratiorenparlament und keine Volksvertretung. Obwohl dieser Zustand durchaus als unbefriedigend empfunden und in mehreren Etappen mühsam verändert wurde, blieb er bis 1912, also bis unmittelbar vor dem Ersten Weltkrieg, bestehen und trug wesentlich dazu bei, dass wichtige gesellschaftliche Kräfte im Parlament überhaupt nicht vertreten waren. Viele Konflikte wurden deshalb nicht im Parlament, sondern außerhalb, und das hieß allzu oft: mit Gewalt, ausgetragen.

Das Provisorische, Unvollendete und Unbefriedigende wurde zu einem Leitmotiv der ersten Jahrzehnte des neuen Italien und führte zur wachsenden Entfremdung zwischen Politik und Gesellschaft. Bald sprach man von einem Gegensatz zwischen *paese legale* (Land der Gesetze) und *paese reale* (gesellschaftliche Wirklichkeit). Das empfanden sehr früh gerade diejenigen, die sich am meisten für die Einheit engagiert hatten. Die glühendsten Anhänger des Risorgimento, die mutigsten Kämpfer für die Einheit wandten sich ab von dem Staat, den sie so heiß ersehnt hatten, und standen abseits der Politik oder arrangierten sich freudlos mit den neuen Verhältnissen. Garibaldi versuchte noch zwei Mal, auf seine Weise Rom zu gewinnen, aber das Feuer war erloschen. Die Angliederung Venetiens (1866) und das Ende des Kirchenstaats (1870) kam auf dem Weg zustande, den Garibaldi am meisten verabscheute: durch diplomatische Ränkespiele trotz militärischer Niederlagen. Bismarck nutzte Italien als Stachel im Fleisch zunächst des Habsburgischen Reiches im preußisch-österreichischen Krieg und dann des französischen Kaiserreiches im preußisch-französischen Krieg, der zur Gründung des deutschen Reiches führte. Die Vollendung der Einheit und die «Römische Frage» beherrschten die öffentliche Meinung und die Regierungspolitik im ersten Jahrzehnt jedoch so vollständig, dass zentrale Probleme, die auch ohne Venetien und Rom viel dringender hätten gelöst werden müssen, aus den Augen verloren wurden.

Das zu einem heroischen Ereignis hochgejubelte Eindringen italienischer Truppen durch die «Bresche an der Porta Pia» im September 1870 und die Einnahme Roms hätten trotzdem der krönende Abschluss des Risorgimento und der Beginn der inneren Befriedung werden können. Stattdessen entwickelten sich daraus neue schwere Probleme und die Entfremdung weiterer Gesellschaftsschichten. Zwar konnte endlich Rom die Hauptstadt des neuen Italien werden, und man sprach hochtrabend davon, dass das Zeitalter eines «dritten Roms» begonnen habe. Der König bezog die ehemalige Sommerresidenz der Päpste auf dem Quirinal und konnte von dem Hügel herab zur anderen Tiberseite hinüberblicken auf das, was vom *Patrimonium Petri* übrig geblieben war. Dort hatte sich Papst Pius IX. hinter den sogenannten Leoninischen Mauern verschanzt, die in der Mitte des 9. Jahrhunderts von Papst Leo IV. gegen die sarazenischen Piraten errichtet worden waren. Um mit dem Papst Frieden zu schließen, verabschiedete das italienische Parlament ein sogenanntes Garantie-Gesetz, das Sicherheitsbürgschaften und umfangreiche finanzielle Zusagen für den Vatikan vorsah. Doch der Papst betrachtete sich als politischen Gefangenen, lehnte die Vereinbarung strikt ab und bezeichnete sie als «ungeheuerliches Machwerk revolutionärer Gesetzgebung». Er griff zu dem Mittel, zu dem die Päpste seit dem Investiturstreit gegriffen hatten, um sich gegen die Herrscher Europas durchzusetzen: Er exkommunizierte die Regierung und den König. Mochte dieses Instrument auch stumpf geworden sein, so tat es doch in Verbindung mit einer 1874 veröffentlichten Enzyklika («Non expedit»: Es ist nicht angebracht) seine Wirkung, denn sie untersagte den Katholiken in Italien jede Form politischer Tätigkeit, auch nur als Wähler. Nun wandte sich auch ein Großteil der

Katholiken von dem neuen Staat ab, und das Politikverbot für die Katholiken verstärkte die Wirkung des Zensuswahlrechts.

Der Papst hatte bereits während des Risorgimento seine politischen Anschauungen, nämlich die Ablehnung liberaler Ideen, in mehreren Enzykliken kundgetan. Damit gab er all denen Rückendeckung, die nicht nur enttäuscht waren, sondern sich ausgestoßen und als Opfer der neuen Ordnung fühlten. Das waren vor allem die Bauern und ganz besonders die Bauern des Südens. Cavour hatte, als Garibaldi mit den ersten Unruhen der Bauern im ehemaligen Königreich Neapel konfrontiert war, gehöhnt, es sei keine Kunst, mit dem Belagerungszustand zu regieren, wie dies die Bourbonen stets in allen Krisen getan hatten. Aber auch allen seinen Nachfolgern fiel nichts Besseres ein. Sie übersahen die tief greifenden sozialen Ursachen der Unruhen, weil sie nur auf das reaktionäre Treiben der Kirche und der Bourbonen fixiert waren. Doch weder die Kirche noch die Bourbonen mussten viel tun, um die Rebellion anzufachen. Gegen die Abgaben, die neuen Steuern und aus purer Not griffen Tausende zu den Waffen und schlossen sich den Anführern an, die die Regierung als Briganten zu verunglimpfen meinte, während das in den Ohren der Bauern ein Ehrenname war. Der Bevölkerung im Süden trat der neue italienische Staat nicht als *ihr* Staat entgegen, sondern bloß als ein neuer, fremder Besatzer, der mit Feuer und Schwert regierte. Auf dem Höhepunkt der Kämpfe waren 120 000 Soldaten im Süden eingesetzt. Das reguläre Heer war trotz seiner zahlenmäßigen Größe und trotz blutiger Strafexpeditionen der Beweglichkeit und dem Einfallsreichtum der Briganten nicht gewachsen. Der Belagerungszustand musste bis 1865 aufrechterhalten werden. In den letzten zwei Jahren wurde er durch die sogenannte *Legge Pica* in ganz Süditalien zur Dauereinrichtung, und am Ende überstieg die Zahl der bei den Militäraktionen Getöteten die aller Toten aus allen drei Unabhängigkeitskriegen.

Trotz dieses grausamen Blutzolls waren es nicht allein die Militäraktionen, die den Widerstand allmählich zum Verlöschen brachten, sondern ein zweifelhafter Verbündeter, mit dem sich die Staatsmacht einließ: Die Schicht der *gabellotti*, der Pachteintreiber, hatte unter den Bourbonen das von der auf dem Lande abwesenden Staatsmacht hinterlassene Vakuum besetzt und die «Kontrolle des Territoriums», wie man später sagte, übernommen. Durch den Verkauf kirchlicher Güter in der napoleonischen Ära waren sie teilweise selbst zu Grundbesitzern und zu Respektspersonen geworden. Ihre Macht übten sie nach eigenen einfachen und grausamen Regeln aus, die auf einem allen Bauern verständlichen archaischen Rechtskodex beruhten. Unschwer ist darin die Entstehung des später als Mafia bezeichneten gesellschaftlichen Phänomens zu erkennen. Die «Befriedung» der Bauern gelang dennoch nur temporär, denn die Unruhen verbreiteten sich bald im ganzen Land, als die Regierung dem drohenden Staatsbankrott durch die Erhöhung vorhandener und die Erfindung neuer, vor allem indirekter Steuern auf alles und jedes beizukommen versuchte. Einen traurigen Höhepunkt erreichten diese Steuerfantasien mit der Einführung der Mahlsteuer, die im Volksmund nur «Hungersteuer» hieß.

Diese höchst prekäre innenpolitische Situation trat in den Vordergrund, als die «Römische Frage» 1871 endlich gelöst war, und der Blick auf die wahren Probleme des Landes fallen konnte. Italienische Geschichtsbücher ziehen für die weitere Entwicklung eine entscheidende Zäsur im Jahre 1876 mit dem Regierungsantritt der sogenannten «historischen Linken», die die «historische Rechte» dauerhaft ablöste. Man sprach und spricht von einer «parlamentarischen Revolution», weil die letzte Regierung der Rechten unter Minghetti vom Parlament gestürzt wurde und seither alle Regierungen das Vertrauen des Parlaments benötigten, obwohl dies im *Statuto* nicht so vorgesehen war. Deshalb bezeichnet man mit einem gewissen Recht die ersten sechzig Jahre des italienischen Nationalstaats bis zum Machtantritt des Faschismus als die Zeit des «liberalen Italien». Doch der Wandel von der konstitutionellen zur parlamentarischen Monarchie wurde nie festgeschrieben und blieb stets gefährdet. In nahezu jeder der zahlreichen innenpolitischen Krisen der folgenden Jahrzehnte tauchte das Gespenst einer reaktionären Wende auf, und dies führte zu einer stetigen Verschärfung der Gegensätze, die bis zum Weltkrieg keine Lösung fanden. Ebenso zwiespältig, wenn nicht gar irreführend sind die Bezeichnungen «Rechte» und «Linke», denn im gängigen Sinn stand weder die Rechte wirklich rechts, noch die Linke links. Viele Politiker der Linken blickten bewundernd auf das neue Deutschland. Vor allem Francesco Crispi, der von 1887 an zehn Jahre lang die italienische Politik beherrschte, war fasziniert von Bismarcks autoritärer Politik und ahmte dessen Vorbild auch insofern nach, als er die erste wirklich linke Partei, die Sozialisten, 1894 verbieten ließ – ebenso erfolglos wie der deutsche Kanzler.

Das im Parlament des Königreichs vertretene politische Spektrum war denkbar schmal und bildete die Vielfalt des aus so unterschiedlichen Staaten entstandenen Italien mit dessen tiefen Widersprüchen zwischen Norden und Süden und seinem raschen gesellschaftlichen Wandel keineswegs ab. Es waren im Wesentlichen die moralisch-politische Abkehr breiter Schichten wie der Katholiken und der Ausschluss der Bevölkerungsmehrheit durch das Zensuswahlrecht, die bewirkten, dass die Abgeordneten zum Teil mit wenigen hundert Stimmen eines Wahlkreises ins Parlament geschickt wurden. Auf diesen Personenkreis konnte die Regierung zudem über die Provinzpräfekten erheblichen Einfluss ausüben. Umgekehrt konnten sich die Abgeordneten auf diese Weise kaum als Vertreter eines Programms darstellen, sondern sie waren in erster Linie Abgesandte lokaler oder partikularer Interessen. Deshalb wurde weder die Rechte noch die Linke bis zum Beginn des 20. Jahrhunderts zu einer Partei im modernen Sinn. Man bezeichnet sie heute als «historisch», um sie gegen die Volksparteien des 20. Jahrhunderts abzugrenzen, die sich in vollem Umfang erst nach dem Zweiten Weltkrieg entwickeln konnten. In diesem *juste milieu* des italienischen Parlaments wurden zwar heftige Debatten geführt und erbitterte persönliche Feindschaften kultiviert, aber die Grenzen waren fließend. Es ist deshalb kein Wunder, dass der uralte italienische Klientelismus in neuer Form auferstand, nämlich als Aushandeln von Entscheidungen über politische Lager hinweg gegen Zugeständnisse oder Zusicherungen an einzelne Abgeordnete bzw. deren Klientel. Dieses Verfahren erhielt nun den Namen *trasformismo* und überlebte als ein Krebsübel des politischen Lebens in Italien auch die Umwandlung der Honoratioren- in Massenparteien. Ein Meister des *trasformismo* war der erste Ministerpräsident der historischen Linken Agostino Depretis, der darin stolz die Schaffung einer «neuen, großen, nationalen Partei» sah.

Inhaltlich bestand der grundlegende Unterschied zwischen der Zeit der historischen Rechten und der Linken vor allem in einer geänderten Wirtschaftspolitik. In der gesamteuropäischen Krise der 70er-Jahre, die durch die Billigimporte vor allem von Weizen aus den Vereinigten Staaten auf den neuen schnellen Dampfschiffen ausgelöst war, vollzog die Linke nach ihrem Machtantritt 1876 einen Schwenk zum Protektionismus. Sie folgte in diesem Punkt dem Vorbild des «Eisernen Kanzlers» in Berlin, so dass man bald sogar von einer «Wahlverwandtschaft» sprach. Die neuen Zolltarife kamen besonders der entstehenden Industrie des Nordens und den Agrariern des Südens mit ihrem extensiven Weizenanbau zugute. Auf diese Weise bildete sich eine politische Allianz heraus, ein «agrarisch-industrieller Block», dessen gesellschaftliche Basis der zwischen preußischen «Krautjunkern» und den rheinischen «Schlotbaronen» vergleichbar ist. Doch die neu eingeführten hohen Zollschranken stürzten Italien in einen Handelskrieg mit Frankreich, der über ein Jahrzehnt dauerte und vor allem für die Wein- und Seidenproduzenten in Piemont und der Lombardei verheerende Folgen hatte. Dennoch wollte man in Italien auch über die Außenhandelspolitik hinaus den «preußischen Weg» beschreiten und die Industrialisierung des Landes durch Staatsaufträge und Subventionen vorantreiben. Obwohl Italien weder über Kohle- noch über Erzvorkommen verfügt, war das Ziel der Aufbau einer Schwerindustrie nach dem klassischen Vorbild Englands. So entstanden allmählich das Industriedreieck des Nordwestens zwischen Turin, Mailand und Genua und die großen schwerindustriellen Betriebe wie Ansaldo und Breda. Bis sie im letzten Drittel des 20. Jahrhunderts von der Globalisierung geschluckt wurden, konnten sie nie ohne staatliche Hilfen und Staats- bzw. Rüstungsaufträge existieren. Darüber hinaus waren sie, wenn sie überhaupt konkurrenzfähig sein wollten, auf ein äußerst niedriges Lohnniveau angewiesen. Trotz dieser intensiven Förderung kam die Industrialisierung nur schleppend in Gang und wurde durch weitere schwere Krisen in den 80er- und 90er-Jahren verzögert.

Die Leidtragenden dieser Entwicklung waren die Bauern und Arbeiter. Zu den alten, aus der Zeit vor dem Risorgimento ererbten Übeln gesellten sich die neuen der beginnenden Industrialisierung, die nicht recht Fahrt aufnehmen wollte. Um Armut, Hunger und Unterdrückung hinter sich zu lassen, wählten Hunderttausende den Weg der Auswanderung. Italien wurde zu einem sprichwörtlichen Auswanderungsland und verdrängte im Bewusstsein der Einwanderungsländer die Erinnerung an die ebenso massiven Einwanderungswellen von Deutschen und Iren. Neben der traditionellen saisonalen oder temporären Arbeitsmigration nach Frankreich zogen Italiener jetzt auch in die Industriezentren Belgiens und der Schweiz. Die große Masse aber fuhr über den großen Teich nach Süd- oder Nordamerika. In den Jahren 1886 bis 1890 verließen jährlich durchschnittlich über zweihunderttausend Menschen das Land, 1914 lebte bereits jeder vierte Italiener im Ausland. Die «Little Italys» in den USA waren und blieben weit ins 20. Jahrhundert hinein neben den Chinatowns die sichtbarsten und am stärksten von den Traditionen ihrer Heimat geprägten Immigrantenghettos.

Einen anderen Ausweg versprach der organisierte Widerstand gegen Steuerdruck, niedrige Löhne und unerträgliche Arbeits- und Lebensbedingungen. Erste Ansätze einer Arbeiterbewegung waren in Italien schon seit den 60er-Jahren entstanden. In diesen Jahren war der russische Anarchist Michail Bakunin nach Italien gekommen. In seinem sibirischen Exil hatten ihm die Bauern erzählt, dass ein gewisser «Garibaldow» aus Italien kommen werde, um sie zu befreien. Italien ist neben Spanien das einzige europäische Land, in dem eine starke anarchistische Strömung in der Arbeiterbewegung stets präsent geblieben ist. Obwohl Mazzini den Sozialismus verachtete, weil er seiner idealistischen Konzeption des Menschen völlig widersprach, war die Tradition seiner Propaganda der Tat doch ein wichtiger Anknüpfungspunkt. Nachdem Bakunin Ende der 60er-Jahre das Land verlassen musste, lösten sich die organisierten Strukturen seiner Internationalen Brüderschaft in Italien schnell auf und gingen in die Selbsthilfevereine über, die in ganz Italien entstanden. Vor allem in der Poebene, im Gebiet der Tagelöhner der großen Güter und der Gewerbebetriebe der «hundert Städte», entstanden *camere del lavoro* (Arbeiterkammern) nach dem Vorbild der französischen *bourses du travail*.

Anders als in Deutschland orientierten sich die Organisationsformen der entstehenden Arbeiterbewegung nicht an den Industrie- oder Gewerbekategorien, sondern entwickelten sich als lokale Zentren, in denen unterschiedlichste Berufe und auch unterschiedlichste politische Richtungen von anarchistisch, gewerkschaftlich bis sozialistisch mit allen ihren Unterströmungen vertreten waren. Das stärkste Kampfinstrument war deshalb nicht der landesweite Streik einzelner Branchen, sondern der Generalstreik, der aber gewöhnlich lokal oder regional beschränkt blieb. In dieser Form lebte der Lokalpatriotismus, aber auch die Kirchturmpolitik der Stadtstaaten wieder auf. Erst 1882 wurde eine Arbeiterpartei und damit die erste wirkliche Partei Italiens gegründet, die noch im selben Jahr dank einer Erweiterung des Wahlrechts einen ersten Abgeordneten ins Parlament schicken konnte. 1892 wurde in Genua die sozialistische Partei (PSI) aus der Taufe gehoben. Ihre Gründer, vor allem Filippo Turati, hatten das Vorbild der deutschen Sozialdemokratie vor Augen und konzentrierten deshalb ihr ganzes Augenmerk auf die Arbeiterschaft des Industriedreiecks. Damit vernachlässigten sie die spezifischen Strukturen des Landes, das eben noch kein hoch entwickeltes Industrieland war. Nur kurze Zeit gelang die Zusammenarbeit mit der gleichzeitig in Sizilien entstehenden Bauernbewegung der *Fasci Siciliani*.

Die Vielschichtigkeit der Arbeiterbewegung Italiens und ihre starke lokale Verwurzelung waren Stärke und Schwäche zugleich. Immer wieder und immer heftiger brachen im ganzen Lande Unruhen aus, aber weil sie meist lokal isoliert blieben, gelang es den «Ordnungskräften», sie blutig niederzuschlagen. Einen traurigen Höhepunkt erreichten die Massaker in Mailand im Jahr 1898. Nachdem der Brotpreis sich fast verdoppelt hatte und eine wachsende Unruhe unter der Arbeiterschaft vor allem bei Pirelli zu beobachten war, verhaftete die Polizei vorsorglich die bekanntesten Arbeiterführer. Bei den daraufhin ausbrechenden spontanen Straßenprotesten schossen Soldaten in die unbewaffnete Menge, und es gab drei Tote. Der daraufhin ausgerufene Generalstreik dauerte vier Tage. Deshalb wurde diese Hungerrevolte auch in Erinnerung an die «Fünf Tage» der Kämpfe gegen die Habsburger während der 48er Revolution auch Kampf der «vier Tage» genannt. Nach Verhängung des Ausnahmezustandes ließ General Bava Beccaris rücksichtslos in die Menge schießen, so dass am Ende mindestens fünfzig, vielleicht aber auch weit mehr Tote zu beklagen waren. Alle führenden Sozialisten wurden verhaftet. Nachdem wieder Ruhe eingekehrt war, wurde der unter dem Beinamen «Schlächter von Mailand» bekannt gewordene Bava Beccaris vom König mit einem Orden geehrt und der Regierungschef Di Rudinì gratulierte ihm mit den Worten, er habe «König und Vaterland» einen großen Dienst erwiesen. Ein Großteil der Menschen im Lande sah das ganz anders. Zwei Jahre später ermordete der Anarchist Gaetano Bresci König Umberto I. und erklärte ausdrücklich, dass er mit seiner Tat die Toten von Mailand rächen wollte.

Ein Wandel schien endlich einzutreten, als Giovanni Giolitti 1903 die politische Bühne betrat und bis 1914 mehrmals Regierungschef war. Die Politik dieses Jahrzehnts gilt als «System Giolitti»

Giuseppe Pellizza da Volpedo,
Der vierte Stand, 1901

und ihr Schöpfer als großer Staatsmann von europäischem Format. Er konnte von der Tatsache profitieren, dass Italien jetzt endlich den Take-off der Industrialisierung schaffte. Doch seine Politik war auch zwiespältig und zeitigte in mancher Hinsicht verheerende langfristige Wirkungen. Denn einerseits trieb Giolitti den Transformismus auf die Spitze. Er verhandelte zunächst mit den Sozialisten über eine Regierungsbeteiligung, doch die Fronten waren nach der Krise der Jahrhundertwende zu verhärtet, und der reformwillige Turati konnte sich in seiner Partei nicht durchsetzen. Daraufhin wandte sich Giolitti den Katholiken zu, die spätestens seit der Enzyklika des neuen Papstes Pius X. («Il fermo proposito») die Erlaubnis hatten, sich politisch zu betätigen. Mit dem sogenannten «Gentiloni-Pakt» machte

er den Katholiken wesentliche Zugeständnisse in Fragen, die bis jetzt zum festen Bestandteil des laizistischen Staates gehört hatten. Er verzichtete zum Beispiel auf die Einführung der Ehescheidung und die Abschaffung des Religionsunterrichts. Mit dieser Aufgabe laizistischer Grundsätze, um den Segen des Vatikans zu erhalten, schuf Giolitti einen gefährlichen Präzedenzfall. Andererseits konnte er mit seiner erweiterten Mehrheit im Parlament wichtige Reformen wie die Einführung des allgemeinen Wahlrechts, eine Regelung der Frauen- und Kinderarbeit und die Einrichtung von staatlichen Arbeitsvermittlungen durchbringen. Die Zeit reichte aber nicht mehr aus, um diese Reformen wirken zu lassen. Anfang Juni 1914 fanden in Ancona Protestversammlungen gegen die hohen Militärausgaben und die wachsende Rüstung statt. Wiederum schoss die Polizei in die Menge, woraufhin sich die Unruhen in der ganzen Romagna, der Toskana und in weiten Teilen Italiens ausbreiteten und eine «rote Woche» lang andauerten. Obwohl Gewerkschaften und Sozialisten schließlich aufgaben, trat kein Frieden mehr ein: Am 28. Juni 1914 ließ die Nachricht von der Ermordung des österreichischen Thronfolgers Franz Ferdinand und seiner Gemahlin in Sarajewo die Lichter in ganz Europa ausgehen.

5

ZWISCHEN ITALIETTA UND IMPERO

Und von dieser Nation, die zu ewiger Spannung
dich antrieb, spür ich das Unrecht –
hier in der Ruhe des Friedhofs – und spüre,
mit welchem Recht – in unserem unsichren Los –
du schriebst deine hochherzigen Bücher
in den Jahren, als man dich quälte zu Tode.

Pier Paolo Pasolini, *Gramscis Asche*, 1957

VOM IMPERIALISMUS ZUM KRIEG

Als die Hauptstadt des neuen Königreichs am 1. Juli 1871 von der Zwischenlösung Florenz offiziell nach Rom verlegt wurde und der König den ehemaligen Sommersitz des Papstes auf dem Quirinal bezog, fragte der deutsche Historiker Theodor Mommsen Finanzminister Quintino Sella: «Was wollt ihr in Rom? In Rom bleibt man nicht ohne universale Ziele.» Die Besorgnis des späteren Literaturnobelpreisträgers und Ehrenbürgers von Rom schien zunächst völlig unberechtigt. Bis zum Ende des Jahrzehnts blieben die italienischen Regierungen bei der nach der Gründung des Königreichs eingeschlagenen sogenannten Politik des *piede in casa* , das heißt der Beschränkung auf die eigenen «vier Wände».

Nach der Regierungsübernahme der Linken änderte sich die italienische Außenpolitik jedoch durch die Einbindung in das Bismarcksche Bündnissystem und die Teilnahme am imperialistischen Wettlauf um die Aufteilung der Welt. Ein für ganz Europa entscheidendes Ereignis war der Berliner Kongress von 1878, auf dem sich Bismarck als «ehrlicher Makler» zwischen den russischen, englischen und österreichischen Interessen auf dem Balkan und am Schwarzen Meer gegen das sieche Osmanische Reich präsentierte. Der Berliner Kongress erschien als der größte außenpolitische Triumph des Reichskanzlers und war doch nur der Beginn neuer, immer komplizierterer Spannungen. Denn außer Großbritannien und Österreich waren alle enttäuscht. Getrieben von dem *cauchemar des coalitions*, dem Albtraum einer Einkreisung Deutschlands durch ein Zusammengehen Frankreichs mit Russland oder Österreich, begann Bismarck deshalb danach sein Bündnissystem aufzubauen, das Europa spaltete und schließlich am Vorabend des Ersten Weltkriegs genau das hervorbrachte, was er hatte verhindern wollen: ein mächtiges, gegen Deutschland gerichtetes Bündnis und die vollständige Isolierung Deutschlands und Österreichs. Italien spielte auf diesem Weg anfangs scheinbar eine Nebenrolle, wurde aber seit der Jahrhundertwende zu einem Faktor der Destabilisierung mit verheerenden Wirkungen vor allem im Inneren.

Entsprechend der politischen Logik der Zeit hatte man in der italienischen Öffentlichkeit nach dem Berliner Kongress «Kompensationen» für Österreichs Zugriff auf Bosnien-Herzegowina erwartet. Während der Krise auf dem Balkan waren neue *terre irredente*, unerlöste Gebiete in habsburgischem Besitz, ins Blickfeld geraten, in denen es italienischsprachige Bevölkerungsgruppen gab: insbesondere Trient und Triest mit einer italienischsprachigen Mehrheit, darüber hinaus aber auch Istrien und sogar Dalmatien, wo es nur italienische Minderheiten gab. Der Irredentismus wurde schnell zu einer quer durch alle politischen Gruppierungen reichenden Bewegung, die ihre Forderungen immer lautstärker und aggressiver vertrat, je weniger Aussicht auf Erfolg in Sicht war und die Regierung ihrerseits zu auftrumpfendem außenpolitischen Vorgehen ermutigte.

Der erste Schritt auf diesem Weg war der Beitritt Italiens zum deutsch-österreichischen Zweibund im Jahr 1882, der seitdem Dreibund genannt wurde. Dieser bis zum Ersten Weltkrieg immer wieder erneuerte, rein defensive Vertrag war, wie es der Turiner Politologe

Gian Enrico Rusconi noch sehr vorsichtig ausgedrückt hat, von vorneherein «asymmetrisch», ja er wurde zum Grundstein eines bis heute nie ganz überwundenen gegenseitigen politischen Misstrauens.

Im Rahmen von Bismarcks Systemdenken spielte Italien politisch eine wichtige Rolle, denn es musste von einer möglichen Wiederannäherung an Frankreich abgehalten werden. Diese Linie verfolgten auch seine Nachfolger, nachdem «der Lotse» von Bord gejagt worden war. Das hinderte die deutschen Kanzler aber nicht daran, ganz unverblümt ihre Geringschätzung, wenn nicht gar Verachtung für den Dritten im Bunde zu zeigen. Sie betrachteten den Dreibund als eine *Menage à trois*, in der Italien die Rolle der nicht gesellschaftsfähigen Geliebten zufiel, und spielten diese Metapher von ironisch bis offen bösartig in allen Lagen durch.

Ebenso zwiespältig war die innenpolitische Aufnahme des Dreibundes in Italien. Von der italienischen Regierung und vor allem von Kreisen des Hofes wurde er als Zeichen der «Wahlverwandtschaft» zwischen Deutschland und Italien ausgegeben, die sich auch in der Wende zum Protektionismus und im «preußischen» Weg der Wirtschaftspolitik manifestierte. Italien gewann durch den Vertrag die Anerkennung als wichtige europäische Macht. In der Öffentlichkeit stieß das Bündnis mit dem Erzfeind Österreich, mit dem auf dem Balkan weiterhin starke Interessenkonflikte bestanden, jedoch auf heftigen Widerstand. Die von den Irredentisten geforderten Kompensationen waren im Rahmen dieses Bündnisses nie zu erreichen. Wohlwollend begegneten die Vertragspartner einer expansiven Politik Italiens allerdings dort, wo sich der Konflikt mit Frankreich und eventuell auch England verschärfen ließ: in Afrika. Italien beanspruchte Protektorate in Eritrea, Abessinien (heute Äthiopien), Somalia und danach auch im späteren Libyen. Umso niederschmetternder war deshalb die Wirkung, als italienische Kolonialtruppen zuerst im eritreischen Dogali (1887) und dann noch verheerender bei Adua in Abessinien (1896) von einheimischen Kräften geschlagen wurden. In den Augen der Dreibundpartner hatte Italien damit seine völlige militärische Unfähigkeit bewiesen. Daher wurde es nicht weiter ernst genommen, als sich Italien und Frankreich 1901/02 auf die Abgrenzung ihrer Interessen in Afrika einigten und Italien ein Jahrzehnt später – von Frankreich und England unterstützt – das spätere Libyen aus dem untergehenden Osmanischen Reich herausbrach.

In Italien selbst rissen die Niederlagen von Dogali und Adua die ohnehin vorhandene Wunde des Minderwertigkeitsgefühls als nicht voll anerkannte Großmacht nur noch weiter auf. Die nationalistischen Töne wurden immer schriller und erreichten ihren Höhepunkt, als das Attentat von Sarajewo und das österreichische Ultimatum die Kettenreaktion auslöste, die zum Ersten Weltkrieg führte. Während Deutschland in «Nibelungentreue» zu seinem Dreibundpartner Österreich stand, erklärte die italienische Regierung getreu dem Buchstaben des Defensivvertrages ihre Neutralität. Regierung und Krone begannen aber, nachdem Österreich-Ungarn eventuelle Kompensationen kategorisch abgelehnt hatte, am Parlament vorbei sofort geheime Verhandlungen mit den Mächten der seit 1907 bestehenden Triple Entente aus Frankreich, Großbritannien und Russland. Während die Regierung offiziell an der Linie der Neutralität festhielt, brach innenpolitisch der Krieg zwischen Neutralisten und Interventisten in aller Heftigkeit aus. Dabei war es für die Interventisten keine Frage, dass nur die zu erwartenden Kompensationen darüber zu entscheiden hatten, wo Italien stehen werde. Zu den Neutralisten gehörten vereinzelte Gruppen von den Konservativen bis zu den Demokraten und die gesamte sozialistische Partei; sie fanden aber zu keiner gemeinsamen Linie. Auf der Seite der Interventisten dagegen kam ein breites Bündnis unterschiedlichster politischer Strömungen von der demokratischen Linken bis zu den Nationalisten zustande. Letztlich standen sich so Sozialisten und Interventisten gegenüber. Alle politischen und sozialen Probleme bündelten sich zu der einen Alternative: Kriegseintritt ja oder nein.

In dieser aufgeheizten, nicht selten in Gewalttätigkeiten ausartenden öffentlichen Auseinandersetzung traten bei den Interventisten zwei Persönlichkeiten in den Vordergrund, deren Karrieren ebenso bizarr wie symptomatisch für die politische Lage am Vorabend des Weltkriegs sind. Benito Mussolini war bis 1914 einer der wichtigsten und radikalsten Agitatoren der sozialistischen Partei und Chefredakteur ihrer Zeitung «Avanti!». Noch im September 1914 war er der Initiator eines Manifests gegen den Interventismus und einer Umfrage des «Avanti!», in der die Leser mit überwältigender Mehrheit gegen den Kriegseintritt votierten. Wenige Wochen später machte er eine abrupte Kehrtwende, trat aus der Partei aus und gründete mit dem Geld seiner bisherigen Gegner eine neue Zeitung «Il Popolo d'Italia», die von nun an zum aggressivsten Sprachrohr der Interventisten werden sollte. Neben und bald auch in Konkurrenz zu Mussolini trat ebenso sprachgewaltig der Dichter Gabriele D'Annunzio auf, der bisher vor allem durch Romane und Gedichte im Stile der Décadence, durch Affären mit schönen Frauen, einen aufwendigen Lebensstil und riesige Schulden aufgefallen war. Vor seinen Gläubigern hatte er seit 1910 in Frankreich Zuflucht suchen müssen. 1914 war von diesen Schulden keine Rede mehr, so dass D'Annunzio nach Italien zurückkehren und als Agitator für den Kriegseintritt auf Seiten der Entente auftreten konnte. Am 5. Mai 1915 schwärmte er in Quarto bei Genua, von wo fünfundfünfzig Jahre zuvor Garibaldi zu seinem legendären «Zug der Tausend» in See gestochen war, von den «strahlenden Maitagen» als Aufbruch in den Krieg. Verächtlich blickte er auf das «feige und pazifistische kleine Italien» (*Italietta*). Zu diesem Zeitpunkt hatte die Regierung Salandra bereits den Geheimvertrag von London mit der Entente unterzeichnet und trat am 24. Mai gegen Österreich-Ungarn in den Krieg ein. In diesem Abkommen hatte die Triple Entente Italien aufs großzügigste Territorien des habsburgischen Reiches von Trient bis Dalmatien, Teile des Osmanischen Reiches und Kolonialbesitz in Afrika versprochen.

Die Erinnerung an den Ersten Weltkrieg ist in Italien noch immer widersprüchlich. Einerseits heißt er bis in die Gegenwart der

«Große Krieg», denn Italien stand auf der Seite der Sieger. Andererseits ist der Ort der schweren Niederlage von Caporetto auch heute noch Inbegriff für eine schreckliche Katastrophe. Nach elf ergebnislosen Schlachten am Isonzo in Friaul gelang den österreichischen Truppen in den Julischen Alpen bei Caporetto (Karfreit) am 24. Oktober 1917 der Durchbruch. Erst über hundert Kilometer weiter wurden die Österreicher am Piave gestoppt, und Ende Oktober 1918 gelang es dem italienischen Heer schließlich, am Monte Grappa und bei Vittorio (dem späteren Vittorio Veneto) die österreichische Front zu spalten. Diese Orte wurden unter dem Faschismus mit monumentalen Gedenkstätten versehen. Nach diesem schwer errungenen Sieg erwartete man in Italien von den Verbündeten in der Entente die volle Erfüllung des Londoner Vertrages, der 1917 durch die russischen Revolutionäre bekannt gemacht worden war. Die Interventisten verlangten darüber hinaus die Stadt Fiume (Rijeka) als eine Art «Belohnung» für die großen italienischen Verluste, und die italienische Delegation machte sich diese Forderung bei den Pariser Friedensverhandlungen zu eigen, obwohl ihre Durchsetzung kaum Aussichten auf Erfolg hatte. In langen, zähen und als demütigend empfundenen Verhandlungen, in denen Italien nicht als gleichberechtigte Siegermacht behandelt wurde, erhielt es im September 1919 durch den Vertrag von Saint-Germain schließlich doch fast alle territorialen Versprechungen des Londoner Vertrages, darunter Trient, das überwiegend deutschsprachige Südtirol bis zum Brenner, Julisch Venetien mit Triest und das überwiegend slawischsprachige Istrien. Damit handelte sich Italien ethnische Konflikte ein, die die Beziehungen zu den Nachbarländern bis zum Ende des Jahrhunderts schwer belasteten. Unmittelbar nach dem Krieg wurden in der Öffentlichkeit dagegen weder diese künftigen Probleme noch der große territoriale Zugewinn wahrgenommen, sondern hauptsächlich, dass das weitgehend von Italienern bewohnte Fiume zunächst nicht zu Italien kam, sondern in einen Freistaat verwandelt werden sollte.

Das Ende des Krieges und der Friedensschluss ließen die ungelösten Probleme der Vorkriegszeit erneut und verschärft hervortreten. Wieder standen sich Sozialisten und Interventisten als die eigentlichen Gegner gegenüber. Die Sozialisten traten nun als Anwalt der Kriegsheimkehrer, der Bauern und Arbeiter auf, denen die militärische Führung für die Zeit nach dem Sieg Boden, höhere Löhne und bessere Lebensbedingungen versprochen hatte. Die Jahre 1919 und 1920 sind als die «zwei roten Jahre» in die italienische Geschichte eingegangen, weil das Land von einer massiven Protest- und Streikwelle überrollt wurde. Zeitweilig waren bis zu 500 000 Arbeiter im Ausstand. In den großen Industriestädten, in Mailand, Genua, besonders aber in Turin wurden Fabriken besetzt. Im Herbst 1920 erstritten die Gewerkschaften weitgehende Lohnerhöhungen und Mitspracherechte. Dieser Erfolg täuschte jedoch über die innere Schwäche der Arbeiterbewegung hinweg. Obwohl die sozialistische Partei bei den Wahlen 1919 mit 32 Prozent zur stärksten Partei geworden war, lehnte die radikale Führung eine Koalition mit «bürgerlichen» Kräften ab. Außerhalb des Parlaments gelang es den Sozialisten nicht, die Protestbewegung unter einheitliche, erreichbare Ziele zu stellen und sie auf den Süden auszudehnen. Der Versuch, im Frühjahr 1921 einen weiteren Generalstreik auszurufen, scheiterte. Das führte zur endgültigen Schwächung der sozialistischen Partei (PSI) durch die Abspaltung der linken Gruppierung *Ordine Nuovo* als kommunistische Partei (PCI) im Frühjahr 1922.

Die Interventisten auf der anderen Seite warfen den Sozialisten ihre Verachtung der Leistung der Soldaten, ihre Heroisierung der Deserteure vor, machten sie für die erlittenen Niederlagen verantwortlich und schließlich auch für die «Demütigungen» der Friedensverhandlungen. Die führende Rolle in dieser Bewegung schien zunächst ganz selbstverständlich dem *vate*, dem Propheten, D'Annunzio zuzufallen. Er hatte 1918 in einem spektakulären Flug über Wien Flugblätter abgeworfen, in denen er der Bevölkerung – auf Italienisch! – verkündete: «Das Schicksal wendet sich. Es wendet sich mit eherner Gewissheit uns zu. Für immer hat jenes Deutschland ausgespielt, das euch benutzt, erniedrigt und vergiftet.» Nach dem Krieg hatte er die Schwäche der Regierung gnadenlos bloßgestellt, als er mit Freischärlern Fiume besetzte, das die Entente Italien nicht zugestehen wollte. Deshalb prägte er den Begriff der *vittoria mutilata*, des verstümmelten Sieges, der von nun an zum Schlachtruf der militanten Opposition wurde. Und nachdem die Regierung die Freischärler endlich aus Fiume vertrieben hatte, war er es, der einen Marsch auf Rom ins Auge fasste. D'Annunzio aber verfügte zwar über ein paar Tausend wagemutige Freischärler, nicht jedoch über eine schlagkräftige Massenorganisation.

Diese besaß inzwischen Mussolini, denn er hatte erkannt, dass nur eine Massenpartei ein Gegengewicht zur Arbeiterbewegung bilden konnte. Seine erst 1919 gegründeten *Fasci di combattimento* mit ihren *squadre* (Trupps) erwiesen sich entgegen ihrem sozialistisch angehauchten Programm hauptsächlich als gewalttätige Knüppelknechte der Fabrikbesitzer und Großagrarier, ganz besonders in der Poebene und den neuen Grenzregionen Südtirol und Istrien. Dabei handelte es sich nicht um politische Auseinandersetzungen, die in Gewalt ausarteten, sondern um die gezielte physische Vernichtung der Gegner. Gewerkschaftsbüros und Arbeiterkammern gingen in Flammen auf, Arbeiterführer wurden misshandelt und sogar getötet. Die Faschisten prahlten mit den «Rizinuskuren», die sie ihren Feinden angedeihen ließen. Ihre «Blitzangriffe» (*raid*) blieben allzu häufig unbestraft. Finanziell von Industriellen und Großgrundbesitzern gut ausgestattet, wuchs die Bewegung schnell und schloss sich 1921 mit den Nationalisten zum *Partito nazionale fascista* (PNF) zusammen.

Als ein von den Arbeiterorganisationen ausgerufener «Streik zur Wiederherstellung der Legalität» im August 1922 durch die Gewalttaten der Faschisten scheiterte, war nicht D'Annunzio, sondern Mussolini der Mann der Stunde, dem die Gelder und die Unterstützung der Industrie und der Großagrarier zuflossen. Und deshalb war es Mussolini, der den von D'Annunzio erdachten «Marsch auf Rom» schließlich durchführte. In Neapel fand am 24. Oktober die Generalprobe statt. Etwa vierzigtausend Schwarzhemden marschierten durch die Stadt, und im Teatro San Carlo verkündete Mussolini: «Entweder sie geben uns die Regierung, oder wir fallen in Rom ein und nehmen sie uns.» Während ein Quadrumvirat aus erfahrenen Generälen und Soldaten unter der garibaldinischen Parole «Rom oder Tod» die logistische Vorbereitung traf, verhandelte Mussolini von Mailand aus mit den führenden Politikern: mit Giolitti und dessen «Ziehsohn» Facta, mit deren politischen Gegnern, mit militärischen Kreisen und mit dem nationalistisch gesinnten Emanuele Filiberto Duca d'Aosta, einem Mitglied des Königshauses. Keiner der Gesprächspartner verweigerte sich und verlangte mit Nachdruck den Stopp des Aufmarsches der Schwarzhemden, die auf ihrem Weg nach Rom Bahnstationen und Präfekturen besetzten.

VON DER REGIERUNG ZUM REGIME

Am 30. Oktober 1922 traf Benito Mussolini mit dem Nachtzug aus Mailand in Rom ein. Am Vortag hatte ihm der italienische König Viktor Emanuel III. eine persönliche telegraphische Einladung zukommen lassen. Der Zug hatte mehrere Stunden Verspätung, weil er streckenweise nur im Schritttempo vorwärts gekommen war oder überhaupt anhalten musste. Begeisterte Anhänger hatten ihn erwartet und an der Weiterfahrt gehindert. Die Ähnlichkeit dieser Ankunft mit der Giuseppe Garibaldis nach seinem Zug der Tausend in Neapel ist keineswegs zufällig und war sorgfältig geplant. Ursprünglich hatte Mussolini das Flugzeug nehmen wollen, aber er zog schließlich die symbolische Erinnerung an den Helden des Risorgimento vor, denn sie ließ seine Ankunft als den Endpunkt eines beispiellosen Siegeszuges erscheinen. Später feierten die Faschisten dies als den «Marsch auf Rom» und datierten ihn auf den 28. Oktober 1922. An diesem Tag fand jedoch alles andere als ein «Marsch auf Rom» statt. In einer Entfernung von zwanzig bis sechzig Kilometern im Umkreis von Rom warteten zwar in den Orten Santa Marinella, Monterotondo und Tivoli insgesamt etwa fünf- bis höchstens siebentausend Anhänger auf den Marschbefehl. Aber der kam nicht und konnte auch gar nicht kommen. Die Faschisten besaßen, wenn überhaupt, nur Gewehre, Lastwagen und Fahrräder. Es regnete seit Tagen in Strömen, und die Bahnverbindungen nach Rom waren unterbrochen. Die Hauptstadt dagegen verfügte über gut bewaffnete Truppen und Sicherheitskräfte von ungefähr 25 000 Mann.

Dennoch geschah an diesem 28. Oktober 1922 etwas Entscheidendes, das der Geschichte des jungen Königreiches eine verhängnisvolle Wendung geben sollte: Als der Ministerpräsident dem König das Dekret vorlegte, mit dem der Belagerungszustand erklärt und damit die Truppen für die Verteidigung der Hauptstadt eingesetzt werden sollten, verweigerte dieser die Unterschrift. Unzählige Male war in den vergangenen Jahrzehnten der Belagerungszustand verhängt worden, immer dann, wenn es darum ging, gegen streikende Arbeiter, gegen landlose Bauern oder Tagelöhner und gegen wütende Steuerzahler vorzugehen. Unzählige Male hatte der König bedenkenlos dem Einsatz militärischer Gewalt gegen unbewaffnete Menschen zugestimmt und die Generäle hinterher dafür hoch dekoriert. Dieses Mal verweigerte der König seine Unterschrift und band damit der Regierung Facta die Hände, gegen die Provokation des angekündigten «Marsches auf Rom» vorzugehen. Der Ministerpräsident trat daraufhin konsequenterweise zurück, und so standen in dieser Krisensituation weder militärische Mittel noch eine handlungsfähige Regierung zur Verfügung. Nachdem der mit der Regierungsbildung beauftragte Antonio Salandra innerhalb eines Tages sein Mandat zurückgegeben hatte, ließ der König ein Telegramm an Mussolini schicken, der in Mailand in seiner Parteizentrale saß, während seine Männer um Rom in Regen und Schlamm auf den großen Tag warteten, der ganz anders kam, als es ihnen ausgemalt worden war. Mit Mussolinis Ankunft in Rom ging nicht ein militärischer Siegeszug, sondern ein wochen- ja monatelanger Nervenkrieg zu Ende.

Der Vorsitzende der faschistischen Partei hatte dabei skrupellos alle gegen alle ausgespielt, und alle hatten sich gegeneinander ausspielen lassen.

Als Mussolini vor das Parlament trat, um seine Regierung bestätigen zu lassen, prahlte er: «Ich hätte diesen dumpfen, grauen Saal in ein Lager meiner Truppen verwandeln können. Ich hätte das Parlament sprengen und eine Regierung nur aus Faschisten bilden können. Ich hätte gekonnt, aber ich wollte zunächst nicht.» Obwohl nur 35 faschistische Abgeordnete vor ihm saßen, erhielt Mussolinis Regierung mit 316 gegen 116 Stimmen (bei 7 Enthaltungen) das Vertrauen. Entgegen der martialischen Ankündigung begann Mussolini eine Phase der Sicherung und des Ausbaus seiner Machtpositionen auf verschiedenen Ebenen. Diese Konsolidierung der Macht, die Mussolini selbst stolz als Errichtung des «totalitären Staates» bezeichnete, wurde begünstigt durch den allgemeinen Wirtschaftsaufschwung, der seit 1922/23 in Europa zu spüren war.

Die erste Ebene war die Einbindung der faschistischen Partei und der Squadristen in parastaatliche Institutionen. Damit wurde sowohl den «revolutionären» Forderungen und den zu eigenwilligen, rebellischen Kräften in der Partei Einhalt geboten, als auch vielen Mitgliedern ein Betätigungsfeld eröffnet. Wie die faschistische Partei in parallel zu den verfassungsmäßigen Institutionen gebildete Organe eingebunden wurde, so richtete sich die Politik Mussolinis umgekehrt darauf, die nationalistische Partei und die vor allem auf dem flachen Land sehr starken Veteranenvereinigungen in den PNF zu integrieren. Gleichzeitig gelang es ihm, die 1919 entstandene katholische Volkspartei (PPI) zu spalten. Dazu trug wesentlich bei, dass die Kirche Don Sturzo, den Gründer der Partei, fallen ließ, weil er die Zusammenarbeit mit Mussolini ablehnte. Um «der kirchlichen Hierarchie keine Probleme zu bereiten», ging er ins Exil nach London. Gegenüber der sozialistischen und kommunistischen Partei und linken Gewerkschaftern dagegen gingen die teils polizeilichen, teils squadristischen Repressionsmaßnahmen und Terrorakte unvermindert weiter. Aktionen, die auch für die Miliz zu schmutzig waren, übernahm die sogenannte CEKA (benannt nach der politischen Polizei der UdSSR) unter der Leitung des Quadrumvirn De Bono, der zum Staatssekretär im Innenministerium befördert worden war.

Diese Vorbereitung eines Einparteienstaates durch Einbindung der Willigen und Repression der Nichtwilligen war begleitet von Beruhigung und Versprechungen gegenüber denjenigen gesellschaftlichen Schichten und Gruppierungen, die sich dem Faschismus offen oder weniger offen zugewandt hatten, nämlich der Krone, dem Heer, der Kirche und der Industrie. Wie wirksam und schnell die Strategie Mussolinis Erfolge erzielte, wie hilflos und zermürbt bis hin zur Willfährigkeit die anderen Parteien waren, zeigte die Verabschiedung des neuen Wahlgesetzes, der sogenannten *legge Acerbo*. Sie sah vor, derjenigen Partei mehr als 50 Prozent der Sitze zu geben, die über 25 Prozent der Stimmen auf sich vereinigte. Dieses Gesetz konnte in dem (1921) noch frei gewählten Parlament, in dem die Faschisten lediglich über 35 Sitze verfügten, nur mit Zustimmung der Liberalen und der katholischen Volkspartei unter ihrem neuen Vorsitzenden Alcide De Gasperi passieren. Die Wahlen des nächsten Jahres (6. April 1924) erbrachten dann für die sogenannte «Große Liste» (*listone*) unter dem Liktorenbündel, auf der zahlreiche ehemalige Liberale und Volksparteiler kandidierten, 65 Prozent der Stimmen – bei weitem mehr als für den Mehrheitsbonus notwendig gewesen wären.

Trotz dieses Wahlerfolges war die Regierung Mussolini noch keineswegs endgültig abgesichert, die Öffentlichkeit noch nicht vollkommen mundtot und die anderen Parteien noch nicht ganz ohne Einfluss. Es war noch möglich, seine Stimme zu erheben. Allerdings gehörte bereits großer persönlicher Mut dazu. Diesen Mut hatte der sozialistische Abgeordnete Giacomo Matteotti, der in einer Parlamentsrede am 30. Mai 1924 das Klima der Gewalt und Einschüchterung während des Wahlkampfs an den Pranger stellte. Er selbst bezahlte diesen Mut mit dem Leben, denn er wurde von der CEKA

Benito Mussolini als «Condottiero», Albina Manca 1927

Der Condottiero Federigo III. di Montefeltro, Herzog von Urbino, Gemälde von Piero della Francesca, 1460

entführt und ermordet. Doch sein Mut löste eine Krise aus, in der noch einmal eine Wende möglich schien.

Angesichts der Entführung und der brutalen Ermordung des Abgeordneten erhob sich in der Öffentlichkeit ein Sturm der Empörung. Im Laufe der nächsten Wochen und Monate traten die wichtigsten Vertreter des liberalen Italien auf die Seite der antifaschistischen Opposition. Die Oppositionsparteien gaben dieser Haltung durch den sogenannten Auszug auf dem Aventin Ausdruck. Das heißt, sie zogen sich aus dem Parlament zurück, konnten sich aber nicht zu einer Mobilisierung der Bevölkerung gegen die Regierung durchringen. Stattdessen setzten sie auf eine Intervention beim Staatsoberhaupt. Als ihre Vertreter endlich eine Audienz erhielten, hörte der König ihren Vortrag schweigend an. Statt einer Antwort informierte er die Parlamentarier darüber, dass eine seiner Töchter bei der Jagd zwei Wachteln geschossen hatte. Die Krise blieb ungenutzt, obwohl Mussolini einige Monate wie gelähmt schien. Erst mit einer Rede Anfang Januar 1925 übernahm er die Verantwortung für die

Tat. Provokativ forderte er die Abgeordneten dazu auf, ihn wegen der Ermordung Matteottis unter Anklage zu stellen. Dass die Abgeordnetenkammer diesen «Fehdehandschuh nicht aufnahm», bedeutete, so der italienische Historiker Giuliano Procacci, «ihr eigenes Todesurteil und das Ende des liberalen Staates.» Daraufhin konnte die Regierung gefahrlos eine Reihe von Maßnahmen durchpeitschen, die den Spielraum für eine legale Opposition auf ein Nichts schwinden ließ.

Die Organisation des Massenkonsenses durch moderne Kommunikationsmittel und spektakuläre Feiern wie den 21. April als Geburtstag Roms, durch die Einbindung der Bevölkerung «von der Wiege bis zur Bahre» in Massenorganisationen mit paramilitärischem Drill und *last but not least* durch den Aufbau grundlegender Elemente des Wohlfahrtsstaats festigte sich das Regime. Die Krönung der genau dosierten Mischung aus Repression und Konsensgewinnung waren die sogenannten Lateranverträge vom 11. Februar 1929. Das Regime war gegenüber der Kirche zu weitgehenden Konzessionen bereit. Es anerkannte nicht nur die Souveränität des Papstes über die Vatikanstadt, sondern gab auch umfangreiche finanzielle Zusagen, führte den Religionsunterricht in Schulen ein und erklärte den Katholizismus zur Staatsreligion. Beim Abschluss der Verträge nannte Papst Pius XI. Mussolini den «Mann, den die Vorsehung uns hat begegnen lassen». Seither feierte die faschistische Propaganda Mussolini als den «Mann der Vorsehung».

AUFSTIEG UND UNTERGANG DES IMPERO

Die Weltwirtschaftskrise hatte der «Mann der Vorsehung» nicht vorhergesehen. Die Krise war auch in Italien schmerzhaft spürbar, und ihre Auswirkungen zogen sich lange, teilweise bis weit in die Nachkriegszeit hin. War der Lebensstandard der Bevölkerung auf dem Land und in der Stadt in den 20er-Jahren langsam, aber stetig gestiegen, so gingen jetzt die Löhne in der Industrie um ca. 15 Prozent zurück, in der Landwirtschaft sogar um 25 Prozent. Entbehrung und Hunger begannen wieder Massenphänomene zu werden. Für den Faschismus, dessen ganze Propaganda auf dem Versprechen eines ständigen und großartigen Aufschwungs basierte, war dieser Rückschritt in jedem Fall eine schwere Bedrohung des Massenkonsenses.

Wirtschaftspolitisch reagierte der faschistische Staat schneller und zielgerichteter als die meisten anderen betroffenen Staaten, indem er die staatlichen Eingriffe und den Anteil des Staates an der Wirtschaft verstärkte. Unter großem propagandistischen Aufwand wurde die bereits begonnene Politik der öffentlichen Arbeiten intensiviert, der Abriss ganzer Stadtviertel, der Bau unzähliger Bahnhöfe, Postgebäude und Straßenmeistereien im ganzen Land, die heute noch allerorten das Stadt- und Landschaftsbild prägen. Das eigentliche Vorzeigeobjekt war die Trockenlegung der Pontinischen Sümpfe an der Küste des Thyrrhenischen Meeres, die mit der Gründung neuer Städte und der Ansiedlung von ehemaligen Tagelöhnern einherging. Eng mit den öffentlichen Arbeiten verbunden waren die Verstärkung der Autarkiepolitik, die Wiederaufnahme der «Getreideschlachten» und die Einschränkung der Freizügigkeit, um zu verhindern, dass die verarmende Landbevölkerung in die Städte strömte. Als Auffanggesellschaften für die Banken und die Industrie wurde unter anderem das *Istituto per la recostruzione industriale* (IRI, Institut zum Wiederaufbau der Industrie) gegründet, das bis weit in die Nachkriegszeit hinein existierte und dazu führte, dass der Staat in entscheidenden Sektoren wie der Schwerindustrie beinahe die Hälfte der Industrieproduktion kontrollierte.

Mussolini griff noch zu einem weiteren, in autoritären Regimen bewährten Mittel, nämlich der Bewältigung innerer Krisen durch Aggression nach außen. Der Faschismus, der aus dem Krieg hervorgegangen war, kehrte zum Krieg zurück. Seit 1934 liefen die propagandistischen und wirtschaftlichen Vorbereitungen für das, was man vielleicht etwas voreilig als «die letzte kolonialistische Unternehmung der Zeitgeschichte» bezeichnet hat, nämlich den Angriff auf Abessinien (Äthiopien) am Horn von Afrika. Obwohl das Königreich als letztes unabhängiges Land Afrikas Mitglied der Vereinten Nationen war, glaubte Mussolini – vor allem nach dem Machtantritt der Nationalsozialisten in Deutschland – freie Hand zu haben. Die Grenzen Abessiniens zu den italienischen Kolonien Eritrea und Somalia waren nach der katastrophalen Niederlage von Adua ungenau definiert und ließen sich jederzeit für die eskalierende Provozierung von Konflikten nutzen. Der italienische Einmarsch im Oktober 1935 und die raschen Erfolge gegen die äthiopischen Truppen entfalteten deshalb eine ungeheure *innenpolitische* Wirkung. Zur Niederwerfung des Widerstands hatte Mussolini ausdrücklich den Einsatz des nach dem Ersten Weltkrieg geächteten Giftgases genehmigt. Im Mai des folgenden Jahres verkündete er die «Wiedergeburt des Imperiums auf den schicksalsträchtigen Hügeln Roms», der König nahm den Titel «Kaiser von Äthiopien» an und General Badoglio den eines Vizekönigs und Gouverneurs von Ostafrika. *Außenpolitisch* veränderte der Äthiopienkrieg die europäischen Konstellationen vollkommen und schuf die Voraussetzungen für Hitlers Aggressionspolitik. Mussolini hatte zwar richtig vorhergesehen, dass England am Horn von Afrika nicht militärisch eingreifen würde. Auch der Völkerbund beschränkte sich auf die Verhängung von Sanktionen. Dieses Verhalten machte einmal mehr die Schwäche des Völkerbunds deutlich, trieb aber Mussolini endgültig in die Arme Hitlers.

Das Verhältnis zwischen Deutschland und Italien war bis dahin von einer für die beiden Länder nicht untypischen brisanten und schwer berechenbaren Mischung aus Bewunderung, Konkurrenz, Misstrauen und Interessenkonflikten geprägt. Hatte sich Hitler einerseits als gelehriger Schüler und Bewunderer des Duce erwiesen, so misstraute er ihm doch, denn Mussolini hatte ja seine Karriere als Befürworter des italienischen Kriegseintritts auf Seiten der Entente begonnen. Umgekehrt fürchtete Mussolini in ebenso alter Tradition die deutsche Übermacht in der Mitte Europas.

Der Interessenkonflikt, in dem alle diese widersprüchlichen Haltungen zusammenprallten, kristallisierte sich in Österreich. Während man nicht erst seit dem Machtantritt der Nationalsozialisten – trotz des Verbots durch den Versailler Vertrag – von einer Vereinigung der beiden Länder träumte, war das für Mussolini der schlimmste Albtraum. Die italienische Regierung rechnete nämlich Österreich gewissermaßen zum Balkanraum und diesen wiederum zum Einflussbereich des geplanten *Impero* um das Mittelmeer als *mare nostrum*. Die italienische Unterstützung für faschistische Parteien in Österreich, Ungarn und Kroatien zielte in diese Richtung. Italien schien diesem Ziel schon fast nahe zu sein, als der christsoziale österreichische Kanzler Engelbert Dollfuß mit einer Koalition aus Agrarpartei und faschistischen Heimwehren einen autoritär-korporativen Staat nach italienischem Vorbild errichtete. Damit eröffnete sich die Perspektive eines Austrofaschismus unter dem Protektorat Italiens. Dagegen putschten die österreichischen Nationalsozialisten zwar erfolglos, konnten aber Dollfuß ermorden. Mussolini ließ am Brenner Truppen aufmarschieren und versicherte dem neuen Kanzler Kurt von Schuschnigg seine Solidarität und seinen Schutz.

Durch den Abessinienkrieg konnte Mussolini dafür nicht mehr garantieren und musste seinen Widerstand gegen die deutschen Anschlusspläne aufgeben, denn vor allem wirtschaftlich war er nun auf die deutsche Unterstützung angewiesen. Die Annäherung ging in militärische Zusammenarbeit über, als beide Staaten in Spanien auf der Seite der aufständischen Generäle unter Franco gegen die rechtmäßige republikanische Regierung kämpften. Auch in diesem Falle verzichteten die Westmächte auf ein militärisches Eingreifen, beschränkten sich auf Appelle und die Gründung eines «Nichteinmischungskomitees» in London. In Spanien standen sich italienische Emigranten und italienische Soldaten an den feindlichen Fronten gegenüber. Umso schwerer wog es für die italienische Propaganda, dass die Franquisten vor den Toren Madrids und dann in Guadalajara eine schwere Niederlage erlitten. Das Echo dieser Niederlage erreichte die Heimat paradoxerweise durch das Radio, das Hauptinstrument der faschistischen Propaganda, denn in einigen Landesteilen waren die aus Spanien übertragenen Sendungen zu hören.

Obwohl die Republikaner auf die Dauer der militärisch-technischen Überlegenheit ihrer Gegner nicht standhalten konnten, zog sich der Kampf noch drei Jahre lang hin und verschlang riesige finanzielle und materielle Ressourcen. Außerdem war auch in Abessinien der Kampf noch lange nicht zu Ende, denn die Einheimischen zermürbten dort die Kolonialmacht durch einen Guerillakrieg.

So lag es im ureigensten Interesse Mussolinis, wenn er sich im September 1938 für das Zustandekommen des Münchner Abkommens und die Appeasement-Politik der Westmächte einsetzte. Nicht zuletzt die führenden Industriellen seines Landes hatten ihn warnend darauf hingewiesen, dass die finanziellen und materiellen Reserven des Landes erschöpft seien. Doch Mussolini glaubte sicher nicht daran, mit der Beschwichtigung Hitlers den «Frieden in unserer Zeit» gesichert zu haben, wie der englische Premier Chamberlain seinen Landsleuten verkündete. Im Gegenteil: Um seinem Bündnispartner und Rivalen nur ja keinen Vorsprung zu lassen, führte er auch in Italien antisemitische Rassegesetze ein, und griff zu neuen Eroberungen: Im April 1939 besetzte Italien Albanien. Abessinien, Libyen, Albanien und schließlich Griechenland: Damit war der geopolitische Rahmen für die imperiale Politik Italiens rund ums Mittelmeer abgesteckt. Er sollte durch ein Bündnis mit Deutschland ausgefüllt werden, das im Mai 1939 im sogenannten Stahl-Pakt mit Hitler besiegelt wurde.

Hitler ließ seinen Bündnispartner aber über seine wahren Pläne im Unklaren, und das erklärt, warum Mussolini angesichts der mangelnden militärischen Vorbereitung Italien nach dem deutschen Angriff auf Polen zunächst als nicht im Kriegszustand befindlich erklärte. Erst ein Jahr später, als der absehbare Zusammenbruch Frankreichs den Kriegsausgang entschieden zu haben schien, befürchtete er, den Anschluss zu verpassen, und trat am 10. Juni mit der Kriegserklärung an Frankreich und Großbritannien in den Krieg ein. Mussolinis Schützling Franco dagegen weigerte sich trotz Aufforderungen, seine Neutralität aufzugeben.

Der Parallelkrieg, den Mussolini rund um das Mittelmeer führen wollte, entwickelte sich zu einer schweren Belastung für beide Diktaturen. Das Scheitern der ehrgeizigen Pläne Mussolinis zwang nämlich Hitler zur Verzettelung und beschwor erste schwere Niederlagen herauf. Waren die kolonialen Eroberungen am Horn von Afrika noch als Befreiung einer versklavten Bevölkerung und als Gewinn fruchtbaren Bodens für italienische Bauern propagandistisch ausschlachtbar, so tat sich Mussolini mit den Kriegserklärungen gegen die ehemaligen Verbündeten des Ersten Weltkriegs schon erheblich schwerer. Ziemlich abstrakt verkündete er am 10. Juni 1940: «Wir betreten das Feld gegen die plutokratischen und reaktionären Demokratien des Westens, die den Vormarsch des italienischen Volkes immer und manchmal sogar seine Existenz bedroht haben.» Das ursprünglich als Antikomintern-Pakt (1936) geschlossene Bündnis mit Deutschland und Japan wurde nun im Dreimächtepakt in die neue Richtung umgedeutet. Außenminister Ciano versuchte diesen Pakt als die «stärkste politisch-militärische Koalition, die je existiert hat», zu verkaufen, doch die Begeisterung aus der Zeit des Äthiopienkrieges war nicht mehr zu wecken.

Der großmäulig angekündigte Angriff auf Griechenland wandelte sich schnell zum kläglichen Misserfolg und ebenso die italienischen Angriffe gegen England in Nordafrika. Symbol für die Konfusion, die unzureichende militärische Vorbereitung und Ausrüstung des italienischen Heeres war der Abschuss einer der Heldengestalten der faschistischen Propaganda aus den eigenen Reihen: Italo Balbo, einer der Quadrumviren des Marsches auf Rom, Gouverneur und Kommandant der Streitkräfte in Libyen, wurde bereits am 28. Juni ein Opfer der eigenen Flugabwehr.

Nach wenigen Monaten war der Traum von einem Parallelkrieg ausgeträumt. Bei einem Treffen mit Mussolini auf dem Berghof oberhalb von Berchtesgaden verpflichtete Hitler seinen Verbündeten dazu, sich ab jetzt der deutschen Strategie unterzuordnen. Damit musste Hitler allerdings auch die italienischen Kriegsschauplätze übernehmen. Starke Truppenkontingente blieben in Griechenland und auf dem Balkan auch nach der Niederlage der regulären Heere dort gebunden, weil die Partisanenbewegung erstarkte. Auch in Afrika kämpften die Italiener jetzt nur noch neben den Deutschen. Das «Deutsche Afrikakorps» unter dem sogenannten «Wüstenfuchs» General Rommel erzielte nur kurzfristige Erfolge. Seit 1942 begann die britische Gegenoffensive, die bis Mai des nächsten Jahres zur Kapitulation der «Heeresgruppe Afrika» führte. Damit stand die Südflanke für den Angriff auf Hitlers «Festung Europa» offen. Obwohl Hitler seinen Verbündeten erst am Tag vor dem Beginn des Unternehmens Barbarossa über den Angriff auf die Sowjetunion informierte, hatte Mussolini als Dank für die Hilfe in Griechenland und Afrika ein italienisches Armeekorps, die *Armata italiana in Russia* (ARMIR), in den Süden Russlands an den Don entsandt. Schlecht ausgerüstet, falsch eingesetzt und ohne Nachschub mussten sich die Soldaten im Januar 1943 mühsam die Rückzugswege erkämpfen und sich über Hunderte von Kilometern durch den russischen Winter schleppen. Von den insgesamt 230 000 italienischen Soldaten kamen mehr als ein Drittel um oder blieben verschollen.

Die Zeit des Faschismus wird in Italien bis heute häufig als *il ventennio*, die 20 Jahre, bezeichnet. Das ist einerseits eine Verharmlosung, auf der anderen Seite wird damit zum Ausdruck gebracht, dass der Faschismus schon 1942, also genau zwanzig Jahre nach dem Marsch auf Rom, abgewirtschaftet hatte. Das Desaster des Parallelkriegs und der Untergang des italienischen Russlandkorps ließen den Konsens in der Bevölkerung, aber auch innerhalb der konservativen Eliten rasch zusammenschmelzen. In Italien war es jetzt undenkbar, Begeisterungsstürme für einen totalen Krieg zu wecken, wie dies zur selben Zeit in Deutschland noch geschah. Die Landung der Alliierten auf Sizilien stieß auf minimalen Widerstand. Mussolini wurde nun zum Verhängnis, was ihn und sein Regime einst stark gemacht hatte: das Bündnis mit den konservativen Eliten um König, Kirche und Heer. Vorbereitet in Absprache mit diesen Kreisen wurde der Duce von seinem eigenen faschistischen Großrat am 25. Juli 1943 entmachtet. Er ließ sich widerstandslos verhaften und auf dem Gran Sasso internieren. Keine Hand rührte sich für den gestürzten Diktator, um so deutlicher dagegen äußerte sich die allgemeine Erleichterung auf Straßen und Plätzen, als die Bildung einer neuen Regierung unter dem ehemaligen Generalstabschef Badoglio im Rundfunk bekannt gegeben wurde.

Diese neue Regierung grenzte sich jedoch weder entschieden gegenüber den vorausgegangenen zwanzig Jahren ab, noch von dem deutschen Verbündeten. In unwürdiger, heuchlerischer und unverantwortlicher Weise versuchten König und Generalität vor allem ihre eigenen Köpfe zu retten und setzten die Bevölkerung sowohl den alliierten Angriffen als auch den Repressalien der deutschen Truppen aus. Erst mit der Bekanntgabe des Waffenstillstands am 8. September, der eigentlich eine Kapitulation war, konnte eine neue Phase beginnen. Gerade aber der 8. September wurde und wird von konservativer Seite als «der schwärzeste Tag der italienischen Geschichte», als die «vollkommene Zerstörung der Idee der Nation» bezeichnet. Diese Einschätzung resultiert daraus, dass das, was nach dem 8. September begann, als «Bürgerkrieg» gesehen wird. Denn dieser Tag war nicht nur der Tag der Kapitulation, sondern zugleich der Tag, an dem sich in Rom die Führer der wiedererstandenen antifaschistischen Parteien trafen, um das *Comitato di liberazione nazionale* (CLN), das Nationale Befreiungskomitee, zu gründen und damit die *Resistenza* ins Leben zu rufen.

ZWEI WEGE DES ANTIFASCHISMUS: BENEDETTO CROCE UND ANTONIO GRAMSCI

«Dem Nationalsozialismus eignet etwas Dämonisches und Tragisches zugleich, während der Faschismus, trotz all seiner Verbrechen, trotz allem Unheil und allen Verwüstungen, die er angerichtet hat, stets und zäh etwas Karnevalsmäßiges behielt. … Wenn man der

Sache auf den Grund geht, sagte ich ihm, muss man zugeben, dass wir Italiener den Deutschen weit überlegen sind. ‹Wieso überlegen?› fragte er mich mit dem aufmerksamen Ausdruck des Deutschen, der sich immer bemüht zuzuhören und zu lernen. ‹Ja›, antwortete ich, weil wir Italiener, das heißt diejenigen unter uns, die sich als Faschisten gebärden, genau wissen, dass sie dies keineswegs in gutem Glauben tun, aber ihr Deutschen glaubt aufrichtig daran. Es ist bezeichnend, dass man in der italienischen Sprache ‹fare il fascista› sagt, also ‹machen› statt ‹sein›. ‹Worin besteht dann die Überlegenheit?› ‹Bei uns wird wenigstens noch die Klarheit des Verstandes gerettet, und so bleiben wir zwar böse Menschen, aber immerhin Menschen, während ihr die Vernunft ganz verliert und unmenschlich werdet.›»

Mit diesen Worten versuchte der neapolitanische Historiker, Literaturkritiker und Philosoph Benedetto Croce «einem zum Nazismus bekehrten Hellenisten», der ihm von der Schicksals- und Ideengemeinschaft zwischen Nationalsozialismus und Faschismus vorgeschwärmt hatte, «pädagogisch» den Unterschied zur pragmatischen Sicht der Italiener auf das Blendwerk der Macht zu erklären. Croce sprach aus intimer Kenntnis deutschen Denkens aufgrund seiner lebenslangen Auseinandersetzung mit deutscher Kultur und Geistesgeschichte. Der Historiker und Philosoph wurde 1866, also wenige Jahre nach der Entstehung des Königreichs Italien, geboren und starb 1952, also wenige Jahre nach dessen Ende. Diese Übereinstimmung ist mehr als ein Symbol. Croce war und blieb ein Vertreter der liberalen Tradition des Risorgimento, und seine Beschäftigung mit Deutschland bildete sozusagen die andere Seite der Medaille der Beziehungen auf politischer Ebene. Waren diese, wie im letzten Kapitel beschrieben, während des ganzen Jahrhunderts mehr als «asymmetrisch», das heißt von Verständnislosigkeit, Misstrauen und Spannungen, ja teilweise Verachtung geprägt, so stand Croce in einem kritischen, aber stets offenen Dialog mit deutscher Vergangenheit und Gegenwart.

Croce hat später nie ein Hehl daraus gemacht, dass er den Machtantritt des Faschismus zunächst nur als eine Episode der Nachkriegswirren angesehen hatte. Diese Episode würde, «so glaubte ich, vorübergehen, ohne Übel anzurichten, ja im Gegenteil, vielleicht sogar etwas Gutes hinterlassen. Es kam mir nicht im Geringsten in den Sinn, dass sich Italien die Freiheit aus der Hand reißen lassen würde, die so viel Blut gekostet hatte und die man in meiner Generation für immer gesichert glaubte.» Erst nach der Unterdrückung jeglicher Opposition im Gefolge der Ermordung Giacomo Matteottis trat er entschieden auf die Seite des Antifaschismus. Diesen Schritt machte Croce durch das «Manifest der antifaschistischen Intellektuellen» öffentlich, das am 1. Mai 1925 in verschiedenen Zeitungen erschien. Ursprünglich sollte dieses Manifest nur eine Antwort auf das kurz zuvor veröffentlichte «Manifest der faschistischen Intellektuellen» von Giovanni Gentile sein. Croces ehemaliger Schüler Gentile hatte darin – von Hegel ausgehend – den Staat zur übergeordneten geistigen Individualität erklärt und damit den Gehorsam gegen den faschistischen Staat zur quasi religiösen Pflicht hochstilisiert. Mit der beißenden Brillanz seines gefürchteten polemischen Stils hielt Croce dem entgegen, dass jeder Staat zunächst einmal eine ganz konkrete Regierung sei, deren ganz konkrete Maßnahmen keinerlei religiöse Verehrung verdienten. Was so zunächst nur als rein theoretische Widerlegung einer platten Staatsphilosophie begonnen hatte, wurde dann doch zu einem eindeutigen politischen Glaubensbekenntnis: «Für eine solche chaotische und unhaltbare ‹Religion› fühlen wir uns nicht genötigt, unseren alten Glauben aufzugeben: den Glauben, der seit zweieinhalb Jahrhunderten die Seele des wiedererstandenen, des modernen Italien bildet: Er gründet sich auf Wahrheitsliebe, Streben nach Gerechtigkeit, auf Menschlichkeit und Gemeinsinn, auf die Bemühung um intellektuelle und moralische Erziehung, die Bewahrung der Freiheit und die Unterstützung des Fortschritts.»

Es gelang Croce, über hundert Unterschriften zu gewinnen, und selbst die regimetreue Presse musste anerkennen, dass auf Seiten

Croces die bedeutenderen Persönlichkeiten standen, obwohl die Faschisten zum Beispiel Luigi Pirandello zu ihren Unterstützern zählen konnten. Trotz dieses Erfolges zogen später nicht wenige ihr Einverständnis zu dem Manifest Croces zurück und machten ihren Frieden mit dem Regime. Andere wandten sich von solch bloß verbaler Opposition ab und dem bewaffneten Kampf zu. Aus dem viel bewunderten und viel geschmähten Intellektuellen wurde ein einsamer alter Mann, dem selbst alte Bekannte bei seinen abendlichen Spaziergängen durch sein Viertel auswichen «aus Angst vor einem kompromittierendem Gruß», wie seine Tochter diese Zeit später beschrieb. Nach einem gescheiterten Attentat auf Mussolini durch den fünfzehnjährigen Anarchisten Anteo Zamboni im Jahr 1926 überfielen und verwüsteten faschistische Schlägertrupps auch Croces Wohnung. Die Empörung, die dieser Akt des Vandalismus in der internationalen Presse auslöste, bewahrte ihn vor weiteren Repressionen und war auch der Grund dafür, dass Croce weiterhin seine Bücher veröffentlichen und dass seine Zeitschrift «La critica» – wenn auch unter einem anderen Herausgeber – weiterhin erscheinen konnte. Croce verhielt sich loyal gegenüber *jeder* Form mutiger und konsequenter Opposition einschließlich des Partisanenkampfes, ohne selbst in seinem Widerstand weiterzugehen. *Seine* Form der Opposition war die verstärkte Hinwendung zur europäischen Kultur und denjenigen ihrer Vertreter, die mit ihm nationale Überheblichkeit ablehnten und an gemeinsame europäische Traditionen glaubten. Croce korrespondierte mit Thomas Mann und war eng mit dem großen deutschen Romanisten Karl Vossler befreundet, der 1938 durch die Nationalsozialisten seinen Lehrstuhl verlor. Als im selben Jahr auch in Italien Rassengesetze eingeführt wurden und von allen Universitätslehrern ein Rassenachweis gefordert wurde, verweigerte allein Croce jedwede Auskunft und erklärte gegenüber einem Kollegen sarkastisch: «Ich lasse mich lieber als mutmaßlicher Jude vom Lehrbetrieb ausschließen. Was für einen Sinn hat es, einen Mann, der seit ungefähr sechzig Jahren wissenschaftlich tätig ist und am politischen Leben seines Landes teilgenommen hat, zu fragen, wo und wann er geboren ist und ähnliche Banalitäten?» Mit dieser Haltung lebte Croce vor, was er als *religione civile*, als politische Religion, theoretisch entwickelt hatte.

Croce erlebte noch den Sturz der «chaotischen und unhaltbaren Religion» des Faschismus und sah seine historische Grundüberzeugung bestätigt, dass keine Sache endgültig siegreich, aber ebenso wenig endgültig verloren sein kann und dass im Leben alles aus «Gutem und Schlechtem gemischt» ist. Der einsame Philosoph aus Neapel spielte eine wichtige Rolle bei den Verhandlungen zwischen der Krone und dem Befreiungskomitee, ebenso wie in der unmittelbaren Nachkriegszeit beim Übergang zur Republik und der Ausarbeitung der Verfassung. Dann aber zog er sich endgültig dahin zurück, wo nach seinem eigenen Verständnis sein Platz war, nämlich hinter dem Schreibtisch. Als sein letztes Werk erschienen 1952 «Untersuchungen über Hegel». Am 20. November desselben Jahres starb er in seinem Arbeitszimmer im Palazzo Filomarino. An den Trauerfeierlichkeiten nahmen nicht nur der Staatspräsident und alle bedeutenden Persönlichkeiten aus dem politischen und kulturellen Leben Italiens teil. Ganz Neapel, auch die einfachsten Leute, trauerte um ihn. Die Geschäfte blieben geschlossen, und eine unübersehbare Menschenmenge folgte in den engen Straßen des Zentrums seinem Sarg. Damit bekräftigten die Neapolitaner Croces Ansicht über seine Stadt: «Neapel ist eine griechische Stadt, und auch die einfachsten Leute lieben mich, wie sie in Athen eben Philosophen liebten und verehrten.»

Croces Wirkung als Denker und moralisch-politische Autorität schien in den 50er-Jahren durch die Kritik seines schärfsten, aber auch scharfsinnigsten Gegners, Antonio Gramsci, zu verblassen. Gramsci, Gründungsmitglied der kommunistischen Partei, war bereits 1937 gestorben, aber seine wichtigsten Schriften, in denen er sich intensiv auch mit Croce auseinandersetzte, wurden erst nach dem Krieg bekannt. Nicht nur sein Werk selbst, sondern auch die

Art, wie es durch seine Partei bekannt gemacht und benutzt wurde, prägte die Nachkriegszeit in Italien zutiefst. Anders als Croce war Gramsci kein Mann, der seinen Platz im Studierzimmer sah, er wollte vielmehr trotz seiner von Jugend an schwächlichen Gesundheit und seiner Verwachsung ein Mann der Tat sein. Am Ende aber waren es seine theoretischen Reflexionen, seine Auseinandersetzung mit der Philosophie von Machiavelli über Hegel und Marx bis Croce, die ihre größte Wirkung entfalteten.

Der Sohn eines sardischen Beamten hatte sich während des Studiums in Turin der sozialistischen Partei angeschlossen und wurde zum Mitbegründer der Wochenzeitung «L'ordine nuovo». Unter dem Eindruck der Oktoberrevolution wurde die Gruppe um die Zeitschrift, die sogenannten *Ordinovisten*, zum organisatorischen Motor der Turiner Fabrikrätebewegung in den beiden «roten Jahren» 1919/20. Als die Bewegung zusammenbrach, sahen Gramsci und seine Mitstreiter den Grund für ihre Niederlage einzig und allein in der lauen Haltung der Gewerkschaften und ihrer eigenen Partei, und schließlich setzte sich der radikalste Flügel unter Amedeo Bordiga durch, der auf dem Parteitag in Livorno im Januar 1921 zur Abspaltung der *Ordinovisten* vom PSI als kommunistische Partei (PCI) führte. Obwohl Gramsci die Spaltung zunächst abgelehnt hatte, folgte er seinen Kampfgenossen in die neue Partei, später jedoch urteilte er, die Geburt des PCI sei «ohne Zweifel der größte Triumph der Reaktion» gewesen. Die Etablierung des Faschismus erlebte er nur aus dem fernen Moskau bei der Kommunistischen Internationale (Komintern). Er wurde aber dann zurückgeschickt und konnte sich 1924 erfolgreich zur Wahl für das italienische Abgeordnetenhaus stellen. Nach der Matteotti-Krise aber wurde er trotz seiner parlamentarischen Immunität verhaftet und zunächst zu fünf Jahren Verbannung, 1928 «wegen Anstiftung zum Bürgerkrieg» zu zwanzig Jahren Haft verurteilt.

Weil Gramsci jetzt nicht mehr daran glaubte, dass eine Revolution in Italien unmittelbar bevorstehe, stellte er sich gegen die von der Komintern ausgegebene Linie der Partei. Daraufhin wandten sich seine Mitgefangenen von ihm ab und ließen den Schwerkranken im Stich. Gramsci reagierte auf diese Isolation, wie es seinem verschlossenen, aber unbeugsamen Charakter entsprach. Trotz schwerer gesundheitlicher Probleme durch die Haftbedingungen stürzte er sich in den Versuch, wenn schon nicht praktisch, so doch wenigstens theoretisch eine Bilanz der zugleich politischen und persönlichen Niederlage zu ziehen und einen Entwurf für die Zukunft zu erarbeiten.

In der Einsamkeit seiner Zelle erschloss sich Gramsci ein intellektuelles Panorama, das die Grenzen des Marxismus-Leninismus sprengen sollte, denn dieser hatte in seinen Augen theoretisch und praktisch zwar nicht völlig versagt, aber dennoch entscheidende Fragen nicht beantwortet. Ausgangspunkt seiner Überlegungen war die Einsicht, dass die radikale Position seiner Partei, das Proletariat könne nur allein und allein durch eine gewaltsame Revolution die Macht erringen, ein wesentlicher Grund für den Sieg des Faschismus in Italien geworden war. Schon kurz vor seiner Verhaftung hatte er auf dem in Lyon tagenden 3. Parteitag des PCI erklärt: «In keinem Land kann das Proletariat allein die Macht erobern und halten; es muss sich also Verbündete suchen.» Um die Frage, wie diese Verbündeten gewonnen und die Macht erobert werden konnte, zu lösen, wandte sich Gramsci bewusst an die «ganz eigene italienische Tradition» und beschäftigte sich besonders mit Machiavelli und Croce, denen er viele hundert Seiten in seinen Gefängnisheften widmete.

Croce betrachtete er als den herausragenden Vertreter der Weltanschauung des liberalen Italien und besonders mit ihm wollte er «abrechnen». Dennoch entwickelte Gramsci gerade in Anlehnung an den *papa laico*, den laizistischen Papst, wie er Croce nannte, einen wesentlichen Baustein seiner über den Marxismus hinausweisenden Theorie. Detlev Albers, einer der wenigen Gramsci-Kenner in Deutschland, bezeichnete den Kern von Gramscis Theorie als die «zielstrebige, bis in die fernsten Verästelungen verfolgte Aufwertung des subjektiven Faktors in der materialistischen Geschichtskonzeption», verbunden mit dem «Beharren auf der eigenständigen, unabgeschlossenen und unersetzbaren Funktion der Philosophie für das Zustandekommen revolutionärer Praxis».

Seine komplizierten Überlegungen legte Gramsci nicht systematisch nieder, sondern in Form von Arbeitsnotizen, Exzerpten und kurzen Essays in 32 Heften auf insgesamt 2848 Seiten verstreut, die von seiner Schwägerin Tatjana Schucht für die Nachwelt gerettet wurden. Briefe an die Familie und der Kontakt zu Tatjana, die sich als Einzige aufopfernd um den Gefangenen kümmerte, waren – neben der geistigen Arbeit – der emotionale Rettungsanker, der Gramsci immer wieder über Phasen der Depression, schwerster körperlicher Leiden und intellektueller Erschöpfung hinweghalf. In Freiheit hatte Gramsci sein ganzes Privatleben der politischen Arbeit geopfert, seine beiden in Moskau lebenden Kinder kaum gesehen und so etwas wie Familienleben nur für wenige Wochen erlebt. Im Gefängnis wurde ihm nun der Traum von einem einfachen Leben in fast poetischer Form zum einzigen Trost. Bis zu seinem Tod am 27. April 1937, wenige Monate nach der Entlassung, kam in den Briefen nie mehr der Parteiführer, immer seltener der Theoretiker, sondern immer mehr der scheue Sarde mit dem verwachsenen Körper und der sehr komplizierten Psyche zu Wort. Auch und gerade deshalb waren die Briefe, die unmittelbar nach dem Zweiten Weltkrieg von dem alten und neuen Parteivorsitzenden Palmiro Togliatti herausgegeben wurden, eine literarische Sensation und wurden mit dem renommierten Literaturpreis «Premio Viareggio» ausgezeichnet. Ein Jahr später begann die Publikation der Gefängnishefte. Die Art, wie mit diesem wertvollen Erbe des Antifaschismus umgegangen wurde, war jedoch, wie wir sehen werden, durchaus problematisch.

6

DIE VIELEN GESICHTER ITALIENS

Vielleicht wird Italien nie ein normales Land. Oder vielleicht ist es ein Land, in dem alles normal wird. Man kann in der Telefonzentrale des Abgeordnetenhauses anrufen und verlangen: «Die Massaker, bitte». Die Stimme am Telefon antwortet: «Bleiben Sie am Apparat», und verbindet mit der Parlamentarischen Untersuchungskommission über die Massaker.

Adriano Sofri, *La notte che Pinelli*, 2009

GRUNDKONSENS RESISTENZA

Der 25. April ist in Italien als «Tag der Befreiung» vom Faschismus ein Feiertag und wurde jahrzehntelang als der eigentliche Nationalfeiertag empfunden (neben dem 2. Juni, dem Tag der Republik). An diesem Tag versicherten sich die Italiener über alle gesellschaftlichen und politischen Gegensätze hinweg der gemeinsamen moralisch-politischen Basis ihres Gemeinwesens. Das ist heute nicht mehr der Fall, und nicht nur, weil von den Protagonisten der damaligen Zeit, den Partisanen, kaum mehr jemand am Leben ist.

Angesichts der Versäumnisse und der Heuchelei der königlichen Regierung unter Badoglio gewann Italien in den letzten beiden Jahren des Zweiten Weltkriegs seine Selbstachtung und sein Ansehen bei den Alliierten einzig und allein durch den Widerstand gegen die deutsche Besatzung und gegen die unter deutschem Schutz errichtete Marionettenrepublik Mussolinis, die *Repubblica sociale italiana* (RSI), die nach ihrem Hauptquartier am Gardasee auch Republik von

Salò genannt wird. Nicht allein der militärische Beitrag der *Resistenza* zur Befreiung von Faschismus und deutscher Besatzung, sondern vor allem das *moralische* Zeichen bildete die entscheidende Voraussetzung für den Weg Italiens in eine demokratische und friedliche Nachkriegszeit. Obwohl die Partisanenorganisationen der unterschiedlichen politischen Strömungen bis zum Schluss weitgehend unabhängig voneinander agierten, gelang es den Parteien im CLN, dem Nationalen Befreiungskomitee, konstruktiv zusammenzuarbeiten und eine Allparteienregierung der antifaschistischen Kräfte durchzusetzen, die gegenüber den Alliierten als legitime Vertretung eines neuen, antifaschistischen Italien auftreten konnte. Die alliierte Offensive ging quälend langsam voran, denn die Südflanke des konzentrischen Angriffs auf Hitlers Festung Europa war nach wie vor ein Nebenkriegsschauplatz. Erst im Mai 1944, fast ein Jahr nach der alliierten Landung in Sizilien, wurde die sogenannte Gustavlinie nördlich von Neapel durchbrochen, und bis in die ersten Monate des folgenden Jahres konnten die deutschen und faschistischen Truppen immer noch eine Front auf den Höhen des Apennin halten. Obwohl der englische General Alexander zudem im November 1944 die Partisanen dazu aufrief, sich auf defensive Aktionen zu beschränken, banden deren Aktionen jedoch große Kräfte der Deutschen und der Faschisten. Die wichtigsten Gruppierungen waren die kommunistischen Garibaldi-Brigaden sowie die Matteotti-Brigaden der Sozialisten und die Gruppen *Giustizia e libertà* der neu gegründeten republikanischen Aktionspartei. Bis zum Frühjahr 1945 nahmen mehr als 200 000 Männer und auch Frauen aktiv am Partisanenkampf teil. Viel mehr Menschen aber beteiligten sich noch an den Streiks und Demonstrationen, die im ganzen Lande immer wieder aufflammten und nicht selten mit Toten und Verletzten endeten. Sie richteten sich gegen die von der RSI gnaden- aber doch meist erfolglos auferlegte Wehrpflicht, gegen die sich verschlechternden Lebensbedingungen und gegen den Abtransport von Produktionsanlagen, Lebensmitteln und Materialien. Hunderttausende streikten im März

1944 in allen von den Deutschen besetzten Gebieten und blockierten kriegswichtige Betriebe. Im Juni 1944 legten die Arbeiter des Turiner Fiatwerks Mirafiori gegen den Abtransport von Produktionsanlagen für Flugzeugmotoren unter der Parole «kein Mann und keine Maschine nach Deutschland» die Arbeit nieder. Schon Ende 1943 schlossen sich Frauen zu einer eigenen Widerstandsorganisation innerhalb des CLN zusammen; im folgenden Jahr protestierten die Reispflückerinnen (*mondine*) der Emilia den ganzen Sommer lang gegen den Abtransport der Lebensmittel, und im Frühjahr 1945 ließen die Frauen von Ferrara die Einberufungslisten in Flammen aufgehen. Auch die brutalste Repression der Deutschen und der Faschisten konnte diese flächendeckende Bewegung nicht stoppen. Traurige Berühmtheit erlangte die Erschießung von 335 willkürlich gewählten unschuldigen Geiseln in den Fosse Ardeatine bei Rom nach einer Partisanenaktion in der Via Rasella, bei der 33 Soldaten getötet worden waren (23. März 1944). Im August 1944 trieb eine Division der SS unter General Walter Redler, die eigentlich nach Partisanen suchen sollte, das ganze Dorf Sant'Anna di Stazema nahe Lucca zusammen, tötete 560 Menschen, vornehmlich Frauen und Kinder, und brannte die Häuser nieder. Dieselbe SS-Division verübte Ende September das schlimmste Massaker an Zivilisten in Marzabotto nahe Bologna, bei dem nach einigen Quellen über 1800 Menschen wahllos umgebracht und ihre Häuser zerstört wurden. Diese Verbrechen belasten bis heute das Verhältnis zu Deutschland, ihre Verfolgung wurde aber auch von bestimmten Kreisen in Italien verzögert. Bis 1994 lagerten Akten über diese und andere deutsche Kriegsverbrechen in einem versiegelten, mit der Tür zur Wand gekehrten Schrank im Sitz der italienischen Militärstaatsanwaltschaft. Bis heute sind nur wenige der Täter verurteilt, und die wenigen wurden entweder vorzeitig entlassen oder mussten ihre Strafe nie antreten.

Unter großen Opfern gelang es der antifaschistischen Bewegung im April 1945, die deutschen Besatzer noch vor dem Eintreffen der Alliierten aus den Städten Norditaliens zu vertreiben. Um den

25. April kam es überall zu Aufständen und zur Übernahme der Stadtverwaltungen durch Vertreter der Befreiungskomitees. Der Duce der faschistischen Marionettenrepublik wollte verkleidet als deutscher Soldat mit seinen Beschützern über die Grenze fliehen. Bei Dongo oberhalb des Comer Sees wurde die Kolonne von kommunistischen Partisanen gestoppt, Mussolini entdeckt und mit weiteren Faschisten und seiner Geliebten Clara Petacci festgenommen. Nach einem summarischen Prozess vor Vertretern des lokalen CLN wurden Mussolini, seine Geliebte und die anderen Faschisten erschossen und am nächsten Tag auf der Piazza Loreto in Mailand, an den Füßen am Gitterdach einer Tankstelle aufgehängt, dem Spott der Menge preisgegeben. Auf diesem Platz waren im August 1944 fünfzehn erschossene Partisanen in ähnlicher Weise öffentlich zur Schau gestellt worden. Das Befreiungskomitee vollzog also das gleiche grausame Ritual

Die Leichen Mussolinis, seiner Geliebten Clara Petacci und eines Parteiführers an einer Mailänder Tankstelle aufgehängt, 1945

wie die geschlagenen Faschisten, denn es wollte damit, wie der italienische Zeithistoriker Sergio Luzzatto jüngst schrieb, «den Sieg der *Resistenza* künden und zugleich die Bestandteile des charismatischen Pakts zwischen Mussolini und den Italienern widerrufen: den Kult des Übermenschen, die Verherrlichung der Gewalt, den Anspruch auf das Primat des italienischen Volkes über die Völker des Mittelmeerraumes, die Komplizenschaft der savoyischen Monarchie mit einem Emporkömmling aus der Provinz.»

Das Italien der Nachkriegszeit sollte nicht aus dem Bewusstsein der Schuld an der zwanzigjährigen Herrschaft des Faschismus, sondern aus dem Stolz über den Widerstand und die eigene Befreiung hervorgehen. Auf dieser Basis schufen die fünf antifaschistischen Parteien in konfliktreicher Gemeinsamkeit während der Jahre 1943 bis 1948 ein neues Italien, das entschieden mit der Vergangenheit brach und doch eine unterirdische, gefährliche Kontinuität mit der Vergangenheit zuließ. Dazu trug das Einwirken von außen durch den sich verschärfenden Kalten Krieg wesentlich bei. Der kommunistischen Partei fiel in diesem Bündnis des «historischen Kompromisses» zunächst eine Führungsrolle zu, weil sie darauf verweisen konnte, dass sie die Hauptlast des antifaschistischen Widerstands und auch der *Resistenza* getragen hatten. Dagegen befand sich die neu gegründete *Democrazia cristiana* (DC) zunächst in einer unterlegenen Position. Nach dem Verbot des katholisch orientierten *Partito popolare italiano* (PPI) 1925 hatte die Partei weder im Untergrund noch im Exil weiter bestanden. Die Kirche beschränkte sich darauf, führenden Mitgliedern hinter den Mauern des Vatikans Schutz zu gewähren. Erst 1942, als die Niederlage des Faschismus absehbar war, wurde die DC unter Alcide De Gasperi, dem letzten Vorsitzenden des PPI, in Mailand heimlich neu gegründet. Die DC konnte sich also nicht auf eine antifaschistische Vergangenheit berufen, und auch die Beteiligung katholisch orientierter Gruppierungen an der *Resistenza* war vergleichsweise gering. Im Rahmen der provisorischen Regierungen des CLN musste sie sich deshalb auf die Zusammenarbeit mit dem PCI einlassen.

Der «Wind aus dem Norden» werde nach dem Krieg, so hofften die Kämpfer der *Resistenza,* wie ein Sturm durch ganz Italien fegen. Sie berücksichtigten dabei nicht, dass Italien seit dem 8. September 1943 fast zwei Jahre lang in zwei bzw. sogar drei Teile gespalten war. Der Süden, das sogenannte *Regno del Sud,* war von den Alliierten befreit worden und hatte den Widerstand nie erlebt. Dort bestand nicht nur die Monarchie weiter, sondern es blieben auch die unter dem Faschismus tätigen Verwaltungen und Justizorgane unangetastet. Darüber hinaus hatten die Alliierten aus den Vereinigten Staaten Italoamerikaner, meist aus dem Umkreis der Mafia, mitgebracht, die für Ruhe und Ordnung unter der alliierten Besatzung sorgen sollten. Der Partisanenkampf in Mittel- und Norditalien dagegen hatte vor allem im Norden, in den Bergen und in der Emilia-Romagna, den Charakter eines blutigen Bürgerkriegs angenommen, der mit dem Ende Mussolinis und der deutschen Kapitulation keineswegs zu Ende war und noch jahrelang zu «wilden» Säuberungen führte. Diese Spaltung des Landes trat auf dramatische Weise bei der Volksabstimmung über die künftige Staatsform am 2. Juni 1946 zutage. Obwohl insgesamt eine Mehrheit von 54,9 Prozent der Stimmen für die Abschaffung der durch ihre Haltung gegenüber dem Faschismus kompromittierten Monarchie stimmte, hatte die Republik nur dank der Stimmen in Nord- und Mittelitalien gesiegt. In Rom und im Süden besaßen die Stimmen für die Monarchie ein teilweise markantes Übergewicht.

Die größte und bleibende Leistung der Zeit der antifaschistischen Einheit war die Ausarbeitung der republikanischen Verfassung, die am 1. Januar 1948 in Kraft trat. Aber auch diese trug bereits Züge des tiefen Antagonismus zwischen den beiden führenden Parteien. Der erste Teil der Verfassung enthielt eine Reihe programmatischer Aussagen und Aufträge an den Gesetzgeber, die vage formuliert waren und lange bloß auf dem Papier existierten, wie die Einrichtung eines Verfassungsgerichts oder die Dezentralisierung der Verwaltung und die Schaffung von Regionen. Im zweiten Teil, in dem die demokratischen Organe behandelt wurden, entstand ein instabiles Gleichgewicht zwischen einem starken Parlament aus zwei fast gleichwertigen Kammern und einem Ministerpräsidenten, der durch allerlei Sonderrechte wie Erlasse (*decreto legge*) das Parlament umgehen konnte. Der am heftigsten diskutierte Punkt der Constituante war die Aufnahme der Lateranverträge in die Verfassung. Konkret bedeutete dies die verfassungsrechtlich bizarre Konstellation, den Vertrag mit einem anderen Staat Teil der Verfassung werden zu lassen und machte Italien zu einer Demokratie, in der der Katholizismus bis zur Revision des Konkordats (1984) Staatsreligion war. Der PCI-Vorsitzende Palmiro Togliatti stimmte schließlich in der Hoffnung zu, «zehn, zwanzig Jahre der Zusammenarbeit mit der Democrazia Cristiana» zu retten. Die Verfassung konnte dadurch zwar tatsächlich gerettet werden, die antifaschistische Einheit dagegen nicht.

Gebraucht wurde die antifaschistische Einheit noch für den Abschluss des Friedensvertrags von 1947, der Italien schon zwei Jahre nach Kriegsende seine volle Souveränität zurückgab. Ähnlich wie nach dem Ersten Weltkrieg wurde auch nach dem Zweiten Weltkrieg der Friedensvertrag in Italien überwiegend als Demütigung, ja als «Schmach» betrachtet, weil man diesmal die Leistungen der Resistenza als nicht genügend berücksichtigt fand. Besonders umstritten waren die territorialen Bestimmungen. Italien behielt zwar Trient und Südtirol. Dafür begannen Ministerpräsident De Gasperi und der österreichische Außenminister Gruber schon während der Konferenz ein Abkommen zum Minderheitenschutz auszuhandeln, dessen Verwirklichung später verzögert wurde und über Jahrzehnte zu Spannungen führte, von denen noch die Rede sein wird. Andererseits verlor Italien nicht nur alle Eroberungen und alle Kolonien, so dass es endgültig seinen Status als «Großmacht» einbüßte. Große Gebiete musste es auch an Jugoslawien abgeben, darunter ganz Istrien und Fiume. Triest und sein Umland blieben zunächst unter alliierter Verwaltung. Erst nach schwierigen Verhandlungen kam die Stadt Triest zu Italien, und erst 1975 wurden im Vertrag von Osimo die Grenzstreitigkeiten endgültig beigelegt. Belastet und verdüstert waren diese Verluste zudem durch die bis heute in ihrem Umfang nie ganz geklärten Massaker jugoslawischer Partisanen an der italienischen Bevölkerung im Julischen Venetien während der letzten beiden Kriegsjahre, bei denen die ca. 5000 bis 10 000 Opfer in die *foibe*, die Karsthöhlen, geworfen wurden. Eine Mitschuld an diesen sogenannten *foibe*-Morden, aber auch ganz allgemein am Verlust dieser Gebiete gaben konservative Kreise dem PCI, denn die Partei hatte das Vorrücken der Partisanen Titos begrüßt und begünstigt. So übernahm der PCI einerseits als Teil der antifaschistischen Regierung die Mitverantwortung für den Friedensvertrag, wurde aber zugleich für dessen «schmachvolle» Bedingungen an den Pranger gestellt. Der Bruch war vorprogrammiert.

KATHOLIZISMUS, KOMMUNISMUS UND OKKULTE MÄCHTE

Nachdem De Gasperi als Ergebnis einer Amerikareise die Kommunisten nicht mehr an seiner vierten Regierung beteiligt hatte, wurde die erste Wahl auf der Basis der Verfassung am 18. April 1948 – erstmalig unter Berücksichtigung des neuen Frauenwahlrechts – zu einer «Schicksalswahl», einem Kampf der Kulturen zwischen den zur Volksfront vereinigten Sozialisten und Kommunisten und der DC. Die DC gewann triumphal mit über 48 Prozent der Stimmen, während die Kommunisten «nur» 30 Prozent erreichten. Diesen Sieg verdankte die DC der massiven Unterstützung durch die USA und durch den Vatikan, der die Kommunisten als «moderne Barbaren» bezeichnete. Im Rahmen des heraufziehenden und sich verschärfenden Kalten Krieges war Italien trotz seiner scheinbaren Randlage ein Frontstaat, in dem die Auseinandersetzung zwischen den Systemen und Ideologien mit äußerster Härte ausgetragen wurde. Durch Italien verlief keine sicht- oder greifbare Grenzlinie wie in Deutschland, und dennoch war es ein geteiltes Land und blieb es auf Jahrzehnte.

Die Grenze verlief quer durch die Gesellschaft, sie war unsichtbar, sie war nicht statisch, sondern in ständiger Bewegung und wurde von Mächten gesteuert, die zum Teil ebenso wenig sicht- und greifbar waren.

Die amerikanische Regierung hatte die ersten Lebensmittellieferungen nicht über die Regierung der antifaschistischen Einheit, sondern über den Vatikan an die Not leidende Bevölkerung verteilen und rechtzeitig die ersten Lieferungen aus dem Marshall-Plan nach Italien gelangen lassen. Im ersten Quartal 1948 erhielt Italien von den USA 176 Millionen Dollar «Übergangshilfe». Mit einer massiven Propaganda-Kampagne durch Filme sowie dem Besuch prominenter Italoamerikaner hatte man den *American way of life* propagiert. Die Kirche ihrerseits hatte nicht nur ihr bestehendes Netz von Pfarreien und Laienorganisationen zur politischen Beeinflussung genutzt, sondern noch im Februar 1948 flächendeckend über 20 000 «Bürgerkomitees» aus dem Boden gestampft, um eine «neue christliche Kultur» ins Leben zu rufen, wie Pius XII. im Gründungsaufruf schrieb. Sie wurden von den Bischöfen, aber auch durch abgezweigte Marshallplan-Gelder finanziert und hatten die Aufgabe, alle Kräfte zu mobilisieren, ja selbst Kranke und Gebrechliche zur Wahl zu schleppen. Gezielt sprach der Wahlkampf religiöse Empfindungen an und schreckte auch vor der Mobilisierung des Aberglaubens nicht zurück. Allein in Neapel mussten 36 Marienstatuen weinen, um vor dem Sieg der Volksfront zu warnen. Diese Mobilisierung für die DC beschrieb der linksliberale Schriftsteller Pietro Citati später – in Anlehnung an eine Formulierung Pier Paolo Pasolinis – sarkastisch als «anthropologische Veränderung»: «Wer jung war in den Jahren zwischen 1945 und 1948, der sah plötzlich eine Rasse auftauchen, die er nie gekannt hatte: die Christdemokraten. Bis dahin hatten sie ein verborgenes Leben geführt um die Erzbistümer, die Sakristeien, die katholischen Schulen und Verbände, und sie schienen ganz erstaunt zu sein, dass sie sich plötzlich im Sonnenlicht befanden. ... In ihrer Gestik und ihren Worten gab es nicht mehr den fernsten Anklang an die faschistische Sprache, so als hätten sie wunderbarer Weise unberührt in ihren weihrauchgeschwängerten Katakomben gelebt. ... Mit dem Jahr 1948 besetzten die Christdemokraten ganz überraschend fast die ganze Macht, wie eine langsame, geordnete und alles bedeckende Meeresflut.»

Dieser Flut hatte die Volksfront wenig entgegenzusetzen. Das Vorbild der Sowjetunion, die selbst geschwächt und verarmt aus dem Krieg hervorgegangen war, vermochte mit dem amerikanischen Versprechen von Wohlstand und Konsum für alle nicht zu konkurrieren. Deshalb konnte die Partei nur mit dem Hinweis auf ihre nicht vom Faschismus befleckten *Mani pulite* (sauberen Hände) und ihren unbestreitbaren Antifaschismus punkten. Aus diesem Grund ließ Palmiro Togliatti die Briefe und Tagebücher Gramscis veröffentlichen. Aber er tat dies in einer Form, die letztlich – allerdings erst viel später – seiner eigenen Partei schwer schadete. Die jüngere Generation auch innerhalb der kommunistischen Partei, die erst in der *Resistenza* für die Sache des Kommunismus gewonnen worden war, konnte bis dahin mit Gramscis Namen wenig oder nichts anfangen. Nun aber taten die alten Weggefährten, die ihn lange, bevor er starb, im Stich gelassen und totgeschwiegen hatten, alles, um Gramsci zum Märtyrer im Kampf gegen den Faschismus und als Symbolfigur für das neue aus dem Antifaschismus geborene Italien zu reklamieren. Aus der Erstveröffentlichung der Briefe waren sorgfältig alle Stellen getilgt, die einen Hinweis auf die Tiefe des Zerwürfnisses und die Bitterkeit Gramscis hätten geben können. Über die dunklen Jahre seit 1928 wurde ein Schleier heroischer Halbwahrheiten gebreitet, der erst seit den 60er-Jahren allmählich gelüftet wurde.

Obwohl die DC nie mehr an das Traumergebnis von 1948 herankam und instabile Bündnisse mit kleinen und kleinsten Parteien eingehen musste, blieb die Grundkonstellation dieser Wahl in den kommenden Jahrzehnten erhalten: Die ehemaligen «Antisystemkräfte», die aus unterschiedlicher Richtung das liberale Italien bekämpft hatten, wurden nun die tragenden Säulen des neuen republikanischen Italien, in dem sie einander antagonistisch gegenüberstanden. Für die DC galt als ungeschriebenes Grundgesetz über und vor der Verfassung die *conventio ad excludendum*, wie der Jurist Leopoldo Elia die stillschweigende Übereinkunft, den PCI nie an der Regierung zu beteiligen, genannt hat. Mit anderen Worten formulierte dies ein Dekret des Heiligen Offiziums von 1949, in dem es hieß, dass alle, die «sich zur Doktrin des Kommunismus, Materialismus und Antichristianismus bekennen, und vor allem diejenigen, die sie verteidigen und propagieren ipso facto als Abtrünnige des katholischen Glaubens exkommuniziert werden». Die Kirche wiederholte damit gegenüber den kommunistischen Wählern ihr Anathema von 1874 gegen das liberale Italien, das sich als Tragödie für den jungen Nationalstaat erwiesen hatte.

Der Antagonismus der beiden Großen reichte bis in die Tiefe der Gesellschaft und spaltete das Land in zwei hoch politisierte «Subgesellschaften». Spiegelbildlich entwickelten sich aus der ehemaligen Notabeln- und der ehemaligen Kaderpartei zwei Massenparteien, die in vielen Aspekten die Organisationsstruktur der faschistischen Partei nachahmten. Sie schufen sich Basisorganisationen und der Partei nahe stehende Vereinigungen für jedes Alter und jeden kulturellen Bereich, die das Land bis in alle Winkel und in alle gesellschaftlichen Schichten erfassten und von einer streng hierarchischen Funktionärsstruktur kontrolliert waren. Zum Teil gab es sogar eine sehr konkrete Kontinuität zum Faschismus. So wurden gelegentlich die *case del fascio* in die *case del popolo* des PCI umgewandelt. Die DC konnte darüber hinaus ihren Einfluss über die kirchlichen Gruppierungen der *Azione cattolica* und über die Pfarreien geltend machen. Die Finanzierung dieser tiefen Verwurzelung in der Gesellschaft kam in nicht geringem Maße von den Kräften hinter den Parteien, von denen sie mehr oder minder eng am Zügel gehalten wurden. Die DC war mit dem Vatikan und den USA sogar Dienerin zweier Herren, während der PCI sich zwar bald auf den «eigenen

Weg zum Sozialismus» machen wollte, finanziell aber in bis heute nicht geklärtem Ausmaß am Tropf der großen Bruderpartei in der Sowjetunion hing.

In ihrer privilegierten Position als immerwährende Regierungspartei unterwarf sich die DC darüber hinaus den gesamten Staatsapparat und große Teile der Wirtschaft in einem Ausmaß, wie dies in keinem anderen Land des Westens der Fall war. Sie schuf ein wirtschaftliches Zwitterwesen, das nicht zu Unrecht als realsozialistischer Kapitalismus verspottet worden ist, der freilich keinerlei soziale Züge trug. In der *Außen*wirtschaft brach Italien durch die Einbindung in den Westen mit der traditionellen Politik des Protektionismus, hinter dessen schützenden Mauern sich die italienische Industrialisierung seit dem Ende des 19. Jahrhunderts vollzogen hatte. In der *Binnen*wirtschaft dagegen führte es den traditionellen Kurs staatlicher Subventionierung und Wirtschaftslenkung fort. Neben der grundlegenden Weichenstellung für Freihandel und Integration in den westeuropäisch-amerikanischen Markt war von ausschlaggebender wirtschaftlicher *und* politischer Bedeutung, dass die halbstaatliche Industrie, die unter dem Faschismus entstanden war, nicht nur erhalten, sondern ausgebaut wurde. 1933 war das IRI, das Institut für Wiederaufbau, gegründet worden, um Unternehmen und Banken, die in der großen Depression von 1929 ins Straucheln geraten waren, durch Teilverstaatlichung zu retten. Seit 1948 konnten sich in den DC-Regierungen diejenigen Stimmen durchsetzen, die nicht nur die Erhaltung des IRI, sondern sogar den Ausbau des staatlichen Sektors verlangten. Ein schon seit den 30er-Jahren bestehender Plan zum Aufbau einer italienischen Schwerindustrie vom Rohstoff bis zum Endprodukt unter staatlicher Leitung wurde wieder aufgegriffen. Dieser Plan trug deutlich die Züge des faschistischen *Impero*, denn Italien als ein Land ohne Rohstoffe konnte die Nachteile des notwendigen Imports von Eisenerz und Kohle kaum wettmachen. Der Anteil der halbstaatlichen Unternehmen in der Industrie wuchs bis in die Mitte der 70er-Jahre von 20 auf 40 Prozent. Diese Politik zielte auf die forcierte Umwandlung vom nach wie vor überwiegenden Agrar- zum Industrieland und wies Italien im Rahmen des Weltmarktes die Rolle des Billiglohnlandes zu. Die Arbeitskräfte standen im Süden und in der Landwirtschaft bereit, in der immer noch 43 Prozent der arbeitenden Bevölkerung beschäftigt waren. Deshalb wurde neben der Industrieförderung ein gigantisches Programm zur Strukturreform der Landwirtschaft aufgelegt. Die *Cassa per il Mezzogiorno* (Kasse für den Süden) versprach zwar eine Landreform, in Wirklichkeit aber kam sie vor allem den Großgrundbesitzern zugute. Damit war der «agrarisch-industrielle Block», der seit dem Ende des 19. Jahrhunderts bestanden und auch den Faschismus getragen hatte, in neuer, verhängnisvoll erweiterter Form wieder hergestellt. Zugleich hatte die DC ein Machtinstrument von gewaltigen Ausmaßen in Händen. Im Feilschen um Posten und Pfründen, um Einfluss und Klientelen, die mit diesem Machtinstrument zu binden waren, zerfiel die Partei in einander erbittert bekämpfende Strömungen, deren Sieg oder Niederlage sich in langen Regierungskrisen und rasenden Regierungswechseln unter letztlich immer den gleichen Führungsfiguren niederschlugen. Einziges Bindemittel der auseinanderstrebenden Parteiflügel war die Gegnerschaft gegen den Kommunismus.

Es war unschwer zu erkennen und wurde auch von jedermann wortreich beklagt, dass unter diesen Umständen langfristige politische Programme keine Chance hatten. Umso schwieriger war es gegenzusteuern. Aldo Moro und seine Strömung der *dorotei* (nach einem Kloster der heiligen Dorothea, in dem die Gruppe 1959 zusammengetreten war) strebten an Stelle der Bündnisse der DC mit kleinen und kleinsten Parteien eine Koalition auf fester programmatischer Basis mit der sozialistischen Partei an, die sich wieder aus der Einheitsfront mit dem PCI gelöst hatte. Jahrelang warb Moro für das, was er mit seiner unnachahmlichen Rhetorik als «konvergierende Parallelen» bezeichnete. Als das Bündnis schließlich 1963 endlich zustande kam und die erste Mitte-Links-Regierung unter Moro aus der Taufe gehoben werden konnte, war das Programm jedoch so zerfleddert, dass außer der Verstaatlichung der Elektroindustrie wenig übrig blieb. Die erste Mitte-Links-Regierung zerbrach bereits nach einem halben Jahr.

Dennoch kam bald ans Licht, dass selbst diese vorsichtige Öffnung nach links von Kräften bekämpft wurde, die alles andere als demokratische Mittel einzusetzen gedachten, um ihren Vorstellungen Geltung zu verschaffen. 1967, in dem Jahr, in dem in Griechenland die Obristen putschten, deckte das Magazin «Espresso» auf, dass der Carabinieri-General De Lorenzo bereits 1964 ganz ähnliche Pläne verfolgt hatte und dass die gesamte Führungsspitze der DC über diese Aktivitäten im Bilde gewesen war. Dennoch war der General ein Jahr später als Generalstabschef mit der zweithöchsten Stelle des Heeres betraut worden. Ein später eingesetzter Untersuchungsausschuss deckte darüber hinaus ein weit reichendes Netz von Verbindungen zu den Geheimdiensten, zum CIA und zu neofaschistischen Gruppierungen auf, ohne dass deren Einfluss im Einzelnen je geklärt werden konnte.

Der Fall De Lorenzo war der erste einer langen Reihe bis heute nicht in vollem Umfang erhellter Episoden, die das Misstrauen aufkommen ließen, es existiere in Italien ein verborgener Staat im Staat oder vielmehr hinter dem Staat, in dem Teile der inländischen und ausländischer Geheimdienste, rechtsradikale Gruppen und Politiker der DC mitmischten. De Lorenzos «Piano Solo» war nicht zur Ausführung gekommen, aber in den 70er-Jahren brachte diese «Strategie der Spannung» die italienische Demokratie an den Rand des Zusammenbruchs.

PROTEST UND GEWALT

Die staatliche Subventionierung großer Teile der Wirtschaft und die Integration Italiens in den Weltmarkt führten zu einem Entwicklungsschub, der das Land aus seiner Rückständigkeit in die ersten Reihen der westlichen Industriestaaten katapultierte. Einen ersten

Höhepunkt erreichte diese Entwicklung in der Zeit des Wirtschaftswunders von 1958 bis 1962. Seit den 50er-Jahren wuchs das Bruttoinlandsprodukt um durchschnittlich 5,8 Prozent, wobei die Industrie ihren Anteil von 41,8 auf 45,3 Prozent, der Dienstleistungssektor sogar von 35,9 auf 42 Prozent erhöhte, während gleichzeitig die Landwirtschaft von 22,3 auf 13,5 Prozent zurückfiel. Anfang der 60er-Jahre hatte sich der Anteil der in der Landwirtschaft Beschäftigten gegenüber der unmittelbaren Nachkriegszeit fast halbiert (von 43,9 auf 26,6 Prozent). Symbole dieses ungeheuren Wirtschaftsaufschwungs waren der Fiat 600 und später der Fiat 500 auf den Straßen Italiens. Das Land trat in das Zeitalter der Massenmotorisierung ein, und Turin wurde endgültig zur Fiat-Stadt: 1961 waren hunderttausend Menschen direkt bei Fiat beschäftigt, ein Zehntel der Turiner Bevölkerung. Diese wirtschaftliche Entwicklung war Auslöser einer soziokulturellen Umwälzung ungeheuren Ausmaßes, auf die vor allem die Politik nicht vorbereitet war und der sie in keiner Weise gerecht wurde. Ihre Auswirkungen sind bis heute spürbar und in vieler Hinsicht unbewältigt.

Die tiefsten Spuren hat die massive interne Migration hinterlassen, die hunderttausende Arbeitskräfte aus dem Süden und aus der Landwirtschaft in die Industriezentren vor allem des Industriedreiecks im Nordwesten spülte und aus Bauern und Tagelöhnern Fabrikarbeiter und Stadtbewohner machte. In den Jahren 1955 bis 1971 waren mehr als neun Millionen Menschen an dieser Binnenwanderung beteiligt. Der Süden entvölkerte sich, und das seit Jahrhunderten bestehende Ungleichgewicht zwischen Süden und Norden vertiefte sich. Auch wenn sich mit staatlicher Hilfe in einigen «Industrialisierungsschwerpunkten» wie Tarent, Neapel oder Brindisi private und halbstaatliche Unternehmen ansiedelten, blieben diese doch «Kathedralen in der Wüste» ohne Breitenwirkung auf die gesamte Region. Trotz hoher öffentlicher Investitionen stieg der Anteil der in der Industrie Beschäftigten in der Zeit von 1961 bis 1975 im Süden nur um 2,6 Prozent, während dieser Anstieg im übrigen Italien 10,5 Prozent betrug. Die Städte des Nordens, Turin, Mailand, Genua, aber auch die kleineren Zentren der westlichen Poebene platzten durch die Zuwanderung aus allen Nähten, es mangelte an Infrastruktur, Wohnraum, Schulen und Krankenhäusern, von Freizeitmöglichkeiten ganz zu schweigen. Alle Anzeichen sozialer Reibungen und Konflikte, die mit diesen ungeheuren Veränderungen einhergingen, wurden von der DC einseitig als kommunistische Aufstandsversuche gedeutet und mit brutaler Härte niedergeschlagen. In den Fabriken herrschte ein regelrechtes Spitzelsystem, und besonders gewerkschaftlich oder in den linken Parteien organisierte Arbeiter waren ständigem Druck ausgesetzt, wurden entlassen oder strafversetzt. Fiat unterhielt einen Überwachungsapparat von über tausend Personen und legte in der Zeit zwischen 1949 und 1966 illegale Dossiers von über 200 000 Arbeitern an. Am Zusammentragen der Informationen waren nicht nur Polizei und Carabinieri, sondern gegen jedes Recht auch der militärische Geheimdienst beteiligt. Sobald die Proteste auf die Straße getragen wurden, gab es regelmäßig Tote und Verletzte. Die berüchtigten Überfallkommandos (*celere*) des langjährigen Innenministers Mario Scelba, die rücksichtslos in protestierende Menschenketten hineinrasten und allzu schnell von der Schusswaffe Gebrauch machten, ließen die Auseinandersetzungen immer erbitterter werden und die Fronten verhärten.

Der schärfste Widerstand kam – überraschend für die etablierten politischen Kräfte – nicht von den Fabrikarbeitern des Nordens und auch nicht von den Bauern des Südens, sondern von den Studenten. Eine neue Generation junger Leute war zum ersten Mal sichtbar geworden, als der rechte Flügel der DC 1960 versuchte, mit Hilfe der Monarchisten und Faschisten zu regieren. Diese «Jungs mit den Ringelpullis» tauchten aus dem Nichts auf, bewiesen äußersten Mut in der Auseinandersetzung mit der Polizei, verschwanden aber danach wieder in den Hörsälen und Studierstuben. Dort fragten sie sich, warum es so weit hatte kommen können, und fanden für sich heraus, dass es der PCI war, der versagt hatte, weil die Partei zwar vom Sozialismus sprach, aber in Wirklichkeit höchstens sozialdemokratische Politik machte. Diese *doppiezza* (Doppelbödigkeit) hatte sie immer charakterisiert und deshalb hatte sie alle «revolutionären» Situationen ungenutzt vorübergehen lassen, angefangen von der «roten Woche» vor dem Ersten Weltkrieg über die «zwei roten Jahre» danach bis hin zur unmittelbaren Nachkriegszeit mit ihrem Bündnis mit der DC, das diese nur zu ihren Gunsten und zu Gunsten der Wiederherstellung der alten Machtverhältnisse genutzt hatte. Solche Thesen zirkulierten zunächst nur in verschiedenen neu gegründeten Zeitschriften, waren aber spätestens 1966/67 in aller Munde.

Die italienische Studentenbewegung ist natürlich nicht isoliert zu betrachten, sondern als Teil der weltweiten Protestwelle, mit der sie vieles gemeinsam hat. Wie in den USA, Frankreich und Deutschland beispielsweise bestimmten zunächst die Studienbedingungen der völlig überfüllten und veralteten Universitäten und dann der amerikanische Vietnamkrieg den Inhalt der Proteste. Doch die italienische Studentenbewegung war darüber hinaus geprägt von zwei spezifisch italienischen Bedingungen: Zum einen standen auch die Studenten von vorneherein äußerst gewaltbereiten rechtsradikalen Gruppen gegenüber, und zum anderen gelang in Italien, was nicht einmal in Frankreich dauerhaft gelang: Der Funken der Revolte sprang erfolgreich auf die Arbeiterschaft über.

Von der kleinen Universität Trient ausgehend, verbreitete sich die Studentenbewegung schon 1967 rasch auf fast alle Universitäten auch im Süden, erreichte aber schon im Frühjahr 1968 mit der sogenannten «Schlacht in der Valle Giulia» im Park der römischen Villa Borghese ihren Höhe- und Wendepunkt. Zum ersten Mal kam es dabei innerhalb der bis dahin im Wesentlichen friedlich verlaufenden Studentenbewegung zu gewalttätigen Auseinandersetzungen mit der Polizei. Danach zerfiel die Bewegung in verschiedene hoch ideologische Gruppen, während sich die Masse der Studenten zurückzog. Einige der militantesten Organisationen setzten auf die Zusammenarbeit zwischen Studenten und Arbeitern, unter denen ebenfalls seit Februar 1968 erhebliche Unruhe herrschte. Auch in den Fabriken gab es eine neue Generation von «Jungs mit den Ringelpullis», in der Mehrzahl Migranten aus dem Süden, die kaum gewerkschaftlich organisiert waren und nichts mit den strengen Hierarchien der kommunistischen Partei anfangen konnten, die nicht aus Arbeiter-, sondern aus Bauernfamilien kamen, nicht seit Jahrzehnten an die Disziplin und Monotonie der Fließbandarbeit, nicht an das Leben in der Stadt und nicht an den Nebel und Regen des Nordens gewöhnt waren. Sie waren für die radikalen und phantasievollen Parolen der Studenten empfänglich und wurden die Hauptträger des «heißen Herbstes» von 1969. Die Phase neuartiger heftiger Arbeitskämpfe endete keineswegs mit diesem Jahr, sondern zog sich bis in die Mitte der 70er-Jahre hin und veränderte die Lage der Arbeiterschaft und die Sozialstruktur Italiens grundlegend. Während der PCI die Studentenbewegung und auch die neue Streikbewegung ablehnte oder ihr sogar feindlich gegenüberstand, setzten sich die Gewerkschaften an ihre Spitze und konnten durchschlagende und dauerhafte Erfolge erzielen. So verdoppelte sich beispielsweise der Durchschnittslohn in der Industrie in den wenigen Jahren von 1966 bis 1973. Die wichtigste Eroberung der Arbeiterschaft aber war das 1970 vom Parlament verabschiedete Arbeiterstatut. Das Statut legte grundsätzliche Rechte wie gewerkschaftliche Tätigkeit, Betriebsversammlungen, Arbeitssicherheit und Kündigungsschutz fest und brachte für die italienischen Arbeiter einen Sprung von fast frühkapitalistischer Abhängigkeit auf ein keineswegs in allen europäischen Ländern erreichtes Niveau.

Während Gewerkschaften, Regierung und Parlament mit der Ausarbeitung des Arbeiterstatuts und weiteren vorsichtigen Reformen sich der Protestbewegung öffneten und sie so zu kanalisieren suchten, wurde das Land mit der Tatsache konfrontiert, dass ganz andere Kreise dem «linken Treiben» mit Gewalt eine Ende setzen wollten. Am 12. Dezember 1969 explodierte vor der Landwirtschaftsbank an der Piazza Fontana in Mailand eine Bombe, durch die siebzehn Menschen getötet und achtundachtzig verletzt wurden. Dieses erste Massaker (*strage*), bei dem wahllos Unschuldige getötet und verletzt wurden, leitete die lange, über ein Jahrzehnt dauernde Zeit der «Strategie der Spannung» ein, wie sie später genannt wurde: Am 31. Mai 1972 wurden in Peteano fünf Carabinieri in einen Hinterhalt gelockt und durch eine Autobombe getötet, am 17. Mai 1973 starben vor dem Mailänder Polizeipräsidium 4 Menschen, 46 wurden verletzt, am 28. Mai 1974 gab es auf der Piazza della Loggia in Brescia 8 Tote und 103 Verletzte, am 4. August 1974 starben in einem Zug namens Italicus in der Nähe von Bologna 12 Menschen, 44 wurden verletzt, und am 2. August 1980 forderte eine Bombe auf dem Bahnhof von Bologna 85 Tote und 200 Verletzte. Die Ermittlungen nach diesen blutigen Attentaten, deren Urheber sich nie zu erkennen gaben, nahmen alle einen mehr oder weniger ähnlichen Verlauf wie bei Piazza Fontana: Zuerst wurde der Verdacht auf radikale linke Gruppen geleitet, dann aber traten allmählich erdrückende Beweise für die Beteiligung neofaschistischer Gruppen, sogenannter «fehlgeleiteter» Teile der Geheimdienste und Politiker innerhalb der DC hervor, die aber trotz endloser Prozesse und der Einrichtung einer mehrmals aufgelegten parlamentarischen Untersuchungskommission nie endgültig geklärt wurden. Die Kommission trug den bezeichnenden Titel: «Kommission zur Untersuchung der Massaker und der Gründe ihrer mangelnden Aufklärung». Sie konnte lediglich feststellen, dass hinter allen Massakern als wesentliches Element «die Vertuschung durch einen Teil der Staatsapparate» steckte. Erst Mitte der 80er-Jahre wurde von dem mutigen Staatsanwalt Felice Casson aufgedeckt, dass es noch eine weitere, noch weniger fassbare Ebene gab, nämlich die seit Ende der 40er-Jahre bestehende, in ganz Europa tätige amerikanische Geheimorganisation *Gladio* oder *Stay Behind*, die für den Fall einer kommunistischen Machtübernahme geheime Waffenlager und Trainingscamps betrieb und ebenfalls Kontakte zu verschiedenen rechtsradikalen Gruppen unterhielt. Schon die vom Vatikan für die

Wahl von 1948 gegründeten Bürgerkomitees hatten eine parallele Geheimstruktur besessen, die mit einer Vorform von *Gladio* in Verbindung stand. Alle Beteiligten trafen sich später in einer verdeckt operierenden Freimaurerloge namens P2, zu der vom Carabinieri-General De Lorenzo über die Spitzen der Geheimdienste bis hin zu führenden DC-Politikern wie Giulio Andreotti und dem späteren Ministerpräsidenten Berlusconi alle Namen gehörten, die immer wieder im Zusammenhang mit dunklen Machenschaften und Skandalen genannt wurden.

Neben und gegen diese rechtsradikalen Umtriebe gingen aus der Studentenbewegung verschiedene militante Gruppen wie die Roten Brigaden (*Brigate Rosse,* BR) hervor, die ihre zunächst eher demonstrativen Aktionen wie kurzfristige Entführungen mit martialischen Bekennerschreiben begleiteten. Bald tauchten aber auch hier Waffen auf. Die P38, mit der die Militanten ihre Opfer zunächst nur in die Beine schossen, wurde zum Symbol dieser immer gewalttätigeren Operationen. Einen traurigen Höhepunkt erreichten diese Attentate und Gewaltakte 1977. In diesem Jahr zählte die Polizei 2128 Aktionen von Gefängnisrevolten über Angriffe auf Zeitungen, Parteibüros, Kasernen, Fabriken und einzelne Personen, bei denen insgesamt 42 Sicherheitsbeamte getötet und 47 verletzt wurden. Obwohl aus heutiger Sicht eindeutig feststeht, dass der geringere Teil der Opfer und Attentate auf das Konto linker Gruppen ging, verbreitete sich in der Öffentlichkeit der Eindruck, dass sich Italien in einem Bürgerkrieg zwischen «entgegengesetzten Extremen» befand. In dieser Lage kamen von den beiden größten Parteien Signale, durch eine neue Stufe der Zusammenarbeit das Land endlich zu befrieden. Der neue Parteivorsitzende des PCI, Enrico Berlinguer, der erste, der nicht mehr russisch sprach und nicht in der *Resistenza* gekämpft hatte, formulierte die Notwendigkeit, wie in der unmittelbaren Nachkriegszeit «einen historischen Kompromiss» mit der DC einzugehen, um die bedrohliche Krise zu überwinden. Diese politische Losung war einer der Gründe für den außerordentlichen Wahlerfolg des PCI bei

Der von den Roten Brigaden entführte DC-Politiker Aldo Moro, 1978

den Wahlen von 1976 und veranlasste Aldo Moro, den Parteivorsitzenden der DC, zu der Ansicht, dass eine neue politische Phase eingeleitet werden müsse, um «das schwierige Problem der Beteiligung der Volksmassen an der demokratischen Machtausübung» zu lösen, und damit meinte er die Beteiligung des PCI. Dafür musste Moro mit dem Leben bezahlen.

Am 9. Mai 1978 kurz nach 13.30 Uhr erklärte ein anonymer Anrufer bei der Telefonzentrale des römischen Polizeipräsidiums: «In der Via Caetani steht ein rotes Auto mit der Leiche Moros.» Kurze Zeit später fanden Justiz- und Polizeibeamte in der kleinen Straße mitten im Stadtzentrum nahe der Piazza Venezia einen alten Renault R4, in dessen Kofferraum die Leiche des Präsidenten der christdemokratischen Partei lag. Als die Feuerwehrleute den erstarrten Körper aus dem Kofferraum heraushoben, war zu erkennen, dass seine Brust von einem Dutzend Schüssen durchsiebt war. Der Fundort war eine doppelte Provokation. Diese Gegend wurde gerade damals Tag und Nacht von der Polizei kontrolliert, denn die Via Michelangelo Caetani mündet in die Via delle Botteghe Oscure, wo die kommunistische Partei ihren Sitz hatte, während wenige hundert Meter weiter an der Piazza del Gesù die Parteizentrale der *Democrazia cristiana* lag. Und weil in dieser stets belebten Straße nur mit Mühe ein Parkplatz zu finden ist, musste der Wagen bereits in der Nacht dort abgestellt worden sein.

Mit dem grausigen Fund in der Via Caetani erreichte eine dramatische Krise ihren Höhepunkt, die das Land – und den Westen – endlose fünfundfünfzig Tage in Atem gehalten hatte. Am 16. März, kurz nach neun Uhr morgens, hatten elf schwer bewaffnete Männer und eine Frau an der Kreuzung der Via Mario Fani mit der Via Stresa im vornehmen Wohnviertel Monte Mario im Nordwesten Roms den Wagen des Präsidenten und den seiner Leibwächter gestoppt, fünf Leibwächter erschossen und Moro entführt. Moro war von seiner Wohnung aus auf dem Weg zum Palazzo Montecitorio, dem Parlamentsgebäude, wo an diesem Tag eine neue Regierung unter dem alten und neuen Ministerpräsidenten Giulio Andreotti von den Abgeordneten bestätigt werden sollte. Die Regierungsmannschaft bestand ausschließlich aus Christdemokraten, aber in langen und zähen Verhandlungen hatte Moro erreicht, dass diesmal – zum ersten Mal – auch die Kommunisten (PCI) der Regierung ihr Vertrauen aussprechen wollten. Nach den letzten Wahlen hatte Moro in einer Rede im Februar 1978 erklärt, es gebe nun «zwei Sieger», und weil das Land zur Überwindung der Probleme keine «gesellschaftliche und politische Zerreißprobe» riskieren könne, müsse ein Kompromiss mit der Opposition gefunden werden. Die von Moro ausgehandelte Duldung einer Minderheitsregierung durch die Opposition wurde allgemein als Vorstufe einer direkten Regierungsbeteiligung der Kommunisten verstanden. Italien wäre damit das einzige westliche Land der Nachkriegszeit geworden, in dem eine kommunistische Partei auf demokratischem Weg an die Macht kam.

Als die Roten Brigaden sich mit martialischen Kommuniques als Urheber der Entführung zu erkennen gaben und den Austausch von «Gefangenen» verlangten, einigten sich die beiden großen Parteien in einem «historischen Kompromiss» auf die Linie der *fermezza*, der

Festigkeit, das heißt der Entscheidung, sich auf keinerlei Verhandlungen mit den Entführern einzulassen. Nur linksradikale Parteien und Gruppierungen und schließlich zögernd auch die sozialistische Partei (PSI) wollten eine Gesprächsebene finden, und sei es nur, um Zeit zu gewinnen. Neben vielen anderen spiegelten zwei große Demonstrationen in Mailand die Haltung der Öffentlichkeit wider: Während an der einen, die die Linie der Festigkeit bekräftigte, ungefähr 40 000 Menschen teilnahmen, waren es bei den Verfechtern einer Verhandlungslinie etwa 10 000.

Den größten moralischen und auch politischen Druck, mit den Roten Brigaden Kontakt aufzunehmen, übte jedoch der Gefangene selbst aus, denn in seinem Gefängnis verfasste er mindestens achtundsiebzig Briefe, von denen etwa die Hälfte den Adressaten zugestellt wurde und die zumindest bruchstückhaft auch der Öffentlichkeit bekannt wurden. Schon Ende März wurde ein Brief an seinen Partei»freund« Innenminister Cossiga bekannt, in dem Moro schrieb: «Die Opferung Unschuldiger im Namen eines abstrakten Prinzips der Legalität, während ein unleugbarer Notstand ihre Rettung empfiehlt, ist nicht zu akzeptieren.» In einem Brief an seine Frau, den diese gegen den Willen der Regierung an die Presse weitergab, äußerte er mit einem Anflug von Sarkasmus seine Bitterkeit: «Gängige Rechtsnormen anzuwenden, hat keinen Sinn. Und das ausgerechnet in einem verworrenen Land wie Italien. ... ‹Mein Blut wird über sie kommen.›» Auch für Papst Paul VI., der zwar in einem eindringlichen Appell die Entführer «auf Knien» zur Freilassung der Geisel aufgefordert, aber sich ebenfalls der Linie der Festigkeit angeschlossen hatte, fand Moro bittere Worte für «eine schreckliche Sache, die des Heiligen Stuhles nicht würdig ist». Die Partei erklärte solche Aussagen ihres Präsidenten als Zeichen von psychischer Zerrüttung oder Zwang, aber je mehr Kopien in ihrem Wortlaut an die Öffentlichkeit drangen, umso weniger war zu leugnen, dass Handschrift und Diktion keinerlei Rückschlüsse auf eine psychische Beeinträchtigung zuließen. Polizei und Carabinieri kamen derweil mit ihren

Ermittlungen keinen Schritt weiter, ja sie leisteten sich zum Teil bizarre Pannen und Fehleinschätzungen. Ungehindert gelang es den Roten Brigaden, verschiedenen Presseorganen ihre sogenannten Kommuniqués zukommen zu lassen, in deren neunter Ausgabe sie ankündigten: «Wir beenden den am 16. März begonnenen Kampf mit der Vollstreckung des Urteils, das über Aldo Moro gefällt worden ist.»

Nach dem Auffinden der Leiche Moros verwehrte die Familie ausdrücklich allen Vertretern seiner Partei die Teilnahme an dem Begräbnis, das im engsten Familienkreis stattfand. So ineffizient sich die Polizei während der Entführung gezeigt hatte, so schnell und erfolgreich war sie danach: Schon im Oktober desselben Jahres wurde in Mailand in der Via Monte Nevoso ein Versteck der Roten Brigaden entdeckt, in dem zahlreiche Briefe und ein (allerdings unvollständiges) «Memorandum» Moros gefunden wurde, im selben Monat waren die wichtigsten an der Tat direkt beteiligten Brigadisten gefasst, und im Januar 1983 wurden dreiundzwanzig Angeklagte zu achtzehn Mal Zuchthaus und langjährigen Haftstrafen verurteilt. Gerade während dieser Prozesse stellten sich jedoch immer mehr Ungereimtheiten heraus, die Hinweise auf Hintermänner erkennen ließen und immer beunruhigendere Verbindungen zu Tage förderten. Bis heute kamen zahlreiche Beweise dafür ans Licht, dass die Brigaden von in- und ausländischen Kräften instrumentalisiert wurden, die, wie der DC-Abgeordnete Galloni 1988 vor der parlamentarischen Untersuchungskommission zum Fall Moro formulierte, alle darauf hinarbeiteten, den Eintritt der Kommunisten in die Regierung «um jeden Preis» zu verhindern. 2006, also fast dreißig Jahre später, erklärte der amerikanische Krisenmanager Steve Pieczenik, der damals ohne Wissen der Öffentlichkeit von der italienischen Regierung als Berater hinzugezogen worden war, er habe die Roten Brigaden in eine psychologische Falle gelockt, in der sie nicht mehr anders handeln konnten als Moro zu töten. Dies sei notwendig gewesen «für die Stabilität Italiens».

Unmittelbar nach der Ermordung Moros war von den «beiden Siegern» der Wahlen von 1976 nur noch einer übrig: Bei den Wahlen 1979 verloren die Kommunisten fast fünf Prozent. Es gab noch einige Lippenbekenntnisse zur «nationalen Solidarität» und der Notwendigkeit des «historischen Kompromisses», aber dann war davon nicht mehr die Rede.

KORRUPTION ALS SYSTEM

An die Stelle von Aldo Moro trat als neuer starker Mann der DC Giulio Andreotti. Er gehörte ebenfalls zu den Gründungsmitgliedern der DC und hatte dreißig Jahre teils mit, teils gegen Moro den DC-Staat aufgebaut. Anders als dieser, der wie De Gasperi immer eine gewisse Distanz zum Vatikan zu halten trachtete, war Andreotti von Anfang an der Mann des Vatikans in der DC. Als junger Staatssekretär des Inneren war er für den Bereich der Medien zuständig und wurde deswegen regelmäßig zum Rapport beim Papst – also dem Oberhaupt eines anderen Staates! – bestellt. Dort legte man ihm ans Herz, Filme wie die Lebensbeschreibung des als Heilige verehrten Bauernmädchens Maria Goretti subventionieren zu lassen. Über die international anerkannten Werke des Neorealismus wie «Fahrraddiebe» dagegen drückte der Vatikan dem Staatssekretär seine «Empörung und Trauer» aus. Dementsprechend bekam der Film auch nur ein Zehntel dessen an staatlicher Förderung, was für Maria Goretti ausgegeben wurde. Wegen dieser frühen Kontakte und seiner intimen Kenntnis der Machtstruktur des Vatikans galt Andreotti schon in jungen Jahren als «graue Eminenz» oder als «Richelieu» der italienischen Politik. Einer seiner parteiinternen Freunde und Rivalen, der spätere Staatspräsident Francesco Cossiga, nannte ihn den wahren «Verteidiger der Kirche». In den fünfundfünfzig Tagen der Entführung seines Parteifreundes war Andreotti der Mann, der die *fermezza* gegenüber den Roten Brigaden am unbeugsamsten vertrat. Nicht zuletzt deshalb nannte ihn der neue Parteivorsitzende der Sozialisten, Bettino Craxi, «Beelzebub». Dabei war es Craxi, der gemeinsam mit Andreotti, zuerst in einer Neuauflage des Mitte-Links-Bündnisses zwischen DC und PSI und dann im sogenannten Fünferbündnis, die Degeneration der «blockierten Demokratie» Italien auf die Spitze trieb.

In den 80er-Jahren wurde die Korruption zu einem allumfassenden System weitester Bereiche des politischen, wirtschaftlichen und gesellschaftlichen Lebens. Diese Korruption hatte viele Gesichter, auch ein ganz öffentliches, ganz legales. Nach 1978 war die Gefahr, dass der PCI doch noch zur stärksten Partei werden und die DC überholen könnte, nämlich keineswegs gebannt. Bei den Wahlen von 1983 lag der PCI nur noch drei Prozentpunkte hinter den Christdemokraten. Die DC und ihre mitregierenden Parteien griffen deshalb in überreichem Maße vor allem in der Sozialpolitik zu dem bewährten Mittel der «Politik der kleinen Geschenke». Es ist bezeichnend, dass sich erst in den 90er-Jahren des 20. Jahrhunderts in Italien der englische Begriff *Welfare State* eingebürgert hat, wenn es um sozialpolitische Maßnahmen geht. Denn bis in die 80er-Jahre herrschte ein Verständnis von Sozialpolitik vor, das noch aus dem 19. Jahrhundert stammte. Sozialstaatliche Maßnahmen waren nicht so ausgerichtet, dass sie allen Bürgern gleichermaßen zugute kamen, sondern dienten dazu, partikularistische und klientelare Bindungen herzustellen oder zu verstärken. Die Gesundheits-, Wohnungs-, Bildungs- und Rentenpolitik verteilte Geschenke an diejenigen Schichten, die den regierenden Parteien nahe standen wie beispielsweise öffentliche Angestellte, Handwerker, Geschäftsleute bis hin zu einzelnen Berufen wie Lehrer, Bahn- und Postbeamte oder Landwirte. Auch die Industriearbeiterschaft hatte sich in den Kämpfen seit den 60er-Jahren einen Teil vom Kuchen erobert, blieb aber dennoch grundsätzlich benachteiligt und hatte mit ihren Steuern die Zeche zu bezahlen.

Obwohl es mehrere Anläufe gegeben hatte, diesen Zustand zu ändern und obwohl – zum Beispiel in der Gesundheitspolitik – auch einige Erfolge erzielt worden waren, wurde die «Politik der kleinen Geschenke» seit Ende der 70er-Jahre über jedes Maß ausgedehnt. Es sei hier nur als Beispiel genannt, dass allein in den Jahren 1978 bis 1980 jährlich durchschnittlich vierzig neue Rentengesetze das Parlament passierten, das heißt, dass alle zehn Tage ein Gesetz, eine neue Regelung, eine Änderung eines Paragraphen beschlossen wurde. Bis in die 90er-Jahre bestanden fünfzig unterschiedliche Rentenregelungen für unterschiedliche Kategorien. Manche Berufsgruppen konnten sich nicht nur nach wenigen Jahren getrost aus dem Berufsleben verabschieden, sie erhielten sogar mehr Rente, als sie je verdient hatten. Daran zeigt sich überdeutlich, wie die Renten als Mittel benutzt wurden, um größere oder kleinere Geschenke für bestimmte Wählerschichten zu verteilen. Die «legale» Form der Korruption beschränkte sich nicht auf die Sozialpolitik, sondern kam auch der Wirtschaft zugute, denn in der Krise der 70er-Jahre wurden vor allem die halbstaatlichen Unternehmen mit Hilfe von Steuergeldern künstlich am Leben gehalten. Die private Industrie konnte sich gleichzeitig auf eine lasche Steuerpolitik verlassen, während auf der anderen Seite die Steuern für abhängig Beschäftigte drastisch stiegen. Als 1984 ein Reformgesetz die Steuerflucht bekämpfen sollte, riefen Handwerks- und Handelsorganisationen zum Streik auf, dem ein Generalstreik der Arbeiterschaft zur Unterstützung der Reform entgegentrat. An dieser Episode lässt sich symptomatisch die tiefe Spaltung der italienischen Gesellschaft ablesen. Die wachsende Staatsverschuldung, die in den 80er-Jahren völlig aus dem Ruder lief, war zu einem großen Teil auf dieses korporativistisch-klientelare System zurückzuführen. Von 61,1 Prozent des Bruttosozialprodukts im Jahre 1981 schnellte die Staatsverschuldung in nur zehn Jahren auf über hundert Prozent hoch.

Unausweichlich musste die offen praktizierte auch eine verborgene Korruption nach sich ziehen, denn im Kampf um Privilegien und Steuergeschenke stiegen die Kosten der Politik ins Unermessliche. Italien war seit je an periodisch ausbrechende Korruptionsskandale gewöhnt, und in den 70er-Jahren hatten mehrere große Bestechungsskandale die Öffentlichkeit geschockt. Das Ausmaß der

Korruption, das die 80er-Jahre kennzeichnete und erst allmählich ans Licht kam, übertraf jedoch die schlimmsten Befürchtungen. Die spektakulärsten Fälle waren Unternehmer, die versuchten, durch hohe Bestechungssummen zu günstigen Bedingungen Teile der halbstaatlichen Unternehmen zu übernehmen. So sollte aus dem Zusammenschluss des privaten Chemieunternehmens Montedison und der halbstaatlichen Enichem ein weltweit agierendes Chemieunternehmen werden. Trotz einer gesicherten Bestechungssumme von 250 Milliarden Lire kam das Projekt nicht zustande, und zwei der wichtigsten Beteiligten, der Unternehmer Raul Gardini und der Minister für die halbstaatliche Industrie, Franco Piga, starben kurz darauf unter ungeklärten Umständen.

Die bis heute verheerendste Wirkung der um sich greifenden Korruption war jedoch die Begünstigung, ja das forcierte Wachstum krimineller Organisationen, die unter dem Gesamtnamen Mafia bekannt sind. Wie die Mafia im 19. Jahrhundert als eine Zwischenmacht vom politischen Vakuum des zusammenbrechenden Bourbonenstaates profitiert hatte, so profitierte sie 1943/44 wiederum «vom Zusammenbruch einer Ordnung und konnte sich in einer chaotischen Umbruchssituation als Garant von ‹Sicherheit und Ordnung› präsentieren», so der Berliner Historiker Christian Jansen. Mit den aus den USA mitgebrachten Italoamerikanern taten sich die Alliierten leicht, das Hinterland der vorrückenden Truppen ruhig zu halten. Nach einer ersten Phase des Autonomiestrebens bot sich die wiederhergestellte mafiose Kontrolle über das Territorium als Bollwerk gegen die Linke bei den Wahlen von 1948 an. Seitdem war es ein offenes Geheimnis, dass die Bosse der Mafia in Sizilien, der *'Ndrangheta* in Kalabrien, der *Sacra Corona* in Apulien und der *Camorra* im Umland von Neapel als Stimmenbeschaffer für die DC fungierten. Der enge und offene Zusammenhang zwischen DC-Politikern und kriminellen Organisationen zeigte sich zum Beispiel bei der Entführung des christdemokratischen Lokalpolitikers Ciro

Cirillo in Kampanien im Jahr 1981. Anders als es im Fall Moro geschehen war, entschied sich die DC dafür, mit den Terroristen zu verhandeln. Als Vermittler wählte man keinen Geringeren als den Boss der sogenannten *Nuova camorra organizzata*, Raffaele Cutolo, der auch pünktlich für die Freilassung und Übergabe des Lösegeldes sorgte. Dieses Verhalten der DC zeigte, wie wenig sie von ihrem im Falle Moro hochgehaltenen Prinzip der *fermezza* hielt und wie weit die Grenzen zwischen Legalität und Illegalität bereits verwischt waren.

Hatte man noch bis in die 50er-Jahre geglaubt, mit ihrer territorialen Beschränkung und ihrem vormodernen Ehrenkodex werde sich die Mafia bald selbst überleben, so sorgte die Subventionspolitik für den Süden dafür, dass sie sich über den Einstieg in die Bauindustrie und von da aus in den internationalen Drogen-, Menschen- und Waffenhandel zu kriminellen Mischkonzernen entwickelte. In den 80er-Jahren konnten sich die kriminellen Organisationen nicht nur in ihren angestammten Regionen festigen, sondern breiteten sich praktisch auf den ganzen Süden aus. Dazu trug wesentlich die staatliche Politik der «Notstandsmaßnahmen» bei, die zum ersten Mal nach dem Erdbeben in Irpinia 1980 angewandt wurde. Mit dem staatlich geförderten Wiederaufbau ganzer Ortschaften nach dem Erdbeben sollte ein neuer Wirtschaftsaufschwung der Gegend initiiert werden. Zu diesem Zweck wurden Kommissare mit außerordentlichen Vollmachten und Geldern ausgestattet, die sich als gefundenes Fressen für die Camorra erwiesen. Trotz der durch eine Untersuchungskommission ans Licht gebrachten sinnlosen Verschwendung fand dieses «Modell» auf zahlreiche andere Fälle Anwendung, angefangen vom Meerbeben in Pozzuoli 1983 bis hin zum Bau der Sportstätten für die Weltmeisterschaft 1990. Der Ausbau des Stadions von Neapel, den die Regierung Andreotti genehmigte, verschlang statt der vorgesehenen vierzig Milliarden Lire mehr als das Zehnfache.

Die Expansion der kriminellen Organisationen und ihrer Wirtschaftsmacht führte auch zu einer Destabilisierung der Mafia selbst.

Bis dahin war es immer noch möglich gewesen, dass selbst Männer der Kirche wie Erzbischof Ernesto Ruffini von Palermo die Mafia als Hirngespinst abtaten. Seit den 80er-Jahren aber brachen unter den Clans und zwischen den Organisationen in regelmäßigen Abständen jahrelange blutige Kriege aus, die Tausende von Toten, darunter nicht selten ganz unbeteiligte Opfer, forderten. Darüber hinaus beschränkte sich die Mafia nicht mehr auf ihre bisherige untergeordnete Rolle gegenüber der Politik, die man in Italien bis dahin als «politischen Tausch», als ein *do ut des,* verharmlost hatte. Vor allem die sizilianische Mafia ging zur offen terroristischen Drohung gegenüber Politikern, Staatsanwälten und Polizisten über. Den Anfang machte die Ermordung des Polizeieinsatzleiters Boris Giuliano aus Palermo und des Staatsanwalts Cesare Terranova im Jahr 1979. Drei Jahre später wurde der als «Antimafia-Präfekt» eingesetzte General Carlo Alberto dalla Chiesa mit seiner Frau und einem Sicherheitsbeamten auf offener Straße umgebracht. Wenige Wochen vor seinem gewaltsamen Tod hatte dalla Chiesa in einem Interview mit dem Journalisten Giorgio Bocca beklagt, dass man ihm weder die nötigen Vollmachten noch die notwendigen Mittel für eine wirksame Bekämpfung der «polyzentrischen» Mafia zur Verfügung gestellt habe. Der Schock über die Ermordung dalla Chiesas, der als Ermittler gegen die Roten Brigaden große Erfolge erzielt hatte, führte schließlich zur Verabschiedung eines Gesetzes, das in den folgenden Jahren zu spektakulären Festnahmen und Aufsehen erregenden Prozessen führte. Dabei fiel immer wieder der Name Andreotti als wichtigster politischer «Bezugsperson» der Mafia in Sizilien.

Der Mann, der an dreiunddreißig Regierungen beteiligt und sieben Mal Ministerpräsident war, konnte achtundzwanzig Mal den Antrag auf Aufhebung seiner parlamentarischen Immunität abwehren. Als er diese dann 1993 doch verlor und in zwei Prozessen wegen Anstiftung zum Mord und wegen «Beteiligung an einer kriminellen Vereinigung» angeklagt wurde, stand er auch die jahrelangen Verhandlungen verbissen, stets bestens vorbereitet und kooperativ durch. Von der Anklage wegen Mordes wurde er freigesprochen, die Mafia-Kontakte waren verjährt, doch das Kassationsgericht als letzte Instanz hielt 2004 ausdrücklich fest, dass bis 1980 «eine konkrete Zusammenarbeit» Andreottis mit der Mafia in «umfassendem und juristisch bedeutsamem Sinn» bestanden habe. Nach so vielen Jahren wurde diese in einer Verjährung versteckte Verurteilung – die, wäre sie zwei Jahre früher erfolgt, bis zu zehn Jahre Haft bedeutet hätte – in der Öffentlichkeit als Freispruch wahrgenommen. Andreotti bleibt deshalb bis heute das Symbol einer DC und eines Staates, die sich in den 80er-Jahren aus den Verstrickungen in Korruption, Skandale und organisierte Kriminalität nicht zu lösen verstanden. Und er bleibt auch die Verkörperung der Tatsache, dass all dies bis heute weder vollständig aufgearbeitet noch beendet ist. Denn die Mafia unterwanderte weiterhin die legale Wirtschaft, und auch das Morden ging weiter. Zehn Jahre nach dalla Chiesa wurden die Staatsanwälte Giovanni Falcone und Paolo Borsellino mit solchen Mengen Sprengstoff in die Luft gejagt, dass diese Massaker nicht anders als eine offene Kriegserklärung an den Staat zu deuten war.

Zu Beginn der 90er-Jahre konnte die Mafia ein weiteres Mal – nach dem Zusammenbruch der Bourbonenregierung und der Nachkriegszeit – beim Zusammenbruch des alten Parteiensystems ein Machtvakuum nutzen, um ihre Tentakel noch tiefer in die Gesellschaft und auch in die legale Wirtschaft auszudehnen. Trotz aller Fahndungserfolge und Prozesse zeigte sich im ersten Jahrzehnt des 21. Jahrhunderts an den Müllbergen in Neapel, dass es die Camorra geschafft hat, ganz Kampanien mit dem Giftmüll aus halb Europa zu verseuchen. Der Staatsanwalt Roberto Scarpinato, der an der Seite von Giovanni Falcone und Paolo Borsellino im Team der Antimafia-Anwälte gearbeitet und an vielen großen Mafia-Prozessen beteiligt war, kam zu der düsteren Schlussfolgerung: «Einige westliche Länder wie Frankreich, Deutschland, England und heute auch Spanien besitzen aufgrund ihrer nationalen Geschichte anscheinend noch genügend Antikörper, um im neuen Jahrtausend ihre politischen

Errungenschaften zu bewahren. In anderen Ländern dagegen verwandelt sich die Krise der politischen Kultur in eine schleichende Unterwanderung der staatlichen Strukturen durch die Mafia. Das geht so weit, dass politische Analysten offen von Mafia-Staaten sprechen, wenn es um die Staaten des ehemaligen Jugoslawien, einige osteuropäische und afrikanische Länder geht. ... Meiner Ansicht nach liegt Italien dazwischen. Bei uns hat die globale Krise der westlichen Kultur zu einer politischen und kulturellen Regression geführt, deren schlimmster Ausdruck eine teilweise schleichende Unterwanderung durch die Mafia ist.»

DIE RENAISSANCE DER HUNDERT STÄDTE

Rückblickend fragte man sich, wie die «blockierte Demokratie» Italiens nach den Erschütterungen der 70er-Jahre überhaupt noch so lange hatte durchhalten können. Ein wesentlicher Grund dafür war die positive wirtschaftliche Entwicklung, die als «zweites Wirtschaftswunder» bezeichnet wurde. 1986 gab der damalige Schatzminister Giovanni Goria mit großem Stolz bekannt, dass Italien England als fünftgrößte Volkswirtschaft der Welt überholt habe. Dieses «Wunder» stand freilich auf tönernen Füßen und zeigte bereits gegen Ende des Jahrzehnts gravierende innere Schwächen, die auch in der Ökonomie das Bild eines gespaltenen Landes ergaben: Während die Daten der Realwirtschaft wie Bruttoinlandsprodukt, Einkommen und Konsum mit den größten westlichen Wirtschaftsmächten Schritt hielten, erinnerte die explosionsartig wachsende Staatsverschuldung und die Inflationsrate eher an die Ökonomie eines Entwicklungslandes.

In den 80er-Jahren waren nicht mehr die großen halbstaatlichen und die wenigen privaten Großunternehmen die Motoren der Entwicklung, sondern die vielen kleinen und mittleren Unternehmen, vor allem im Nordosten und in der Mitte Italiens. Deshalb hat man dieses Italien neben dem landwirtschaftlichen Süden und dem großindustriellen Nordwesten als das «dritte Italien» bezeichnet. Eigentlich müsste es aber das «erste Italien» heißen, denn es ist das Italien der hundert Städte, die im ausgehenden Mittelalter und der frühen Neuzeit durch handwerkliche Kunst, kaufmännisches Geschick und unternehmerischen Wagemut, gepaart mit politischem Selbstbewusstsein, eine für ganze Europa vorbildliche Entfaltung erlebten. Ähnlich wie die Kaufleute und Bankiers aus Florenz, Siena, Mailand oder Verona seit dem 13. Jahrhundert durch Innovationen in der Buchführung und im Geldverkehr ihren Geschäftsradius auf ganz Europa ausdehnten, so waren es im ausgehenden 20. Jahrhundert innovative globale Marketing- und Vermarktungsstrategien, die den Erfolg der kleineren und mittleren Unternehmen ausmachten. Charakteristisch für diese Entwicklung war auch die Tatsache, dass diese Unternehmen – wie auch die gesamte nicht-staatliche Industrie Italiens – familiengeführte Betriebe sind, in denen enge Verwandte und zum Teil mehrere Generationen zusammenwirken. Diese Unternehmen spezialisierten sich allerdings überwiegend in sogenannten traditionellen Bereichen und nicht in den zukunftsträchtigen Sektoren der Chemie-, Elektronik- und Informationstechnologie, sondern zum Beispiel im Bereich der Mode, der Möbel- und der Lebensmittelindustrie. Weltbekannt sind in dieser Hinsicht Firmen wie Benetton oder Barilla, die freilich auch längst zu internationalen Finanzholdings mutiert sind. Typischer für diese Entwicklung sind die unzähligen nur in Fachkreisen bekannten Firmen in der unteren Poebene oder in der Toskana. Ein Beispiel dafür ist die über hundert Kilometer lange «Möbelstraße» im Dreieck zwischen Verona, Nogara und Cerea. Über dreitausend Betriebe sind entlang der Straße angesiedelt, meist Familienbetriebe, die höchstens noch ein paar entferntere Verwandte und Freunde beschäftigen. Nicht das weltberühmte italienische Design ist hier zuhause, sondern, wie man es etwas umständlich nennt, die «künstlerische Reproduktion alter Möbel». Von den schweren Truhen der Renaissance bis zu zierlichen Sesselchen und Kommoden des Empire und Biedermeier ist hier jeder Stil und jede Epoche vertreten und machbar, der Renner aber ist und bleibt der sogenannte «italienische Barock». Das Holz altert auf geheimnisvolle Weise in kürzester Zeit um exakt hundert, zweihundert oder fünfhundert Jahre, Holzwurmloch natürlich inklusive. In den Fertigungshallen wird noch viel gehämmert, gehobelt und lasiert. Aber das Herz der Betriebe bilden die Entwurfs- und Verkaufsbüros. Sie sind vollgestopft mit Elektronik, die Computerbildschirme flimmern und elektronische Briefe kommen und gehen in die ganze Welt. Denn die Sessel und Tische mit den vergoldeten tatzenförmigen Füßen aus diesen Werkstätten wandern nicht nur in die luxuriösen Einrichtungsgeschäfte jenseits der Alpen, sondern vor allem in den nahen und mittleren Osten, zu Scheichs und Ölmagnaten.

Der Erfolg dieser und ähnlicher Unternehmungen war allerdings nicht nur der geschickten Verbindung handwerklicher Kenntnisse und postindustrieller Vermarktungsstrategien zu verdanken, sondern auch der geduldeten Steuerhinterziehung und der systematischen Missachtung bzw. dem Fehlen von Arbeitsschutz-, Sozial-, Umwelt- und Raumordnungsgesetzen. Während sich die Innenstädte der bis in die frühen 60er-Jahre bitterarmen Städte der Poebene herausputzten und zu Musterbeispielen der Verbindung von historischer Architektur und elegantem modernen Leben wurden, fraßen sich Werkshallen, Ausstellungsräume und schnell hochgezogene Wohnblocks völlig planlos in die Landschaft. Umso heftiger waren die Reaktionen auf jeden Versuch der Regierung, Regeln und Grenzen zu setzen. Wie die Stadtstaaten des ausgehenden Mittelalters glaubten auch die wiedererblühten hundert Städte für die «gute Regierung» auf Weisungen aus Rom verzichten zu können. Unter dem Schlachtruf *Roma ladrona* (räuberisches Rom) entstanden seit den frühen 80er-Jahren nördlich des Apennin neue politische Gruppierungen, die schon mit ihrem Namen als Lega an die Städtebünde der Stauferzeit erinnerten. Das Symbol ihres Widerstandes wurde der *carroccio*, der Fahnenwagen, mit dem die lombardischen Städte 1176 Kaiser Friedrich Barbarossa bei Legnano besiegt hatten. Der Norden drohte damit, sich von Rom loszusagen, um den Süden loszuwerden. An die Stelle der Süd- trat die Nordfrage. Es ist kein Zufall, dass die Lega genau das Vokabular aufgriff, das bereits unmittelbar nach dem Krieg von der sogenannten «Jedermannspartei» gegen die als *partitocrazia* verhöhnte parlamentarische Demokratie gebraucht worden war. Damals war die politische und soziale Basis zu schwach, und die Jedermänner verschwanden schnell von der politischen Bühne. Seit den 80er-Jahren konnte die Lega Nord dagegen vor allem durch ihren Vorsitzenden Umberto Bossi mit ihrem groben, bewusst aggressiven und ausländerfeindlichen Auftreten im Norden bis zu einem Viertel der Wähler für sich gewinnen. Ihr erster nationaler Wahlerfolg 1992 war zugleich einer der Auslöser für den Zusammenbruch der Ersten Republik.

7

ITALIEN NACH DEM MAUERFALL: EIN LAND AUF DER SUCHE NACH SICH SELBST

Ich weiß ...
Ich weiß alle diese Namen und weiß alle Taten (Anschläge gegen Institutionen und Bombenmassaker) derer, die sich schuldig gemacht haben. Ich weiß. Aber mir fehlen die Beweise. Ich habe nicht einmal Indizien.

Pier Paolo Pasolini, *Der Roman von den Massakern*, 1974

Ich weiß, und ich habe Beweise ...
Ich kenne die wahre politische Verfassung meiner Zeit: sie ist der unternehmerische Reichtum.
Jeder Pfeiler eines jeden Hauses wurde mit Blut von Menschen gebaut.
Ich weiß, und ich habe Beweise. Ich mache keine Gefangenen.

Roberto Saviano, *Gomorrha*, 2008

EINE ZWEITE REPUBLIK MIT VIELEN FRAGEZEICHEN

Seit Beginn der 90er-Jahre werden die Veränderungen der politischen und kulturellen Landschaft Italiens als Beginn einer «Zweiten Republik» bezeichnet. Anfangs war damit der Aufbruch in eine neue Ära gemeint. Längst haben die Zweifel überhand genommen, und der Begriff «Zweite Republik» kommt selten ohne Fragezeichen aus. Dennoch eignet er sich gut dazu, um durch einen Vergleich mit der unmittelbaren Nachkriegszeit wenigstens ansatzweise zu verstehen, was sich eigentlich verändert hat und vielleicht auch, welche Perspektiven sich abzeichnen.

Wie die Erste Republik aus dem Ende des Zweiten Weltkriegs hervorgegangen war, so ist auch die Entstehung der Zweiten Republik nicht zuletzt Ergebnis einer internationalen politischen Zäsur. Der Zusammenbruch der Sowjetunion und das Ende der Ost-West-Konfrontation, das der Fall der Berliner Mauer symbolisiert, spielte für Italien eine mindestens ebenso große, wenn auch ganz andersartige Rolle wie für das geteilte Deutschland. Während kaum mehr jemand an das rasche Verschwinden der Grenze zwischen der Bundesrepublik und der DDR geglaubt hatte, war die unsichtbare Grenze, die Italien durchzogen hatte, immer weniger greifbar geworden. Die Subgesellschaften hatten sich – nicht zuletzt durch Geldmangel – längst aufgelöst, ohne dass etwas Neues an deren Stelle getreten wäre. Während nach dem Krieg die Rollen von Sieger und Verlierer klar verteilt waren, war dies zu Beginn der 90er-Jahre nicht der Fall, und daraus ergab sich eine paradoxe Situation, die bis heute andauert.

Der Stolz auf die eigene Befreiung vom Faschismus durch die *Resistenza* war die Triebfeder für den Neuanfang nach dem Krieg und ermöglichte die Zusammenarbeit der ersten Jahre, bis es zum abrupten Bruch kam. Die *Resistenza* blieb aber auch darüber hinaus die Brücke zwischen den unterschiedlichen ideologischen Positionen. Damit verbunden war freilich auch die Verdrängung der Vergangenheit bzw. die Illusion, dass die Interessen und Ideologien, die die über zwanzigjährige Herrschaft des Faschismus getragen hatten, endlich durch die besseren Kräfte des Volkes überwunden waren und von selbst verschwinden würden. Eine vergleichbare Rolle spielte in den beginnenden 90er-Jahren die Justiz mit ihrem mutigen Vorgehen gegen Korruption und organisierte Kriminalität, das unter dem Namen *Mani pulite* international Aufsehen erregte und ein ganz neues Italien sichtbar werden ließ. Und eine vergleichbare Aufbruchsstimmung trug auch die neuen, aus der Zivilgesellschaft hervorgegangen, politischen Gruppierungen. Unter dem doppelten Druck der weltweiten politischen Kräfteverschiebung und der Aktionen der Staatsanwälte brach das alte System der politischen Parteien zusammen und ließ neue Formen entstehen, die bis heute noch nicht eindeutig konsolidiert sind. Als grundlegender und wahrscheinlich unumkehrbarer Trend lässt sich jedoch festhalten, dass an die Stelle der Massenparteien mit einer breiten, gut organisierten Mitgliederbasis abgehobene, stark personalisierte Zirkel getreten sind, die statt Programmen partikulare Interessen als Politik nach Marketinggesichtspunkten organisieren und verkaufen. Als Ort der Vermittlung ist an die Stelle der Basis das Fernsehen getreten. Durch Berlusconi, der über die drei großen Privatsender gebietet und als Regierungschef auch auf die staatlichen Sender massiv Einfluss nehmen kann, ist die Verfügungsgewalt über das Fernsehen als zentrales Problem der Demokratie in den Vordergrund gerückt.

Der Zusammenbruch des alten politischen Systems hat zunächst eine Phase des Übergangs und der tief greifenden Reformen eröffnet. Die damit verbundene Hoffnung, dass die grundlegenden Übel der Ersten Republik schnell beseitigt werden könnten, hat sich ebenso wie die Begeisterung der Nachkriegszeit als pure Illusion erwiesen. Die Phase der Reformen ging sogar sehr viel schneller zu Ende als die Zeit des historischen Kompromisses nach dem Krieg. Hervorgegangen ist daraus seit den 90er-Jahren eine politische Konfrontation, die umso antagonistischer ist, je unklarer die Unterschiede der Positionen und die eigentlichen Zielsetzungen für alle diejenigen sind, die nicht mehr als die Titelüberschriften der Zeitungen und die Fernsehnachrichten wahrnehmen. Umso wichtiger ist es, diesen Vorhang zu lüften und die dahinter stehenden Interessengegensätze zu verstehen.

DAS KURZE GLÜCK DER LÄUTERUNG UND DER LANGE KAMPF UM DIE JUSTIZ

1992 wurde ein Mann plötzlich weltberühmt, der ein vollkommen anderes Italien zu repräsentieren schien als das bisher bekannte: Antonio Di Pietro aus Montenero di Bisaccia in der mittelitalienischen

Region Molise, in die sich selten ein Fremder verirrt, hatte es vom Elektronikfachmann und Fabrikarbeiter über ein mühsam finanziertes Studium zum Polizisten und dann zum Staatsanwalt gebracht. Er arbeitete in Mailand in einem Team, das sich auf Korruption in der Verwaltung spezialisiert hatte. Mit seiner stark dialektgefärbten Sprache und seiner Hemdsärmeligkeit im Auftreten, aber auch mit seiner Unerbittlichkeit und Schärfe gegenüber den Angeklagten wurde er zum Symbol der Operation *Mani pulite* (saubere Hände). Die Mailänder Staatsanwälte ermittelten gegen die Korruption in Verwaltung und Politik, die sich als ein ganzes System, als *Tangentopoli* (*tangente* ist Bestechungsgeld) herausstellte. Der Stein, mit dem eine ganze Lawine losgetreten wurde, war die Verhaftung des Präsidenten eines Mailänder Altenheimes, der der sozialistischen Partei angehörte. Der Mann, den sein Parteivorsitzender Bettino Craxi als «kleinen Gauner»

Antonio Di Pietro, der Staatsanwalt, der die Operation *Mani pulite* ins Rollen brachte, 1994 im Gerichtssaal

bezeichnete, bevor die Reihe an ihn kam, wurde in flagranti dabei erwischt, wie er die *bustarella*, den Umschlag mit der Bestechungssumme, von einem Lieferanten des Altersheims einkassierte. Der kleine Gauner hatte im folgenden Jahr für das Bürgermeisteramt kandidieren wollen.

Das Verfahren führte dazu, dass in den folgenden Monaten gegen Hunderte von Politikern, Verwaltungsbeamten, Geschäftsleuten und Unternehmern ermittelt wurde, darunter die wichtigsten Politiker der Regierungsparteien, vor allem ihre Schatzmeister, zahlreiche ehemalige Minister und vier ehemalige Ministerpräsidenten. Bald wurden auch andere Staatsanwaltschaften tätig. In einer ersten Phase griffen die Justizbehörden größere Fälle auf, bei denen in der Öffentlichkeit bereits der Verdacht auf Korruption bestanden hatte. Neben allen Regierungsparteien war auch die als Antipartei neu gegründete Lega Nord beteiligt, in besonderem Maße aber die Christdemokraten und die Sozialisten. Die Bilder des Prozesses, den Di Pietro mit einer bis dato völlig unvertrauten Mischung aus dem Einsatz von Computertechnologie und bauernschlauer Rhetorik bestritt, wurden ausführlich im Fernsehen übertragen. Vor allem das anfangs ziemlich dreiste Auftreten des sozialistischen Parteivorsitzenden Bettino Craxi geriet zum Symbol der Arroganz der Mächtigen. Er wehrte alle Vorwürfe mit einem berühmten Wort von Aldo Moro ab, der 1977 anlässlich des Lockheed-Skandals gewettert hatte: «Wir lassen uns nicht den Prozess machen, weder von den Medien noch von der Straße.» Was damals noch hingenommen worden war, ließ jetzt nur die allgemeine Empörung anschwellen. Craxi gab auf, flüchtete sich in seinen Zweitwohnsitz in Tunesien und betrat nie mehr italienischen Boden. Umso mehr wurden die Staatsanwälte, insbesondere Antonio Di Pietro, von Presse und Fernsehen geradezu zu Volkshelden hochstilisiert. Die Fernsehzuschauer sahen in ihm *ihren* Vertreter, den einfachen und ehrlichen Mann aus dem Volk, der endlich, endlich denen da oben den Prozess machte. Es kam zu dem, was der Schriftsteller Pier Paolo Pasolini fast dreißig Jahre zuvor gefordert hatte: einen Strafprozess «gegen die christdemokratischen Parteibonzen anzustrengen, die dreißig Jahre lang (vor allem während der letzten zehn Jahre) Italien beherrscht haben». Als Anklagepunkte nannte er genau das, was jetzt vor Gericht verhandelt wurde: «Amtsunwürde, Missachtung der Staatsbürger, Veruntreuung öffentlicher Gelder, finstere Schiebergeschäfte mit den Ölkonzernen, mit der Großindustrie, mit den Banken, stillschweigende Duldung der Mafia, Hochverrat zu Gunsten einer fremden Nation, Kollaboration mit dem CIA, Missbrauch staatlicher Organe wie des Geheimdienstes SID, Verantwortung für die Massaker von Mailand, Brescia, Bologna (zumindest im Sinne schuldhafter Unfähigkeit, die wahren Täter zu bestrafen), Zerstörung von Landschaft und Städten Italiens, Verantwortung für die anthropologische Erniedrigung der Italiener (einer Verantwortung, die in diesem Fall durch völlige Ahnungslosigkeit erschwert wird), Verantwortung für den, wie es immer so schön heißt, ‹beklagenswerten› Zustand der Schulen, Spitäler und aller wichtigen sozialen Einrichtungen, Verantwortung für die ‹unkontrollierte› Landflucht, Verantwortung für die ‹unkontrollierte› Explosion der Massenkultur und der Massenmedien, Verantwortung für die verbrecherische Dummheit des Fernsehens, Verantwortung für den Verfall der Kirche und schließlich neben vielem anderen noch: die wahrhaft bourbonische Art der Ämtervergabe an Speichellecker.»

Schon diese wütende Aufzählung aller Übel der italienischen Nachkriegszeit enthält im Kern die Erklärung dafür, warum auch die Tausende von Prozessen, die gut zur Hälfte tatsächlich zu Verurteilungen führten, die in *Mani pulite* gesetzten Hoffnungen nicht erfüllen konnten. Die Verantwortung für all diese Übel lag nicht nur bei der Politik. Je tiefer die Ermittler in das Geflecht der Korruption eindrangen, umso deutlicher wurde, dass es nicht nur «die da oben» betraf, sondern von einer diffusen Mitwisser- und Mittäterschaft getragen wurde. Zehn Jahre nach dem Beginn der Ära der sauberen Hände resümierte der Mailänder Oberstaatsanwalt resigniert: «An diesem Punkt, so habe ich den Eindruck, sagten sich die Menschen: ‹Jetzt reicht es ... jetzt lasst uns in Frieden leben.›» Die Justiz konnte die Korruption und die organisierte Kriminalität zudem nur aufdecken, nicht aber die Ursachen beseitigen. Deshalb war es möglich, dass das Wirken der Justiz selbst immer schärferen Angriffen ausgesetzt war. Es war vor allem Silvio Berlusconi, der Chef der neu entstandenen Partei Forza Italia, der selbst mehrfach unter Anklage stand, der den Kampf gegen die «roten Roben» auf seine Fahnen schrieb. In den ersten Jahren scheiterten alle Versuche einer «Schwamm-Drüber»-Politik an der einhelligen Empörung in der Öffentlichkeit. Heute, fast zwei Jahrzehnte später, ist der Enthusiasmus der frühen 90er-Jahre verflogen. Doch die Arbeit von *Mani pulite* war weder umsonst, noch ist sie beendet, auch wenn der Name Geschichte ist. Immer wieder und immer noch decken mutige Staatsanwälte und Richter Korruption und Misswirtschaft auf; immer wieder und immer noch bekämpfen sie unter Lebensgefahr die organisierte Kriminalität. Und sie können dabei – noch – auf verfassungs- und gesetzmäßigen Grundlagen arbeiten, die in Europa und der Welt einzigartig sind. Nicht zuletzt an der Frage, ob diese Grundlagen weiterhin bestehen bleiben, ob sie von der Politik getragen und begleitet oder bekämpft und abgeschafft werden, wird sich die Zukunft der italienischen Demokratie im 21. Jahrhundert entscheiden.

Die 1948 in Kraft getretene Verfassung formulierte den Grundsatz, dass die Justizbehörden «autonom und unabhängig von allen anderen Gewalten» sein und sich durch einen von Richtern und Staatsanwälten gewählten *Consiglio superiore della magistratura* (CSM, Oberster Rat der Justiz) selbst verwalten solle. Es sollte keine Hierarchie, sondern nur eine Unterscheidung nach «den verschiedenen Funktionen» und keine Trennung der Laufbahn von Staatsanwälten und Richtern geben. Die Realisierung dieser Vorgaben, die eine radikale Abkehr von der Ordnung des faschistischen Staates beinhaltete, war jedoch künftiger Gesetzgebung überlassen. In eklatantem Widerspruch zu dieser außerordentlichen Konzeption einer wahrhaft unabhängigen «dritten Gewalt» in der Demokratie stand die Tatsache, dass nicht nur die faschistische Gesetzgebung – das heißt auch die Unterdrückung der bürgerlichen Freiheiten – nicht wirksam beseitigt wurde, sondern dass auch das faschistische Personal im Amt blieb. Es entstand, wie der Historiker Nicolo Tranfaglia formuliert hat, eine «schizophrene Situation», in der auf der einen Seite die strengen Bestimmungen der Verfassung die Richter nur dem Gesetz unterstellten und sie durch die vollkommene Selbstverwaltung zur wirklich unabhängigen dritten Gewalt machen wollten, während auf der anderen Seite «eine Reihe von Gesetzen existierte, die einem autoritären Verständnis des Staates und der Justiz selbst entsprang». Deshalb wurde in den 50er-Jahren vor allem vom Kassationsgericht der Versuch gemacht, den Widerspruch zwischen den «programmatischen» Bestimmungen der Verfassung und den weiterhin bestehenden autoritären Gesetzen dahingehend zu lösen, dass aus dem faschistischen Gesetz zur inneren Sicherheit, dem berüchtigten Codice Rocco von 1931, einfach das Adjektiv «faschistisch» und andere Hinweise auf die Diktatur gestrichen wurden. Die christdemokratisch geführten Regierungen ihrerseits hatten keine Eile, die notwendigen Gesetze zu verabschieden. Der CSM wurde erst 1958 ins Leben gerufen.

Der Druck, diese schizophrene Situation zu beseitigen, kam nicht in erster Linie von der politischen Opposition, sondern aus den Reihen der Justiz selbst. Richter und Staatsanwälte schlossen sich in einem Verband zusammen (*Associazione nazionale magistrati*), in dem neben den Vertretern der antifaschistischen Tradition bald eine neue, demokratisch gesinnte Generation die Oberhand gewann. Mit der Entstehung dieses Verbandes war zweifelsohne eine «Politisierung» der Justiz verbunden, und in den 60er-Jahren – im Umkreis der heftigen politischen Debatten der Studentenbewegung – entstanden innerhalb der Justiz drei große politische Strömungen, in der unterschiedliche Visionen von ihrer Rolle in der Gesellschaft zum Ausdruck kamen. Während die radikalste Position die Verfassungsvorgaben nicht nur verwirklichen, sondern in Richtung einer vollkommenen Demokratisierung weiterentwickeln wollte, ging es den konservativen Kräften um eine restriktive Interpretation, das heißt um die Stärkung der Rolle des Kassationsgerichts und die Beibehaltung hierarchischer Strukturen. Nach einer ersten Phase, in der sich der Verband vorübergehend spaltete, traten die politischen Gegensätze jedoch zurück angesichts neuer Herausforderungen und wachsenden Drucks von außen.

In den «bleiernen» 70er-Jahren wurden der Justiz Instrumente an die Hand gegeben, die einerseits rechtsstaatlich bedenklich sind, andererseits zu spektakulären Erfolgen bei der Verfolgung der linken terroristischen Gruppen führten und deshalb anfangs allgemein bejubelt wurden. Die Einführung einer Kronzeugenregelung und die Ausweitung der Telefonüberwachung wurden von den Staatsanwälten aber nicht nur auf den Terrorismus angewandt, sondern auch auf die Mafia und die Korruption in Verwaltung und Politik. Seither bezahlten und bezahlen Dutzende von Staatsanwälten und Richtern ihren Einsatz für die Rechtsstaatlichkeit mit dem Leben. Auf tragische Weise übernahm die Justiz damit eine Aufgabe, die eigentlich der Politik zugefallen wäre. Symbol für diese Opfer sind nach wie vor die Namen von Giovanni Falcone und Paolo Borsellino, die 1992 mit ihren Begleitern ermordet wurden. Trotz des Aufsehens und der Krokodilstränen, die diese Morde in der Öffentlichkeit hervorriefen, unternahm die offizielle Politik wenig, um der Justiz unter die Arme zu greifen. Statt die offensichtlichen Schwächen der italienischen Justiz zu beseitigen, konzentrierte man sich seit den 80er-Jahren darauf, die Grundlagen der einzigartigen Autonomie der italienischen dritten Gewalt zu untergraben. Alljährlich fordern die Generalstaatsanwälte bei der feierlichen Eröffnung des neuen Verwaltungsjahres eine bessere finanzielle und personelle Ausstattung von Justiz und Polizei, die Abschaffung bürokratischer Hürden, die Verbesserung der Aus- und Fortbildung und die Vereinfachung der Gesetze, um die Ineffizienz vor allem der zivilen Gerichtsbarkeit, die einer vollkommenen Lähmung gleichkommt, zu beseitigen. Stattdessen laufen alle politischen Maßnahmen, gleichgültig von welcher Regierung, in den letzten beiden Jahrzehnten darauf hinaus, die Befugnisse und die Funktionstüchtigkeit des CSM einzuschränken und die Autonomie der Justiz zu untergraben. Ein erster Schritt dazu soll die Trennung der Laufbahnen von Staatsanwälten und Richtern sein, um dann die Staatsanwaltschaft besser an die Leine der Weisungsbefugnis legen zu können.

Noch vor wenigen Jahren schien es in Italien unmöglich, dass ein Staatsanwalt so schnell und so wirksam kaltgestellt würde wie die deutsche Strafverfolgerin Margrit Lichtinghagen, die im Februar 2008 mit ihren Ermittlungen gegen den ehemaligen Postchef Zumwinkel Aufsehen erregt hatte. Inzwischen zeigt der Fall des Staatsanwalts Luigi De Magistris, der wegen Korruptionsverdacht unter anderem gegen die Frau des Justizministers der Prodi-Regierung Clemente Mastella ermittelte, wie sehr sich in Italien der Wind gedreht hat. Gegen De Magistris wurde ein Disziplinarverfahren des CSM eingeleitet, und der Justizminister scheute sich nicht, wegen dieses Falles seine eigene Regierung stürzen zu lassen. Mit wenigen Ausnahmen kam von den politischen Parteien keine wirksame Unterstützung für die Justiz. Es waren die Richter und Staatsanwälte selbst, die notgedrungen an die Öffentlichkeit gingen und zu politischen Akteuren wurden. Legendär war der Auftritt des scheidenden Mailänder Generalstaatsanwalts Francesco Saverio Borelli im Frühjahr 2002, als er bei der Eröffnung des Justizjahres 2002 dreimal beschwörend dazu aufrief, Widerstand gegen die Berlusconi-Regierung zu leisten, Widerstand wie an der Piave-Linie, als die italienischen Truppen im Ersten Weltkrieg nach der Katastrophe von Caporetto die feindlichen Truppen zum Stehen gebracht hatten.

Neben den Vertretern der Justiz selbst kam die entscheidende Verteidigung der Unabhängigkeit der dritten Gewalt aus der Zivilgesellschaft. Auf spontane und selbst für die Initiatoren oft erstaunlich erfolgreiche Weise entstanden phantasievolle neue Demonstrationsformen wie die «Ringelreihen» um die Justizpaläste, und immer wieder gingen Hunderttausende quer durch alle Schichten, Ideologien und Parteien spontan auf die Straße, um die Arbeit der Justiz zu unterstützen. Die zum Teil riesigen Kundgebungen für die Erhaltung der Legalität unterschieden sich grundsätzlich von der Demonstrationskultur der Ersten Republik. Sie waren nicht dominiert von Parteifahnen und Emblemen und hatten nicht den trotzigen und zugleich disziplinierten Charakter früherer Tage, sondern waren bunt, fröhlich und zum Teil chaotisch. Eine der größten Kundgebungen dieser Art am 14. September 2002, an der über eine Million Menschen teilnahmen, trug den bezeichnenden Namen «Fest des Protests». Darin drückte sich die Begeisterung, ja Verwunderung der Teilnehmer darüber aus, wie viel politisches Potential in der Zivilgesellschaft nach wie vor vorhanden war. Weder konnte und wollte sich jedoch aus dieser neuen Bewegung eine dauerhafte Parteistruktur entwickeln, noch fand sie wirksame Unterstützung durch bestehende politische Kräfte. Deshalb verschwand sie, so drückte es der Philosoph Paolo Flores D'Arcais aus, «wie ein Karstfluss» allmählich unter der Oberfläche. Ob und wie er wieder hervortreten wird, ob und wie er von einer oder mehreren politischen Parteien als das unverzichtbare Lebenselixier der Demokratie erkannt und integriert werden wird, davon hängt viel für die Zukunft Italiens ab.

WIEDERGÄNGER UND UNTERGEHER: DIE TRANSFORMATION DER PARTEIEN

Das Jahr 1994 wird allgemein als Wendepunkt und Beginn der «Zweiten Republik» betrachtet, denn bei den Wahlen dieses Jahres trat erstmals keine der größeren Parteien der Ersten Republik mehr an. Im Strudel der durch *Mani pulite* ausgelösten Ereignisse waren sie im wahrsten Sinn des Wortes in zahllose Splitter auseinandergeborsten. Es ist längst unmöglich und auch sinnlos, die Unzahl der kleinen und kleinsten Gruppierungen zu verfolgen, die sich, kaum gebildet, wieder auflösten. Dabei drängt sich geradezu die von Pietro

Citati für die Wahlen von 1948 geprägte Formulierung auf, und man könnte davon sprechen, dass sich Anfang der 90er-Jahre eine zweite «anthropologische Veränderung» vollzogen habe. Wie Citati 1948 bei Politikern und Wählern festgestellt hatte, dass «in ihrer Gestik und ihren Worten» plötzlich nicht mehr der leiseste Anklang an die faschistische Sprache zu erkennen war, so war zu Beginn der 90er-Jahre plötzlich die «weihrauchgeschwängerte» diffuse Rhetorik der Christdemokraten mit ihren viel sagenden Andeutungen und seltsamen Wortschöpfungen verschwunden. Sie wurde abgelöst durch die grobe, bisweilen vulgäre Sprache des Fernsehens. Die «langsame, geordnete» Meeresflut, die Italien jahrzehntelang bedeckt hatte, zerteilte sich in viele Rinnsale, denn sie hatte ihren einzigen Zusammenhalt, den Antikommunismus, verloren. Davon profitierten auch Kräfte, die bisher eine Randexistenz geführt hatten.

Dass das Jahr 1994 einen Bruch und einen Wendepunkt bedeutet, wird daran besonders deutlich sichtbar, dass nun mit der *Alleanza nazionale* (AN) eine Partei in der Regierungskoalition vertreten war, die – trotz geänderten Namens – ihre Herkunft aus dem Faschismus nicht verleugnete. Damit war für jedermann klar, dass der Antifaschismus als tragendes und über alle Partei- und Ideologiegrenzen einigendes politisches Band zerschlissen war. Die Parteien des *arco costituzionale*, des Verfassungsbogens, zu dem auch der PCI immer gehörte, hatten freilich seit vielen Jahren wenig getan, um die Grundwerte des Antifaschismus lebendig zu erhalten und zu pflegen. Der Antifaschismus war längst deshalb zum Mythos erstarrt, weil vor allem die kommunistische Partei ihre eigene Geschichte unter dem Faschismus nicht unter die Lupe nehmen wollte und auch von der linken Zeitgeschichtsforschung weitgehend geschont wurde. Da war es für den erzkonservativen Historiker Renzo De Felice mit seinen detaillierten Quellenkenntnissen ein Leichtes nachzuweisen, dass bis weit in den Krieg hinein «die überwiegende Mehrheit der Italiener Mussolini vollkommen vertraute» und die *Resistenza* gar keine Massenbewegung war. Dabei verstieg er sich zur Behauptung,

Mussolini habe die Gründung der *Repubblica sociale italiana* (RSI) von Hitlers Gnaden akzeptiert, «um seinem Vaterland» zu dienen, das sonst von Hitler in ein neues Polen verwandelt worden wäre. Diese und ähnliche Äußerungen veröffentlichte De Felice in den 80er-Jahren in zahlreichen Zeitungsinterviews und löste damit zwar einerseits empörte Reaktionen aus, stieß aber selten auf fundierte Gegenpositionen. So konnte sich eine Revision des Geschichtsbildes verbreiten, die schließlich – um nur eines von zahlreichen Beispielen zu nennen – sogar soweit ging, dass der aus den Reihen der kommunistischen Partei hervorgegangene Luciano Violante 1996 bei seiner Vereidigung als Senatspräsident davon sprach, die *ragazzi* (jungen Menschen), die sich der RSI anschlossen, hätten ebenso «in gutem Glauben» gehandelt wie die Partisanen auf der Gegenseite. Diese inzwischen zum geflügelten Begriff gewordenen *ragazzi di Salò* sind bezeichnend für den völligen Verlust politischer Orientierung, der unter der Überwindung von Gegensätzen und nationalem Konsens nur die unterschiedslose Gleichsetzung von Freund und Feind verstehen kann.

Das Ende des Antifaschismus als Grundkonsens der Gesellschaft hat auch die Verfassung, die darauf fußte, zur Disposition gestellt. Nur in einem solchen Klima ist verständlich, wie es Gianfranco Fini, dem neuen Vorsitzenden der seit dem Zweiten Weltkrieg bestehenden faschistischen Partei des *Movimento sociale italiano* (MSI), gelingen konnte, auf einem Parteitag in Fiuggi 1993 in einem Hauruck-Verfahren das Adjektiv «faschistisch» aus dem eigenen Vokabular zu streichen und seine Organisation zu einer «normalen» rechtskonservativen Kraft umzuetikettieren. Auch wenn Fini sich durch staatsmännisches Auftreten, mehrere Israelbesuche und Distanz zu seiner früheren Bewunderung für Mussolini auszeichnet, bleiben die alten faschistischen Kämpfer in der Partei präsent und scheuen sich heute nicht mehr, ihre nationalistischen und ausländerfeindlichen Gesinnungen lauthals zu verkünden. Die rechtsradikalen Gruppen, die in den 60er-Jahren um den MSI entstanden und an zahllosen Attentaten beteiligt waren, sind zwar verschwunden. Aber offen rechtsradikale Gewalt organisiert sich heute zum Beispiel in den militanten Fußball-Fanclubs und wird dort geduldet, wenn nicht gar gefördert. Mit dieser Mischung konnte AN dauerhaft über zehn Prozent der Wähler, und damit das Doppelte des früheren MSI, an sich binden und stellt heute den Bürgermeister von Rom.

Wenn man der AN Etikettenschwindel vorwirft, verweisen ihre Anhänger gern auf die kommunistische Partei, die ebenfalls unter neuem Namen weiterlebe. Der Unterschied besteht allerdings darin, dass der PCI nicht nur mehrmals Namen und Symbol geändert hat, sondern damit einen vor vielen Jahren, ja vor Jahrzehnten begonnenen Transformationsprozess zum Ausdruck brachte. Die Anziehungskraft der italienischen Kommunisten bis weit in bürgerliche und vor allem intellektuelle Kreise hinein hatte im Mythos der *Resistenza* und dem Versprechen des ersten Nachkriegsvorsitzenden Palmiro Togliatti bestanden, «einen italienischen Weg» zum Sozialismus zu finden. Eine erste Identitätskrise erlebte die Partei nach dem Tod Stalins und während der Ungarnkrise von 1956, als die Parteispitze die sowjetische Führung bedingungslos unterstützte. Schon damals verließen Tausende die Partei und wurden großenteils zur Basis für die spätere radikal linke Bewegung. Seither durchlief der PCI quälende Auseinandersetzungen um das Verhältnis zur Sowjetunion, bis schließlich Enrico Berlinguer 1981 nach dem Militärputsch in Polen erklärte, die von der Oktoberrevolution ausgegangene «vorwärts treibende Kraft» sei verebbt. Schon diese Formulierung zeigt, dass zwar eine Richtungsänderung, aber keine grundsätzliche Kritik an der bisherigen Politik gemeint war, und an dieser Zweideutigkeit sind alle weiteren Versuche einer echten Erneuerung gescheitert. Nach dem Kommunismus verschwand auch das Wort Sozialismus allmählich aus dem Vokabular, aber es blieb unklar, woher die «vorwärts treibende Kraft» künftig kommen sollte. Der PCI gewann in den 80er-Jahren damit zwar Wählerstimmen. Gleichzeitig aber verlor er seine Wurzeln in der Gesellschaft. Die *case del popolo* verwaisten, die Kulturvereine und die Forschungsinstitute verschwanden, die Zeitungen gingen ein, und schließlich musste auch die legendäre Parteischule in Frattocchie ihre Pforten schließen. Die Partei zog sich aus der Gesellschaft in den *palazzo* zurück und wurde aus einer Massenpartei zu einem abgeschotteten Zirkel der *partitocrazia*. 1989 verabschiedete sich die kommunistische Partei schließlich auch von ihrem alten Namen, von ihrem alten Parteisymbol und von ihren alten Ritualen, nicht aber von ihrem alten Personal. Dies trug nun seine Flügel- und Grabenkämpfe nicht mehr hinter verschlossenen Türen, sondern in aller Öffentlichkeit aus. Nicht zuletzt daran scheiterten bisher alle Versuche einer dauerhaften Stabilisierung der neuen Formation, die sich zuerst *Partito democratico di sinistra* (PDS) und dann *Democratici di sinistra* (DS) nannte. Zunächst allerdings schien in dem Bündnis des *Ulivo* mit den Linkskatholiken unter der Führung des ehemaligen Christdemokraten Romano Prodi ein Traum, den schon Togliatti geträumt hatte, wahr zu werden: Das Eindringen in und die heimliche Hegemonie über katholische Wählerschichten. Trotz unverkennbarer Erfolge vor allem in der Wirtschafts- und Währungspolitik zerbrach das Bündnis, das von ganz links bis mitte-links reichen sollte, an seinen inneren Spannungen. Der Spagat zwischen linken, laizistischen und katholischen Kräften erwies sich als unüberwindbar. Beim zweiten Anlauf 2006 wirkte der Zusammenschluss (der sich nun Unione nannte) nur noch wie ein heillos zerstrittener Haufen, so dass Prodi nach kaum zwei Jahren aufgeben musste. Da war es nur ein konsequenter und doch verzweifelter Befreiungsschlag, als Walter Veltroni (auch er ein altbekanntes Gesicht aus dem PCI) endlich eine klare Richtungsentscheidung traf, eine Fusion der Linksdemokraten mit der linkskatholischen Margherita in einer neuen demokratischen Partei (PD) ins Leben rief und damit die radikale und altkommunistische Linke ausschloss. Doch nach der absehbaren Wahlniederlage von 2008 wurde auch Veltroni von internen Rivalitäten zerrieben. Zum Abschied forderte er: «Wir müssen die Zerstrittenheit in der Partei überwinden. Wir müssen die schicke, pessimistische und grundsätzlich konservative Linke aufgeben, um eine Mitte-Links-Formation aufzubauen, die innovativ ist und die Beziehung zum realen Leben der Bürger wieder finden kann.» Als sein Interimsnachfolger trat Dario Franceschini an, ein altgedienter Christdemokrat. Sein politischer Ziehvater war Benigno Zaccagnini, der Parteivorsitzender während der Entführung Aldo Moros gewesen war und zu denen gehörte, denen Moro gedroht hatte: «Mein Blut wird über sie kommen». Franceschini gehört der linken Tradition der Christdemokratie an, er bezog sich mit seiner Antrittsrede bewusst auf den Antifaschismus seiner Heimatstadt Ferrara und kündigte eine harte Opposition gegen Berlusconi an. Dennoch scheint sich die demokratische Partei mit dieser Wahl als eigenständige laizistische Reformkraft selbst aufgegeben zu haben, so dass das im Parlament vertretene politische Spektrum insgesamt ein weiteres Stück nach rechts gedriftet ist.

DAS PHÄNOMEN BERLUSCONI: FORTSETZUNG DER ERSTEN REPUBLIK MIT ANDEREN MITTELN

Die Tatsache, dass der Medienunternehmer Silvio Berlusconi seit den 90er-Jahren immer noch und immer mehr die italienische Politik beherrscht, macht nicht nur ausländische Beobachter, sondern auch einen großen Teil der Italiener selbst ratlos. Wirklich überrascht kann allerdings nur derjenige sein, der die Entwicklung der 70er- und 80er-Jahre vergessen oder sich der Illusion hingegeben hat, sie sei mit einer kurzen, heftigen Kraftanstrengung zu überwinden. In vielfacher Hinsicht, doch mit neuartigen, dem Wandel der Zeit angepassten Mitteln führt Berlusconi das Erbe dieser Jahre fort. Dabei tat und tut er alles, um diesen Eindruck zu verschleiern. Vor allem seine berühmt-berüchtigten *battute*, die Altherrenwitze, die regelmäßig heftige Debatten auslösen, behindern die Sicht auf die Ernsthaftigkeit und Zielstrebigkeit seines politischen Projekts. Berlusconi ist es nämlich nicht nur gelungen, im Gegensatz zu seinem Herausforderer Prodi seine Führungsposition innerhalb des eigenen Lagers fast unangreifbar zu machen. Mehr als alle anderen vermochte er darüber hinaus, einen großen Teil der einstigen christdemokratischen Wählerschaft an sich zu binden, indem er ihnen alte Identifikationsmuster in neuer Form bot. Zugleich hat er die von den Fünfparteienregierungen der späten 80er-Jahre angestrebte Staats- und Verfassungsänderung im Auge behalten.

Nicht nur das kommunistische, sondern auch das christdemokratische Sozialmilieu, die katholische «Subgesellschaft», war in den 80er-Jahren längst im Schwinden. In dieses Vakuum der Bindung und Identifikation ist das Fernsehen gestoßen, das in Italien inzwischen eine größere Rolle als Informations- und Unterhaltungsmedium des Alltags spielt als in allen anderen europäischen Ländern. Die drei großen Privatsender, die Berlusconi mit Hilfe des sozialistischen Parteivorsitzenden Craxi seit den 80er-Jahren aufbauen konnte, huldigen einem neuen Menschenbild als multipler Persönlichkeit, in der sich sowohl althergebrachte Tradition als auch zügelloser Konsumismus mühelos verbinden lassen.

Genau diese Mischung verkörpert Berlusconi in seiner politischen Selbstdarstellung. Er macht sich mit unvergleichlichem Geschick die strukturellen Veränderungen der modernen Massengesellschaft zunutze, schlüpft in verschiedenste, scheinbar disparateste Rollen und ist in diesem Sinne eine wirkliche Ausnahmeerscheinung unter den Politikern unserer Tage. In dieser Vervielfältigung seiner Identitäten liegt das eigentliche Geheimnis seines Erfolges, vor allem aber seiner Gefahr für die italienische Demokratie. Er passt sich perfekt der Tatsache an, dass heute die Identität jedes Individuums eine Art Mosaik oder vielmehr ein bewegliches Kaleidoskop ist, wie der Philosoph Paolo Flores D'Arcais formuliert hat. Was vordergründig als Beliebigkeit der Figuren erscheint, ist jedoch gezielt gesteuert.

Als Berlusconi sich 1994 entschloss, das «Spielfeld» der Politik zu betreten, tat er dies als der Mann des Neuen, als moderner Unternehmer und Antipolitiker. In scheinbarem Gegensatz dazu steht der neoabsolutistische Aspekt seines Auftretens. Es ist bezeichnend, dass Berlusconi allgemein als *Cavaliere,* Ritter, tituliert wird. Er ist zwar nur Ritter der Arbeit, ein Ehrentitel, der etwa das Gewicht des österreichischen Hofrats besitzt. Sicher kein Zufall ist es auch, dass Berlusconis Imperium gelegentlich als *Biscione,* die Natter, bezeichnet wird nach dem Wappentier der Visconti-Herzöge in Mailand. Es ist auch nicht nur eine Frage des Geldes, dass er nahe Mailand in Arcore eine Villa aus dem 18. Jahrhundert bewohnt und diese häufig dazu benutzt, zum Fernsehvolk zu sprechen. In Rom wohnt er nicht wie seine Vorgänger im Hotel oder einer nicht weiter ins öffentliche Bewusstsein tretenden Wohnung, sondern ebenfalls in einem Palast. Die Botschaft, die damit transportiert wird, ist rückwärtsgewandt und zukunftsweisend zugleich. Hinter dem Ministerpräsidenten als *Cavaliere* erstrahlt die Renaissance als die Glanzzeit Italiens, die ganz Europa befruchtete. Solche Bezüge sind Balsam für ein Volk, das seit dem Ende dieser Glanzzeit unterschwellig an Minderwertigkeitskomplexen leidet, das immer ein normales Land sein will, normal, aber eben auch immer so groß wie alle anderen «großen europäischen Länder». In scheinbarem Kontrast zu der Selbstherrlichkeit des modernen «Fürsten» steht Berlusconis Willfährigkeit gegenüber allen Wünschen der katholischen Kirche. In allen brisanten gesellschaftspolitischen Themen wie nichtehelichen Lebensgemeinschaften, Schulpolitik oder künstlicher Befruchtung erweist er sich als ergebener Diener der Kirche und buhlt um die Gunst einflussreicher Kirchenoberer wie des langjährigen Vorsitzenden der Bischofskonferenz, Kardinal Ruini. Eklatantestes Beispiel für diese Unterwürfigkeit gegenüber der Kirche war das Dekret, mit dem Anfang 2009 die Abschaltung der lebensverlängernden Maßnahmen für die langjährige Komapatientin Eluana Englaro verhindert werden sollte.

Es wäre grundverkehrt, die vielfältigen Rollen Berlusconis, von denen hier nur die wichtigsten genannt sind, als wahllosen Populismus zu betrachten, als beliebige Versatzstücke aus mehr oder weni-

Everybody's Darling: Silvio Berlusconi mit George W. Bush im Oktober 2008 und mit Barack Obama im April 2009

ger spezifisch italienischen Identifikationsmustern, wie dies häufig getan wird. Alle Teile lassen sich so zusammensetzen, dass ein neues, präzises Muster entsteht. Der neue «Fürst» soll in Zukunft vom Ministerpräsidenten zum Präsidenten der Republik aufsteigen. Dazu will er nach einer entsprechenden Verfassungsänderung vom Volk direkt gewählt werden und mit erheblich mehr Macht ausgestattet sein als der Staatspräsident der Gegenwart, während das Parlament weitgehend seiner Befugnisse beraubt ist. Und dies alles mit dem Segen der Kirche. Dieses Projekt ist die Fortsetzung dessen, was in den Kreisen der Geheimloge P2 geplant und in den 80er-Jahren vor allem durch Craxi gefordert worden war. Auf diesem Weg ist die Beseitigung der Unabhängigkeit der Justiz eine unverzichtbare Etappe. Deshalb ging es nicht nur um Berlusconis ganz persönliche Interessen, um die gegen ihn und seine Freunde anstehenden Verfahren wegen Richterbestechung, Bilanzfälschung und Verbindungen zur Mafia, als er in seiner zweiten Amtszeit seinen Feldzug gegen die «roten Roben» führte. Inzwischen ist Berlusconi der Verwirklichung seiner langfristigen Pläne bereits ein gutes Stück näher gekommen, ja sie hätten längst konkrete Gestalt angenommen, wenn die geplante Verfassungsänderung nicht durch einen Volksentscheid im Jahr 2006 vorläufig gestoppt worden wäre.

EPILOG

ITALIEN UND EUROPA, EUROPA UND ITALIEN

Der Turiner Politologe Gian Enrico Rusconi hat im Verhältnis Italiens zu Deutschland in den letzten beiden Jahrzehnten eine «schleichende Entfremdung» diagnostiziert, denn er ist der Überzeugung, dass die deutschen und italienischen Politiker seit den 90er-Jahren nicht einmal mehr versuchen, einander zu verstehen: «Die von ihren Krisen absorbierten politischen Kräfte Italiens verlieren den Kontakt zu ihren deutschen Ansprechpartnern. Auf diese Weise verfällt eine jahrzehntelange Tradition des Austausches und der Kooperation zwischen deutschen und italienischen Christdemokraten sowie zwischen der deutschen Sozialdemokratie und der politischen Linken Italiens. Den Rest besorgte Berlusconi.» Dieser Analyse widersprechen interessanterweise vor allem deutsche Wissenschaftler heftig. Sie sprechen von einem Mythos und verweisen auf die vielfältigen engen und keineswegs problematischen Beziehungen im kulturellen und wirtschaftlichen Bereich, müssen jedoch zugeben, dass auf politischer Ebene tatsächlich eine «eklatante Verschlechterung» der Beziehungen zu konstatieren ist.

Ein ähnlicher Gegensatz zwischen unproblematischen Beziehungen auf kulturellem und ökonomischem Gebiet und einer Verschlechterung auf politischer Ebene lässt sich im Verhältnis Italiens zur europäischen Union erkennen. Sie hat mit der Dynamik der europäischen Einigung, aber auch mit dem Verhältnis zu den Vereinigten Staaten zu tun, das auf Europa zurückwirkt. Seit dem Zweiten Weltkrieg waren die USA der wichtigste außenpolitische Partner

Italiens, das als besiegtes Land schon 1949 als Gründungsmitglied der Nato zugelassen wurde. Im Rahmen seiner Entscheidung für die Westbindung engagierte sich De Gasperi auch für die europäische Zusammenarbeit und war für die ersten Schritte auf diesem Weg mindestens ebenso entscheidend wie die deutschen und französischen Partner Adenauer und Schuman. Es hatte und hat hohe Symbolkraft, dass die Gründungsdokumente der Europäischen Wirtschaftsgemeinschaft in Rom unterzeichnet wurden und bis heute einfach «Römische Verträge» heißen. In den folgenden Jahrzehnten war es unbestritten, dass die nationalen Interessen Italiens mit dem Ziel der europäischen Integration in Einklang standen und dass die italienische Demokratie durch ihre Teilnahme am Einigungsprozess auch im Inneren zusätzliche Legitimation erhielt. Zudem fühlte sich Italien in allen atlantischen und europäischen Belangen als gleichberechtigter Partner der anderen Gründungsmitglieder.

Ein Konfliktherd im Verhältnis Italiens zu seinen Nachbarn blieb jedoch jahrzehntelang das Südtirolproblem. Nach der brutalen Italianisierungspolitik unter dem Faschismus wurde es auf Druck der Alliierten von einer inneritalienischen zu einer internationalen Angelegenheit gemacht. Durch das sogenannte De Gasperi-Gruber Abkommen von 1946 sollte der deutschsprachige Bevölkerungsteil «volle Gleichberechtigung mit den italienischsprachigen Einwohnern» erhalten. Doch die Formulierungen waren so unverbindlich, dass die späteren italienischen Regierungen die Bestimmungen äußerst restriktiv auslegen konnten. Insbesondere wurde statt wirklicher Autonomie für Südtirol die autonome Regierung Trentino-Alto Adige geschaffen, in der die deutschsprachige Bevölkerung wiederum eine Minderheit bildete. Nachdem Österreich mit dem Staatsvertrag 1955 seine Unabhängigkeit erlangt hatte, begannen jahrelange, zähe Verhandlungen, die schließlich dazu führten, dass Österreich das Problem 1960 sogar vor die UNO brachte. In Südtirol selbst kam es nicht nur zu Massendemonstrationen, sondern auch zu Attentaten, die bis in die 80er-Jahre andauerten und Dut-

Italia und Germania, Gemälde von Friedrich Overbeck, 1828

zende von Toten kosteten. Südtirol schien ein nicht enden wollender ethnisch-nationaler Konflikt mitten im Herzen Europas zu bleiben, bis endlich 1972 ein neues Autonomiestatut zur Bildung einer autonomen Provinz Bozen vereinbart und dann auch in die Tat umgesetzt wurde. 1992 konnte der Streit vor der UNO offiziell beigelegt werden, Heute betrachten sich die deutschsprachigen Südtiroler selbst als die «am besten geschützte Minderheit auf der Welt».

1992 musste Italien aufgrund der Lira-Schwäche aus der Währungsunion ausscheiden und schien einer internationalen Spekulationswelle schutzlos ausgeliefert zu sein. Dieser Schock bildete jedoch zugleich die Voraussetzung für einschneidende Reformmaßnahmen in den 90er-Jahren. Der ersten Regierung Prodi gelang es schließlich, Italien zur Teilnahme an der gemeinsamen europäischen Währung, dem Euro, zu führen. Die Europäische Union war, wie es Guido Carli, der ehemalige Gouverneur der Banca d'Italia und Schatzminister der letzten Regierungen unter Andreotti 1989 bis 1992 ausdrückte, «eine Alternative zur Lösung der Probleme, die wir auf dem normalen Regierungs- und Gesetzgebungsweg nicht hätten durchsetzen können.» Durch die Einführung des Euro wurde Italien jedoch des Mittels der Währungsabwertung zur Verbesserung seiner

Wettbewerbsfähigkeit beraubt und geriet deshalb gegenüber Frankreich und Deutschland wirtschaftlich deutlich ins Hintertreffen.

Seither hat sich in der italienischen Öffentlichkeit bedrohliches Desinteresse bis hin zu offener Ablehnung des europäischen Einigungsprojekts breitgemacht, und die Regierungen verfolgen in der Europapolitik einen Zickzack-Kurs. Unter Berlusconi ist es vor allem die Lega, die die europafeindliche Stimmung anheizt und die Europäische Union als «faschistisch» oder als «Galgenland» apostrophiert. Die Mitte-Links-Koalition Prodis dagegen trug auch in ihrer kurzen zweiten Regierung wesentlich dazu bei, durch den Lissaboner Vertrag die gescheiterte Verfassung zu ersetzen. Ob Europa in der weltweiten Finanz- und Wirtschaftskrise eine starke Gemeinschaft oder ein Selbstbedienungsladen für nationalistische Interessen sein wird, hängt auch davon ab, ob in Italien der «europäische Gemeinschaftsgeist» wieder die Oberhand gewinnt. Diesen Geist erläuterte der ehemalige italienische Ministerpräsident Romano Prodi als Kommissionspräsident der EU ausgerechnet – und hoffentlich zu Recht – am Beispiel Südtirols, das so lange ein Konfliktherd im Herzen Europas gewesen war: «Die Jugendlichen in Südtirol studieren in Bologna oder Innsbruck, ganz wie sie wollen. Das ist Europa, das ist die neue Welt. Ich behaupte nicht, dass die Südtiroler Autonomie und das Zusammenleben perfekt sind, um Gottes willen. Aber die Art der geistigen Einstellung, die kulturelle Stärke, die in der Verschiedenartigkeit liegt, sind meiner Meinung nach die einzige und beste Möglichkeit, in Europa zu leben.» Eine Vision gegenseitigen Verständnisses und vertrauensvollen Zusammenwirkens, wie sie Friedrich Overbeck in seinem berühmten Gemälde «Italia und Germania» 1828 dargestellt hat, lange bevor Italien und Deutschland als Nationalstaaten existierten.

ANHANG

ZEITTAFEL

753 v. Chr. Mythische Gründung Roms.
100 v. Chr. – 44 v. Chr. Caesar.
63 v. Chr. – 14 n. Chr. Augustus, seit 31 v. Chr. Alleinherrscher als «princeps inter pares».
306–337 Konstantin der Große, Gründer des «zweiten Rom» in Byzanz.
312/313 Nach der Schlacht an der Milvischen Brücke erlaubt Konstantin auch den Christen die Ausübung ihrer Religion, die 391 Staatsreligion wird.
410 n. Chr. Einnahme Roms durch die Westgoten.
568 Eroberung Italiens durch die Langobarden: «schärfste Zäsur» zwischen Antike und Mittelalter.
800 25. Dezember: Kaiserkrönung Karls des Großen in Rom: Bestätigung der «Pippinischen Schenkung». «Regnum Italiae» Unterkönigtum des «Imperium Romanum».
827–902 Sarazenen erobern Sizilien: Ablösung von Byzanz: Ende des Einheitsbewusstseins.
962 Otto I. erneuert das Imperium Romanum: Italien ist jetzt Teil des Reiches: Schutzhoheit des Kaisers über die Kirche.
899 Erstes Auftauchen der Normannen in Unteritalien.
1054 Großes morgenländisches Schisma.
1077 Bußgang Heinrichs IV. nach Canossa zu Papst Gregor VII.
1091 Kapitulation von Noto, normannische Eroberung Siziliens abgeschlossen.
1122 Wormser Konkordat: Ende des Investiturstreits.
1158 Reichstag auf den Ronkalischen Feldern.
1167 In Pontida Bildung der Lega Lombarda.
1176 Die Lombardische Liga besiegt Barbarossa bei Legnano.

1183 Konstanzer Vertrag: Zugeständnisse Friedrichs I. an die Kommunen.

1196 Sizilien an die Staufer: Ganz Italien (außer Patrimonium Petri) Teil des sacrum imperium.

1250 Tod Friedrichs II.: Seitdem hat kein Kaiser mehr länger über Italien geherrscht.

1266 Süditalien geht an die Anjou.

1272 Sizilianische Vesper: Vertreibung der Anjou aus Sizilien, Sizilien geht an Aragon.

1442 Haus Aragon herrscht endgültig in ganz Süditalien.

1453 Eroberung Konstantinopels durch Mehmed II. Ende des byzantinischen Reiches.

1454 Frieden von Lodi: Ausgleich zwischen Mailand und Venedig.

1455 Italienische Liga (Heilige Allianz): Gleichgewichtspolitik.

1494 Italienzug Karls VIII.: Verlust der politischen Selbständigkeit Italiens: Beginn der «Italienischen Kriege».

1503 Beginn der spanischen Herrschaft über das Königreich Neapel.

1527 Sacco di Roma, Plünderung durch kaiserliche Truppen.

1530 Karl V. wird als letzter Kaiser vom Papst in Italien gekrönt (in Bologna).

1559 Frieden von Cateau-Cambrésis: Vorherrschaft der spanischen Habsburger in Italien (Königreich Neapel, Mailand, österr. Nebenlinien in Toskana, Parma und Modena) bestätigt. Vielstaatlichkeit Italiens bleibt erhalten.

1647 Aufstand des Masaniello in Neapel.

1748 Nach dem Spanischen und dem Österreichischen Erbfolgekrieg wird Italien unter Habsburgern (Mailand, Mantua, Toskana) und Bourbonen (Neapel-Sizilien) aufgeteilt.

1796 Beginn der napoleonischen Neuordnung Italiens: Cisalpinische und Ligurische Republik.

1799 Revolution in Neapel und Rom im Schutz franz. Waffen, Ende der Republiken Venedig und Genua.

1814/15 Auf dem Wiener Kongress erhält Österreich bestimmenden Einfluss in Italien.

1820 Revolution in Neapel.

1848/49 Revolutionen in ganz Italien scheitern, 1. erfolgloser Unabhängigkeitskrieg unter Führung Piemonts.

1859/60 2. Unabhängigkeitskrieg gegen Österreich: Anschluss der Lombardei und Mittelitaliens an Piemont.

1860	Mai bis September: «Zug der Tausend» unter Führung von Giuseppe Garibaldi beseitigt Bourbonenherrschaft im Süden.
1861	14. März: Viktor Emanuel II. von Piemont nimmt auf Beschluss des neu gewählten italienischen Parlaments den Titel «König von Italien» an.
1866	3. Unabhängigkeitskrieg: Anschluss Venetiens.
1871	20. September: Durch die «Bresche an der Porta Pia» dringen italienische Soldaten in Rom ein und besetzen die Stadt.
1876	«Historische Linke» übernimmt Regierung.
1882	Italien schließt mit Deutschland und Österreich den Dreibund.
1896	Adua: Scheitern der imperialistischen Pläne Italiens in Äthiopien.
1915	24. Mai: Nach dem Londoner Geheimvertrag Kriegseintritt Italiens auf Seiten der Entente.
1917	Schwere Niederlage bei Caporetto (Karfreit), österreichische Truppen rücken bis Vittorio Veneto und an den Piave vor.
1918	4. November: Österreichische Kapitulation.
1920/21	Die «zwei roten Jahre»: Fabrikbesetzungen und Streiks in Oberitalien, vor allem in Turin.
1922	28. Oktober: Nach dem angedrohten Marsch auf Rom wird Mussolini mit der Regierungsbildung beauftragt.
1924	Ermordung des sozialistischen Abgeordneten Giacomo Matteotti. Krise des Faschismus, danach Errichtung des totalitären Staates.
1929	11. Februar: Lateranverträge mit dem Heiligen Stuhl. Katholizismus wird Staatsreligion.
1935/36	Eroberung Abessiniens und Beteiligung am Spanischen Bürgerkrieg.
1936	«Achse Berlin-Rom», die 1939 zum «Stahlpakt» führt.
1940	Kriegseintritt auf Seiten Hitlers, Beginn des «Parallelkrieges» auf dem Balkan und in Afrika, der nach einem Jahr gescheitert ist. Die Fronten halten nur noch durch Einsatz deutscher Truppen, sogenannter «subalterner Krieg».
1943	10. Juli: Angloamerikanische Landung im Südosten Siziliens; 25. Juli: Sturz Mussolinis; 8. September Bekanntgabe des Waffenstillstandes, Gründung des Nationalen Befreiungskomitees CLN.
1945	25. Juli: Die meisten Städte Norditaliens sind von Partisanen befreit.
1946	Durch eine Volksabstimmung am 2. Juni wird Italien am 18. Juni Republik. Friedenskonferenz in Paris, De Gasperi-Gruber-Abkommen über Südtirol.

1948 1. Januar: Inkrafttreten der neuen Verfassung, 18. April: bei den Wahlen erringt die DC einen überwältigenden Sieg. Seitdem ist die DC bis 1992 ununterbrochen an der Regierung.

1957 25. April: Römische Verträge zur Gründung der Europäischen Wirtschaftsgemeinschaft.

1969 12. Dezember: Bombenattentat in der Landwirtschaftsbank auf der Piazza Fontana in Mailand, 16 Tote, Beginn der «strategia della tensione».

1974 12. Mai: Erster Volksentscheid. Das Ehescheidungsgesetz von 1970 wird mit großer Mehrheit bestätigt.

1978 16. März: Aldo Moro, Präsident der DC, wird von den Brigate Rosse entführt und am 9. Mai ermordet.

1984 Revision der Lateranverträge: Katholizismus nicht mehr Staatsreligion.

1989 Auf ihrem XIX. Parteitag in Bologna nimmt PCI Abschied vom Demokratischen Zentralismus und beginnt organisatorische Umwandlung, aus der PDS (Partito democratico della sinistra) und dann DS (Democratici di Sinistra) hervorgehen.

1992 In Mailand beginnt im Februar die unter dem Namen *Mani pulite* bekannt gewordene Aufdeckung massiver Korruption; bei den Wahlen erringt die Lega Nord über 8 Prozent der Stimmen, die bisherige Koalition hat keine Mehrheit mehr. Italien muss wegen zu hoher Inflationsrate und Staatsverschuldung die Europäische Währungsschlange verlassen. Drastische Abwertung und Spekulation gegen die Lira.

1994 Selbstauflösung der DC. Nach dem sensationellen Wahlerfolg der Forza Italia des Medienunternehmers Silvio Berlusconi Regierung aus Forza Italia, Lega und Alleanza Nazionale (ehemalige Faschisten), die aber nach einem halben Jahr zerbricht.

1996 Das Mitte-Links-Bündnis «Ulivo» von Romano Prodi gewinnt die Wahlen. Neue Regierung unter Einschluss der Ex-Kommunisten des PDS.

1998 Da Italien durch strenge Haushaltspolitik und die Einführung einer «Europasteuer» die Maastricht-Kriterien erfüllt, Teilnahme an der gemeinsamen europäischen Währung.

2001 Die Casa delle libertà unter Führung Berlusconis gewinnt die Wahlen. Beim G-8 Gipfel in Genua kommt es zu zahlreichen Verletzten, ein Toter.

2002 14. September: Fest des Protests gegen die Regierung Berlusconi mit einer Million Teilnehmer.

2003 16. Februar: In Rom weltweit größte Demonstration gegen den Irak-Krieg, an dem Italien auf Seiten der USA teilnimmt

2006 Bei den Wahlen gewinnt das Mitte-Links-Bündnis «Unione» unter Einschluss der linken Rifondazione comunista die Wahlen mit einer sehr knappen Mehrheit.

2008 DS und die linkskatholische Margherita vereinigen sich zum Partito democratico (PD). Die Regierung stürzt über den Rücktritt des Justizministers Mastella. Bei den Wahlen gewinnt Berlusconis Casa delle libertà mit großer Mehrheit in beiden Kammern. Rifondazione comunista nicht mehr im Parlament.

2009 Walter Veltroni tritt als Vorsitzender des PD überraschend zurück. Sein Nachfolger wird der ehemalige Christdemokrat Dario Franceschini.

Italien zur Zeit des Friedens von Lodi, 1451

Die Staaten Nord- und Mittelitaliens im 14. Jahrhundert

Verwaltungsgliederung, 2008

LITERATURHINWEISE

Altgeld, Wolfgang (Hrsg.): Kleine italienische Geschichte, Stuttgart 2002

Arnaldi, Girolamo: Italien und seine Invasoren. Vom Ende des römischen Reiches bis heute, Berlin 2005

Astarita, Tommaso: Between Salt Water and Holy Water. A History of Southern Italy, New York, London 2005

Braudel Fernand: Modell Italien 1450–1650, Berlin o. J.

Brütting, Richard (Hrsg.): Italien-Lexikon. Schlüsselbegriffe zu Geschichte, Gesellschaft, Wirtschaft, Politik, Justiz, Gesundheitswesen, Verkehr, Presse, Rundfunk, Kultur und Bildungseinrichtungen, Berlin 1995

Dipper, Christoph (Hrsg.): Deutschland und Italien 1860–1960. Politische und kulturelle Aspekte im Vergleich, München 2005

Finley, Moses J., u. a. (Hrsg.): Geschichte Siziliens und der Sizilianer, München 2006

Ginsborg, Paul: Berlusconi. Politisches Modell der Zukunft oder italienischer Sonderweg?, Berlin 2005

Ders.: Italy and its Discontents, Family, Civil Society, State 1980–2001, London 2003

Ders.: A History of contemporary Italy. Society and politics 1943–1988, London 2003

Grasmück, Damian: Die Forza Italia Silvio Berlusconis. Geburt, Entwicklung, Regierungstätigkeit und Strukturen einer charismatischen Partei, Frankfurt/Main 2005

Hausmann, Fiederike: Kleine Geschichte Italiens von 1943 bis zur Ära nach Berlusconi, Berlin 2006

Dies.: Garibaldi, Geschichte eines Abenteurers, der Italien zur Einheit verhalf, Berlin 2005

Jansen, Christian: Italien seit 1945, Göttingen 2007

Lill, Rudolf: Geschichte Italiens in der Neuzeit, Darmstadt 1988

Lupo, Salvatore: Die Geschichte der Mafia, Düsseldorf 2002

Luzzatto, Sergio: Il Duce: Das Leben nach dem Tod, Frankfurt/Main 2008

Mack Smith, Denis: Modern Italy: A Political History, New Haven 1997

Mantelli, Bruno: Kurze Geschichte des italienischen Faschismus, Berlin 1998

Procacci, Giuliano: Geschichte Italiens und der Italiener, München 1983

Reinhardt, Volker: Geschichte Italiens, München 2003

Ders.: Geschichte Roms: Von der Antike bis zur Gegenwart, München 2008

Ders.: Die Medici: Florenz im Zeitalter der Renaissance, München 1998

Ders.: Die Renaissance in Italien, Geschichte und Kultur, München 2002

Riall, Lucy: Garibaldi. Invention of a Hero, New Haven, London 2007

Richter, Dieter: Neapel. Biographie einer Stadt, Berlin 2007

Roques, Valeska v.: Die Stunde der Leoparden: Italien im Umbruch, Frankfurt/Main 1996

Rother, Klaus, u. a. (Hrsg.): Italien, Wissenschaftliche Länderkunde, Darmstadt 2000

Rusconi, Gian Enrico, u. a. (Hrsgg.): Schleichende Entfremdung? Deutschland und Italien nach dem Fall der Mauer, München 2009

Ders.: Deutschland-Italien, Italien-Deutschland. Geschichte einer schwierigen Beziehung von Bismarck bis zu Berlusconi, Paderborn 2006

Ders, Woller, Hans (Hrsg.): Parallele Geschichte? Italien und Deutschland 1945–2000, Berlin 2006

Schüssler, Susanne (Hrsg.): Berlusconis Italien, Italien gegen Berlusconi, Berlin 2003

Seidlmayer, Michael: Geschichte Italiens. Vom Zusammenbruch des Römischen Reiches bis zum ersten Weltkrieg, Stuttgart 1989

Woller, Hans (Hrsg.): Italien und die Großmächte: 1943–1949, München 1988

Ders.: Rom, 28. Oktober 1922. Die faschistische Herausforderung, München 1999

BILDNACHWEIS

ullstein bild: S. 25
Musée de Louvre, Paris / akg-images: S. 27
Sotheby's / akg-images: S. 36
The Bridgeman Art Library: S. 44/45
akg-images / Electa: S. 69
Galerie Nazionale d'Arte Modena / akg-images / Pirozzi: S. 81
Alexandre Dumas / akg-images: S. 89
akg-images / PictureContact: S. 108
Civica Galleria d'Arte Modena / akg-images: S. 130/131
Galleria degli Uffizi / akg-images / Erich Lessing: S. 145
Alinari Archives: S. 164
Giancarlo Caloja / AP: S. 200
Nicholas Kamm / AFP / Getty Images – Dominique Faget / AFP / Getty Images: S. 215
Gemäldegalerie Neue Meister, Dresden / akg-images / Erich Lessing: S. 219

Karten © Peter Palm, Berlin: S. 227–229, Vorsatzpapiere

Die übrigen Abbildungen stammen aus den Archiven des Verlags.

Leider war es nicht in allen Fällen möglich, die Inhaber der Rechte zu ermitteln. Wir bitten deshalb gegebenenfalls um Mitteilung. Der Verlag ist bereit, berechtigte Ansprüche abzugelten.

Gestaltung und Satz: a.visus, Michael Hempel, München
Gesetzt aus Stone und Gill
Druck und Bindung: CPI – Ebner & Spiegel, Ulm
Gedruckt auf säurefreiem, alterungsbeständigem Papier
(hergestellt aus chlorfrei gebleichtem Zellstoff)
Printed in Germany
ISBN 978 3 406 57854 0

www.beck.de

Amster
London
Brüssel
Paris
Lu
Be
Madrid